Association
Rules and
Cooperative
Governance

社团规章与合作治理

季卫华 著

法律出版社
LAW PRESS · CHINA

目　　录

序　言

“在国家财政日益困难的情况下，一个多元的且独立与国家之外的自组织的市民社会，是协力政府治理的一个不可或缺的条件。”通过社会辅助国家治理，这是西方经验的总结。如果把目光回转到国内，从中国目前的社会现实来看，各种社会矛盾不断出现，在这种情况下，中共十八届三中全会已经明确了治理问题在未来政治计划中的核心地位。解决复杂的社会秩序问题以及多元化的利益冲突已经成为社会治理紧迫的任务，社团是现代国家社会治理的重要主体，与政府、私人部门及直接参与公共生活的公民等一起，在不同的社会公共事务治理中发挥着不同的作用、共同承担着社会治理的职能。然而，社团与其他治理主体如何实现更好的合作或互动、从而实现治理效果最大化，是我们面临的重大研究课题。

当前社会治理的主要元素有公民、社团和政府等，但是在这三者之间没有形成合理的沟通合作机制，没有相应的法律约束和规范，往往存在职责交叉、权力干涉、缺乏联络等问题。随着转型期我国社会问题的凸显，改革、完善社团参与社会治理的问题引起了党和政府的高度重视。政社分开、推动社团“去行政化”的改革已经成为实现社团自治的重要路径选择。改革最早始于 1998 年的中办与国办联合发文要求“党政机关领导干部不再兼任社会团体领导职务”，真正的大面积改革始于 2002 年，改革刚开始只涉及社会组织中的行业协会组织，直到 2007 年，才正式涉及社会团体的改革。2014 年 7 月

9日，国务院印发的《国务院关于促进市场公平竞争维护市场正常秩序的若干意见》（国发〔2014〕20号）指出，“发挥行业协会、商会的自律作用；推动行业协会、商会建立健全行业经营自律规范、自律公约和职业道德准则，规范会员行为；加快转移适合由行业协会、商会承担的职能，同时加强管理，引导其依法开展活动”。至此，社会组织政社分离才真正步入实质性、全方位的改革阶段。随着政府职能的不断转变，包括社团在内的第三部门在公共治理中的角色日益凸显。比如，中共十八大报告设篇专门阐述社会组织建设并明确提出，“加强社会建设，是社会和谐稳定的重要保证”，“引导社会组织健康有序发展，充分发挥群众参与社会管理的基础作用”。中共十八届三中全会决定更是明确指出，“激发社会组织活力。正确处理政府和社会关系，加快实施政社分开，推进社会组织明确权责、依法自治、发挥作用。适合由社会组织提供的公共服务和解决的事项，交由社会组织承担”。

在公共治理的语境之下，传统的命令和控制方式已经逐步演变为协商与参与的合作治理模式。合作治理展现出多中心的网状治理结构，强调公私之间的平等伙伴关系及相互协调配合，最终实现公共利益。以合作治理为背景，国家权力不断向社会回归，社会也越来越被寄望于自治，许多社会组织作用日益凸显，它们不仅在自治领域进行互动和合作，而且还将行为拓展到传统的国家公权力领域，公共治理已由单纯的国家垄断转变为国家与社会的合作治理。合作治理超越了传统的公私法划分界限，不但注重多元主体间的协作与配合，更强调多渊源规则之间的互动与融合。社会治理规则不再是单一的国家法律，利用社会规范实施社会治理将成为合作治理领域的新常态。基于此，中共十八届四中全会决定强调了行业规章和团体章程在社会治理中的作用。该决定明确指出，“深入开展多层次多形式法治创建活动，深化基层组织和部门、行业依法治理，支持各类社会主体自我约束、自我管理。发挥市民公约、乡规民约、行业规章、团体章程等社会规范在社会治理中的积极作用”。

社团规章是社团参与社会治理的主要规范依据，是社团的生命，社团规章承载着社团成员的权利和义务，并深入社团内部规范和调整着社团成员的行为，并配合国家法律体系在个人与国家中间维持某种均衡，从而在国家强制力之外塑造着社团内部的秩序。社团规章作为很具典型性的重要社会规范群,既能展示社会规范生成的一般逻辑,又能为我们提供大量实证素材进行合作治理下的行政法变革,给出较为翔实和具有说服力的论述。因此,本书在社团参与社会治理的现实路径选择的基础上,探索社团规章与国家法律的互动关系,以及社团规章的治理逻辑及其法治效应,以期为社团规章参与社会治理创新提供借鉴。

导论：问题和方法

一、问题缘起以及研究意义

中国法治成长的真正本土资源来自市场经济条件下社会主体的经济交往活动和社会组织的自治行动，其最直接的资源载体就是由各类社会组织缔造的非正式制度。这些组织在自我内部追求理性行动和组织秩序的同时，也在外部为国家与社会的交互作用提供良性且有效的机制，进而缔结出健康而非压制的社会秩序。[1] 社团组织的发展与壮大，促进了公共权力领域与私人权利领域的交叉互渗趋向，并在一定程度上夯实了法治秩序的组织性基础，推进了从国家主导到多元治理的转变。随着公共任务不断增多，国家与社会领域不再是简单的二元对立关系，而是呈现出某种"消长关系"以及"合作关系"。行政法作为最能及时反映国家与社会关系的重要部门法，必然会对国家与社会之间的新型关系进行有效的回应和调整。国家与社会关系的良序运行不是机械的此长彼消，而是要理顺多元主体间的利益关系并促成合作共赢，这就需要行政法成为联结维护社会有序竞争和保证主体真诚合作的纽带。在这种关系的发展过程中，行政法可以说为建构这种多方协作和多元共治的社会交往格局作出了很大的贡献。社会治理的兴起不但给社会关系

---

〔1〕 参见庞正：《法治秩序的社会之维》，载《法律科学》2016年第1期。

结构产生了重要的影响，也给行政法治模式带来了深刻变革，治理机制全方位激励治理主体的普遍参与，尽可能地拓展、开放公共过程，多元行政法由此勃兴。[1] 今天的中国社会拥有着传统与当代、社会主义与市场等多种因素，国家与社会之间并不存在泾渭分明的界限。随着社会的不断转型，国家、社会以及公民之间的关系比以往任何时候都更加复杂，行政法也面临着时代任务的转型以及治理结构的变迁，只有不断适应社会发展和时代要求，才能永葆行政法的生命力。行政法的发展是一项系统工程，从基本原则的凝定到具体制度的系统构建，从传统管理范式向现代治理模式的转变，行政法的转型不是仅涉及普通行政法规范体系的调整和更新，而是具有全局意义和最有引领作用的行政法治理念的革新和深化。

从中国目前的社会现实来看，中国各种社会矛盾不断出现在社会转型期，在这种情况下，中共十八届三中全会明确了治理问题在未来的政治计划的核心地位。解决复杂的社会秩序问题以及多元化的利益冲突已经成为社会治理的紧迫任务，因此，亟须学术界的智力支持和理论建树，从而为社会治理系统的建构提供新的思维模式。立足行政法的发展趋势，以"社会治理"为核心概念、以"社会公权力"为调整领域能更为客观地反映行政法的现象与规律。基于此，中共十八届三中全会通过的《中共中央关于全面深化改革若干重大问题的决定》（以下简称中共十八届三中全会决定）指出，"激发社会组织活力。正确处理政府和社会关系，加快实施政社分开，推进社会组织明确权责、依法自治、发挥作用。适合由社会组织提供的公共服务和解决的事项，交由社会组织承担"。[2] 中共十八届四中全会通过的《中共中央关于全面推进依法治国若干重大问题的决定》（以下简称中央十八届四中全会决定）更是强调了行业规章和团体章程在社会治理中的作用。该决定明确指出，"深入开展多层次多形式法治创建活动，深化基层组织和部门、行业依法治理，支持各类社会主体自我约束、自我管理。发挥市民公约、乡规民约、行业规章、

〔1〕 参见王瑞雪：《治理语境下的多元行政法》，载《法学研究》2014年第4期。

〔2〕 参见中共十八届四中全会决定"十三、创新社会治理体制"。

团体章程等社会规范在社会治理中的积极作用。”[1]跟随“社会治理”的足迹，“第三部门”就成为行政法研究的重要领域，它的公权力活动构成公共行政、社会行政的实质性内容，而社团规章又以相对成熟的自我规制形态及现实作用成为第三部门社会公权力运行的重要依据，因此，研究第三部门的社团规章具有深远的现实意义和重要的理论价值。[2]

（一）社团规章是研究社会公权力的重要载体

在一个转型时期的国家，一个多元化和独立于国家与公民社会的自我组织的发展与发达情况，可以说是合作治理不可或缺的条件。作为与国家互动的重要载体的社会组织，具有整合分散的社会力量为法治体系建设提供支持、培育规则意识和法治精神、促进社会自律秩序的形成以及矛盾纠纷的化解等多方面的重大意义，正逐渐成为法治中国建设进程中的重要社会动力。从整个社会的组织结构来看，社会组织兴起使整个社会组织结构呈现为国家组织、市民社会组织和公民社会组织的三元结构，完全不同于传统行政法所赖以建立的国家组织与市民社会组织二元结构。[3] 社会治理必然涉及社会结构的调整和重塑，多元化和多层次的协作治理局面逐渐形成，国家权力也逐渐由传统行政主体向社会团体、社会中介组织、行业协会等社会公共行政组织转移，原有只能由行政机关承担的社会治理任务不断向社会组织转移。从一定意义上说，利用社会组织力量已经成为公共治理一个不可逆转的趋势。社会组织的运作不仅仅是内部的自我治理以及内部的交互行为，大量的社会组织承担着公域治理的角色，社会组织在公共治理舞台发挥着越来越重

---

〔1〕 参见中共十八届四中全会决定“五、增强全民法治观念，推进法治社会建设”。

〔2〕 在公共治理改革稳步推进、行政领域不断逐步拓展、行政法学范式悄然转变的当下，社会公权力作为一种新型权力范畴已然进入理论视野。所谓社会公权力，是指由除国家行政机关或法律法规明确授权的组织以外的其他社会组织或部门行使的对一定范围内的社会公共事务进行管理和服务的职权。正是新类型社会公共行政组织的出现、发展、壮大，促进了社会公权力的产生。从社会公权力行使主体看，有社会团体、基金会、民办非企业单位、社会中介组织、事业单位、基层群众性自治组织等，从社会公权力本身的内涵和运作规律的角度来看，上述组织可以统称为社会公共行政组织。具体参见尹洪阳：《论司法对社会公权力的介入与规制》，载《中国政法大学学报》2013 年第 5 期；李海平：《论社会宪政》，载《法律科学》2012 年第 1 期；徐靖：《论法律视域下社会公权力的内涵、构成及价值》，载《中国法学》2014 年第 1 期。

〔3〕 参见李海平：《论社会宪政》，载《法律科学》2012 年第 1 期。

要的作用。随着社会公共治理任务的日益复杂，社会治理结构不断走向开放化和透明化，社会组织的治理触角不仅限于经济领域，而且不断延伸于国家权力的传统领域。[1] 如今，公域治理不仅仅是行政机关的独角戏，"多元共治"将成为社会治理的主旋律，国家权力并不能包揽一切社会公共事务，社会组织承担着越来越多的社会治理任务，在公共事务中发挥着越来越重要的治理补强作用，国家与社会合作治理将成为社会治理的新常态。

国家权力几乎能渗透到社会的每个角落，原有的行政机关几乎承担"从摇篮到坟墓"的所有社会行政任务。随着市场经济的不断成熟，国家权力不断向社会回归，政府不再是公共行政的唯一主体，公共行政由国家行政向国家行政和社会行政并存转移，社会公权力得以勃兴。[2] 社会组织作为很重要的市场主体，社会组织的作用不再仅仅局限于组织内部的自治管理，而是行使着越来越多的社会公权力，并与国家权力一道实施社会公共治理。社团作为社会组织的重要组成部分，由于社团内部具有完备的组织架构和内部规章，社团在社会治理中的角色极具代表性和影响性。社团规章是社团成员之间自我约定和相互协商的产物，也是社团参与社会治理的基本依据，这种内在的规章规范着社团权力的运行和实施，既能对社团内部成员起到规范和调适作用，也能对外部主体产生一定的效力。因此，社团规章为研究社会公权力的运行和实施提供了很好的平台，特别是从行政法的角度对社团规章的相关内涵、构成要素以及相关的效力进行梳理和论证，可以为我们深入研究社会公权力的运行规律以及探索社会权力与国家权力的内在关系提供一个理论视野。

(二)社团规章是研究软法的良好素材

合作治理超越了等级制度以及层级制度，从而为公共治理提供了一种合理的模式。合作治理的任务单靠国家立法的力量是无法达成预期的目标的，

---

〔1〕 参见徐靖：《论法律视域下社会公权力的内涵、构成及价值》，载《中国法学》2004 年第 1 期。

〔2〕 参见沈岿：《谁还在行使权力——准政府组织个案研究》，清华大学出版社 2003 年版，第 86 ~ 90 页。

合作治理的规范依据应该是多元的。合作治理模式强调更多地运用软性法律来实施公共管理,以改变国家对立法的垄断,弱化法律规范的国家性和强制性,特别是改变那种认为法律之治和国家强制力是必然不可分割的过时观念,建立一种更富弹性、更富活力的软硬法并举的混合法结构。[1] 随着社会生活的复杂化以及技术革新的加快,单靠具体的国家立法是不能胜任繁重的社会治理任务的。"国家立法要逐步内化为人们日常生活的,通过立法的安定性来为日常生活中的人们提供行为的可计算性和可计划性,国家法变成了共同体的文化,成为每个成员的生活常规,它不需要国家强制力,所建立起来的不是硬法秩序,而是软法以及软法秩序。"[2] 因此,社会治理除了借助理性的建构秩序以外,还需要通过更为常规的软法来塑造新的约定与成例,比如从硬性的具体立法向更为软性的共识凝聚和协商认同转变,进而在共同体内部形成一定的文化秩序,从而使每个生活于共同体中的人都会自觉或不自觉地在一定程度上受到这种社会规则的约束。虽然软法规范最大的特点就是缺乏国家强制力作为后盾,但它与国家立法相呼应,拓展了我们对法规范体系的研究视角,建构着新型的国家与社会、权力和权利关系,促进着法治秩序新常态的形成。

社会治理不但带来了政府规制方式的转变,而且给社会自治让渡了更大的空间。随着市民社会的兴起和公域治理模式的转型,社团组织在社会治理中占据着越来越重要的地位,社团组织成为连接国家和公民个人的桥梁,并成为公众实现自我治理的重要平台。社团规章往往是基于平等主体间的协商与博弈,通过一定的民主程序创制出来的,并得到一定团体内部广泛认同和支持的内在规范体系。社团治理功能的实现则取决于社团这种自治规范的制度安排,这种安排蕴含了较为软性的治理方式。因此,社团规章是研究软法的重要教材,通过研究社团规章的软法属性,有助于把握软法的关键性特征,从而有利于形成软硬法相配合的协调治理局面。

---

〔1〕 参见罗豪才、宋功德:《软法亦法——公共治理呼唤软法之治》,法律出版社2009年版,第36页。

〔2〕 张龑:《软法与常态化的国家治理》,载《中外法学》2016年第2期。

（三）社团规章是研究合作治理的重要规范

不同的社会发展阶段社会运行的主要矛盾不同，社会控制的主要任务以及基本模式也因之各异。社会治理的主要意蕴在于社会问题处理的能力不一定要使用政府的权力，也不一定要政府发动或者运用它的权威，而是要看政府是否能够运用其他的管理方法和技术，并联合其他的社会力量对公共事务进行更好的操控和引导。现代社会的治理是一项复杂而艰巨的综合工程，治理目标的达成，单靠国家立法的力量是无法奏效的。换言之，政府置身于治理的网络中，必须学会通过适宜的，而且不同于以往层级规范的那种传统行政法律法规来处理事情。社会治理要求国家政治、经济、社会生活的方方面面均有正式法律与社会自治规则等形成的相对完备的科学的规则系统加以调整，且各种正式的、非正式的规则均具有维护公平正义、保障合法权益、促进社会效率的"良法"属性。[1] 在社会公共治理的过程中，各类主体相互依存，单靠一方的力量是无法完成社会治理任务的。社会治理主要是依规则的治理，社会治理的规范依据应该是多元的。国家法律是国家构建超时空秩序的基础性制度资源，成为国家用以结构化社会的基本力量，而社会性的规范是复杂社会中微观秩序来源的关键性因素，对日常秩序的形成具有基础性作用。[2] 实际上，国家法律与其他社会规范并不是对立的，它们是广义制度的组成部分，都是维护社会合作和秩序的手段。多元规范的格局是国家治理需要面对的社会事实。多元规范作为国家治理的资源，既体现了社会各类主体互动合作的关系模式，又体现了法的实效产生方式的多样性。

由于传统行政法将行政机关和相对人之间的关系看作是对抗性的，根据法治理念的要求，行政法的主要任务主要是为了保障行政权的负责任行使。因此，整个行政法的规范体系往往都是围绕着如何设计约束行政行为的不同机制这一核心议题来加以建构的。无论是强调行政国家的正当性还是强调行政权的积极行使，传统的行政法规范都无法给予合作治理以足够的关注。

---

〔1〕 王大为：《法治中国建设视野下的社会组织》，载《河北法学》2015 年第 11 期。

〔2〕 参见王启梁：《国家治理中的多元规范：资源与挑战》，载《环球法律评论》2016 年第 2 期。

国家立法不能再垄断所有事宜,公共治理任务的完成单靠国家立法的力量显然是不能奏效的。越来越多的社会组织,特别是社团组织,由于其组织架构的完备性以及权力行使的规范性,而成为社会治理的重要力量。行政法学要想在合作治理的土壤中赢得新生,就必须扭转以传统行政法律法规体系为核心的研究思维,将各类社会规范纳入行政法的视野,从而更好地把握合作行政与行政法发展的新方向。社团规章是社团活动的主要规范依据,是社团的生命。社团规章承载着社团成员的权利和义务,并深入社团内部规范和调整着社团成员的行为,还配合国家法律在个人与国家之间维持某种均衡,从而在国家强制力之外维护着社团内部的秩序。社团规章作为极具典型性的社会规范群,既能展示社会规范生成的一般逻辑,又能为我们提供大量实证素材,从而对合作治理下的行政法变革,给出较为翔实和具有说服力的论述。因此,研究社团规章的社会治理问题,有利于改善人们的行政法思维品质,特别是对于培育社团主体的规则意识和法治思维具有重要的研究价值。

二、主要文献综述

(一)与社团规章相关的文献研究

西方国家,社团在市民社会中自发产生主要受到封建君权至上思想的影响,早期观点认为社团制定规章的权力来源于国家授予。随着市场经济的扩张和资产阶级革命的胜利,主权在民的民主宪政理念深入人心,结社自由权利成为公民天赋的、人人生而有之的自然权利。在对待社团自治规章问题上,社团规章的性质则是西方学界关注和研究的焦点。西方主流观点普遍认为社团制定规章的权力并不是任何权威授予,而是人民通过结社转移给社团行使的权力。社团规章也被视为社团成员契约自由的产物,是成员自由意志的体现,就像英国著名法官丹宁所言,“这些规章无论怎样不合理,无论对其成员怎样不公正,对他都有约束力,正像一个人订立的契约对自己有约束力一样”。[1] 这种观念在西方仍有代表性。国外专门论述社团规章制度的文

---

〔1〕 [英]丹宁:《法律的训诫》,丁健等译,法律出版社1999年版,第165页。

献也不多,主要是在行政法著作中对社团规章的法源、性质或者司法审查等内容进行了分析和简述。

德国行政法认为,自治规章是由自治公法人根据自治权制定的规范,它的制定不需要法律的授权,也不只是为了执行法律,它只适用于自治公法人内部并受法律的承认和保护。这种根据自治权的自治规章所体现的是“自主和不依附于国家的政治决定能力”,但同时,“制定自治规章的权力还可以来源于国家授权。就此而言,它与法令一样是一种引申来的规则制定权”。[1]奥托·迈耶更是在其著作《德国行政法》中明确将自治章程纳入到公法规范里面,并将其列为第三个行政法渊源,认为这种自治规章是根据自治权制定的,所体现的是一种自主制定和执行的能力以及不受国家政治决定所影响的一种自治能力。[2] 还有德国学者指出了自治规章与法规命令的区别,认为自治规章一般源自国家赋予团体的自主立法权,即所谓的自治,后者则源于国家的委任立法权。指定自治性的规章属于行使主观公法权力的行为,而指定法规命令属于行使国家委任立法权的行为。[3]

在英美法系中,也不乏对社团规章的研究。如英国社会学家、政治学家麦基弗认为,任何一个团体,为了进行正常的活动以达到其目的,都要有一定的规章制度,约束其成员,这些规章制度就是团体的法律。他认为,社团法律与国家法律相比有两个显著的不同之处:第一,社团法律的有效性只要得到其成员一致认可即可,并不需要国家的强制力作为保障。第二,社团法律具有单一性,并不具备普遍适用性,它仅针对其社团内的成员。[4] 也有学者认为,行业组织制定自治规章的权力是属于行业组织自主立法的一种,不需国家的特别授权。比如,博登海默认为,行业组织制定自治规章的行为是一种自主立法,它区别于国家的委托立法。“所谓自主,我们乃是指个人或组织

---

〔1〕 于安著:《德国行政法》,清华大学出版社1999年版,第77、82页。

〔2〕 参见[德]奥托·迈耶:《德国行政法》,刘飞译,商务印书馆2002年版,第89页;于安:《德国行政法》,清华大学出版社1999年版,第19页。

〔3〕 参见[德]汉斯·J.沃尔夫等:《行政法》(第1卷),高家伟译,商务印书馆2002年版,第273~277页。

〔4〕 参见邹永贤:《现代西方国家学说》,福建人民出版社1993年版,第322~323页。

(而非政府)制定法律或采用与法律性质基本相似的规则的权力。”[1]日本公法学家美浓部达吉在其著作《法之本质》中,结合法的要素具体分析了团体法与社会法的关系、法的权威基础以及非制定法的效力等内容,可以说涵盖了行业自治规章的相关法理论述范畴。同时,他把除国家立法之外的其他立法行为分为两种情况:法律行为和自治立法。第一种情况包括了作为社会团体之一的行业组织的行为规范,这种立法行为在国家所承认和允许的范围内,这种法律行为由该社会组织自己规定并受到了国家法律的保护;第二种情况是基于国家授予的立法权者制定的规章制度。[2] 另外,我国台湾学者也认为自治规章是自治团体自我立法权的重要体现,并将自治行业组织制定的规范认定为自治规章的一种,同时将其列为行政法的法源之一。[3]

初步收集的文献表明,目前国内学界基于法学视野,单独针对社团规章的研究并不多。另外,在社团规章和合作治理之间建立有机、有效关联,深入探讨二者关系的研究成果也比较少。学者们只是在对社团自治、行业规章的效力、司法对行业自治的介入、软法治理等内容进行分析时涉及该命题,通常也只是围绕社团规章的某一方面内容进行探讨,尚未形成系统的理论体系。比如,有学者强调了社团规章的公法倾向,认为“社团规章作为社会法的代表,恰恰是公私法的融合、边界不清的领域,但却有更为突出的公法面相”。[4] 还有学者重点论述了司法介入行业自治的正当性和必要性,认为“司法上的诉请权毫无疑问也是属于基本权利范畴,根据法律保留原则,行业协会在制定自治规章时不得限制当事人的司法诉请权利而自行排除司法介入”。[5] 相关的理论成果主要涉及社团规章性质、主要效力以及与国家法律的关系等内容:(1)论述社团规章法源属性和效力的论文主要有:方洁、周兴

---

〔1〕 [美]博登海默著:《法理学:法律哲学与法律方法》,邓正来译,中国政法大学出版1999年版,第421~423页。

〔2〕 参见[日]美浓部达吉:《法之本质》,林纪东译,商务印书馆1992年版,第95~96页。

〔3〕 参见黄异:《行政法总论》,台北,三民书局1992年版,第67页;吴庚:《行政法之理论与实用》(增订本第3版),台北,三民书局1996年版,第47页。

〔4〕 方洁:《社团规章的行政法法源性论说》,载《行政法学研究》2006年第1期。

〔5〕 黎军:《论司法对行业自治的介入》,载《中国法学》2006年第4期。

的《社团规章的行政法法源性论说》(《行政法学研究》2006 年第 1 期)、黎军的《试析行业自治规章》(《淮阴师范学院学报》2005 年第 2 期)以及屠世超的《行业自治规范的法律效力及其效力审查机制》(《政治与法律》2009 年第 3 期)。(2)关于社团规章与国家法律之间关系的论文有:薛刚凌、王文英的《社会自治规制探讨——兼论社会自治规则和国家法律的关系》(《行政法学研究》2006 年第 1 期);(3)关于如何对社团规章进行法律规制的论文主要有:孟鸿志的《论社团章程的法律调控》(《行政法学研究》2001 年第 3 期)、管瑜珍的《社团自治离不开法律——以社团规章的司法介入为例》(《行政法学研究》2007 年第 2 期)以及方洁的《社团罚则的设定与边界》(《法学》2005 年第 1 期);(4)涉及社团规章与社会治理的论文主要有:方洁的《社团罚则与合作治理》(《浙江社会科学》2007 年第 7 期)、黎军的《基于法治的自治——行业自治规范的实证研究》(《法商研究》2006 年第 4 期)。另外,还有学者从软法的角度给社团规章定性,并分析社团规章的软法特征,如兰捷的《软法视角下的社团章程研究》(《学术论坛》2013 年第 4 期)。值得一提的是方洁的博士论文《社团处罚研究》,[1] 该论文结合社会变迁、政府职能转变的背景,积极回应建立公共治理的迫切需求,系统论证了社团处罚的主要特性、在社会治理中的秩序功能、社团处罚与国家处罚的内在配合以及社团处罚的法治化等相关问题,内容较为翔实,可以说是目前社团处罚研究领域较为成熟的一篇作品。

(二)关于行政法领域对合作治理的研究

治理强调的不是国家与个人之间的对抗关系,而是多方主体之间的合作,特别是公共权力主体、社会组织和利害关系人之间的合作。因此,可以说这样的公共治理模式是合作治理模式,而这样的国家则是合作国家。在行政法领域之所以看好合作治理模式,就是因为它更适合行政法治理结构的新要求,能够成为合作与互惠、相互共存的社会治理模式。因此,很多学者都对行政法学的变革与发展提出了自己的见解,这些观点的要义在于探讨合作治理

---

[1] 方洁:《社团处罚研究》,中国政法大学 2006 年宪法与行政法学专业博士论文。

的意蕴及模式,将关注的重心从"行政"转向"治理",并强调对社会治理机制以及法治回应性的关注。王瑞雪认为,"与传统行政法关注行政主体与相对人权利义务关系的视角不同,治理语境下的多元行政法将视野扩展到了跨国治理机构、企业、社会组织等其他治理主体,关注治理网络中不同主体之间的协商与合作"。[1] 贺乐名认为,"现代行政法所理解的政府与个人的关系是合作信任关系,相应地公共行政模式也就是合作行政"。[2] 徐继敏认为,"在现代国家治理体系中,除政府和行政相对人外,社会组织承担大量公共事务,由政府垄断的行政管理变为政府、社会和行政相对人共同参与的公共行政,此时的公共行政包括国家行政和社会行政"。[3] 罗豪才等认为,"要避免行政法制与行政法治之间的错位,就得从'前提性反思'出发,将行政法的管理甚至统治逻辑重塑为治理逻辑"。[4] 江必新等认为,"治理增益法治的一个突出的面向就在于,各类主体在参与社会事务时拥有了对话和表达自身意志与利益诉求的平台。在这样的协商基础上形成的规则,能够更好地承载共识和实现共赢,具有更高的正当性也因此往往能够得到更好的遵守"。[5] 这方面的理论成果主要有:贺乐民、高权的《论行政法的合作理念》(《法律科学》2008 年第 4 期);罗豪才、宋功德的《行政法的治理逻辑》(《中国法学》2011 年第 2 期);江必新、邵长茂的《社会治理新模式与行政法的第三形态》(《法学研究》2010 年第 6 期);喻中的《作为国家治理体系的法治体系》(《法学论坛》2014 年第 2 期);魏治勋的《"善治"视野中的国家治理能力及其现代化》(《法学论坛》2014 年第 2 期);徐继敏的《国家治理体系现代化与行政法的回应》(《法学论坛》2014 年第 2 期);江必新、王红霞的《社会治理的法治依赖及法治的回应》(《法制与社会发展》2014 年第 4 期);王瑞雪的《治理语境下的多元行政法》(《法学研究》2014 年第 4 期);高秦伟的《社会自我规制与

---

〔1〕 王瑞雪:《治理语境下的多元行政法》,载《法学研究》2014 年第 4 期。

〔2〕 贺乐民、高权:《论行政法的合作理念》,载《法律科学》2008 年第 4 期。

〔3〕 徐继敏:《国家治理体系现代化与行政法的回应》,载《法学论坛》2014 年第 2 期。

〔4〕 罗豪才、宋功德:《行政法的治理逻辑》,载《中国法学》2011 年第 2 期。

〔5〕 江必新、王红霞:《社会治理的法治依赖及法治的回应》,载《法制与社会发展》2014 年第 4 期。

行政法的任务》(《中国法学》2015 年第 5 期)。

公共治理主要是"软法"治理,公共治理的兴起要求我们反思、修正传统的法律概念,以建构一种多元规则体系下各治理主体合作互动的共治共赢格局,因此,"软法之治"也是学者们研究的重要课题。罗豪才等一些学者归纳出"软法"的基本指征,即"效力结构未必完整、无须依靠国家强制保障实施、但能够产生社会实效的法律规范",[1]并初步列举了"软法"的外延,如"政法惯例、公共政策、自律规范、合作规范、专业标准、弹性法条等",还进一步指出了"软法"与"硬法"之间的理想关系,强调行政法规范与私法规范的衔接和协调,以形成一种互相渗透、彼此介入的良性互动关系。这方面的理论成果主要有:罗豪才、宋功德的《公域之治的转型——对公共治理与公法互动关系的一种透视》(《中国法学》2005 年第 5 期);罗豪才、宋功德的《认真对待软法——公域软法的一般理论及其中国实践》(《中国法学》2006 年第 2 期);罗豪才、毕洪海的《通过软法的治理》(《法学家》2006 年第 1 期);翟小波的《"软法"及其概念之证成——以公共治理为背景》(《法律科学》2007 年第 2 期),等等。通过对软法研究的梳理,我们可以看到,在规范体系上,公共治理不再将法律视为社会治理的唯一依据,而是将包括社会自治规范在内的各种软性法律作为公共治理的实现工具。由此,包括社团规章在内的、长期隐落于行政法学研究边缘的诸多规范开始走到学术关注的前台,并逐步取得一些理论成果,从而为社团规章的研究提供了比较宏观的视野和丰富的理论源泉。

随着公共治理的兴起以及行政法结构的变迁,关于新行政法发展以及行政法方法论的研究也不断取得一些理论成果。罗豪才和宋功德提出了"公法均衡化"的问题,他们认为,"公法具有多样化的规范,奉行软硬兼施,尤其是实现自我规制的软法与法治原则的结合,打破了国家垄断公法规则创制的僵化格局,将公法渊源拓展到具有互助、自治功能的自治规则领域"。[2] 李洪雷强调了"规制行政"以及"社会行政"在行政法研究中的地位,他认为,中国

---

〔1〕 罗豪才、毕洪海:《通过软法的治理》,载《法学家》2006 年第 1 期。

〔2〕 罗豪才、宋功德:《科学发展的公法回应——通过公法均衡化推动中国社会发展科学化》,载《中国法学》2007 年第 6 期。

行政法的未来发展,应将政府规制和社会行政的相关理论和制度作为行政法学研究的重要领域,与此相关的是在一般行政法之外,深入部门行政法各论领域之中。[1] 朱新力则分析了行政法各论对行政法总论的理论意义,他认为,“随着时代发展,行政法总论作为行政法之一般性学说,也必须适度吸收来自环境法、社会法等新型‘参照领域’的营养元素”。[2] 相关的理论成果主要有:赵娟的《行政法的革命性创新——评杨解君教授〈中国行政法的变革之道——契约理念的确立及其展开〉》(《行政法学研究》2011 年第 4 期);朱新力、唐明良的《行政法总论与各论的“分”与“合”》(《当代法学》2011 年第 1 期);江国华、李鹰的《行政法的全球视野——行政法学研究的新方法》(《环球法律评论》2011 年第 6 期);陈军的《公私合作背景下行政法发展动向分析》(《河北法学》2013 年第 3 期);李洪雷的《中国行政法(学)的发展趋势——兼评“新行政法”的兴起》(《行政法学研究》2014 年第 1 期),等等。可以说,上述行政法理论革新的相关理论成果和研究趋向为对社团规章进行全面考察以及构筑社团规章与行政法治的良性关系有着重要的启示意义。

三、理论分析工具与研究方法

(一)理论分析工具

1. 法团主义

在中国,20 世纪 80 年代学术界关注的焦点是个人与国家的关系,国家与社会的关系还没有进入学术研究领域。直到 90 年代,改革终于使“社会”本身得到人们的关注,“法团主义”于是成为一个有生命的、富有启迪性的分析概念。在这些分析中,“法团主义”彰显了个人与国家的二元思维模式,被看成国家权力社会化的反应性体制。在这样的理解中,公民社会不是和国家对立的体制,而是在国家体制和私人机构之间起到连接作用的中介区域。社会团体作为社会治理的重要力量,其独特的运作机制可以作为公共权力和私人

---

〔1〕 参见李洪雷:《中国行政法(学)的发展趋势——兼评“新行政法”的兴起》,载《行政法学研究》2014 年第 1 期。

〔2〕 朱新力、唐明良:《行政法总论与各论的“分”与“合”》,载《当代法学》2011 年第 1 期。

利益之间的一种平衡和补充，发挥其在国家、社会以及个人之间关系的协调作用。正是在这个意义上来说，社会团体有着其现实的合理性和必要性，凸显了其在社会公共治理时代作为特殊公共治理主体和特殊调控机制的深刻价值。社团规章作为研究社团的重要概念，必然和“社团主义”产生理论和论证上的牵连，从而成为分析社团规章不可或缺的理论基础和分析工具。

2. 社会权力理论

作为社会治理的重要力量，各种社会团体通过国家向社会转移部分公权力而获得国家治理权进而成为公共治理主体。随着公共职能由政府向私营机构、社团以及其他组织的部分转移，社团承担国家委托或者移交的任务日益增多，越来越多的社团组织活跃于社会公共治理舞台。社团是社会权力的重要载体之一，其发展与变化内含着社会权力的生成和壮大。社会权力从本质上说属于公民自治的范畴，社会规范实际上是社会权力的一种表征，不同的社会环境下衍生出不同的社会权力关系，也造就了不同的社会规范类型与规范实施效果。社团革命孕育了大量的社会组织，带来了第三部门的兴起，造就了大量的组织化、社会化的社会权力网络，促成了国家权力向社会的积极转向，为公共治理注入了无限的活力和能量，更为国家和社会之间的有序分工、互动合作提供了公共平台。公共治理使国家权力和社会权力的相互制衡更加紧密，公共权力领域和私人领域的交互渗透和相互依赖更趋明显，这些都给行政法带来了新的挑战，如果固守原有的权力和权利模式去套用国家权力与社会权力的互动关系肯定会出现不足和矛盾。社会权力萌生于权力的多元化，体现了国家权力的社会化进程。作为社团内部的自治规范，社团规章承载着社会权力的运行和实施，发挥着社会法对国家法在公共治理领域的立法补缺价值和功能增强作用。通过引入社会权力理论，一方面，可以引导我们对公权力与私权利、国家与社会之间关系的重新定位和估量；另一方面，可以使我们认识到社团规章呈现出的公法倾向，以及从公权力的变迁和发展中找到其法源上的效力依据。

3. 软法理论

软法的研究将法学研究的视域放宽，将更多的社会规范纳入研究的范围,同时软法研究又将视线拉长,将规范形成过程中的价值冲突和协商对话纳入研究的范围。软法研究突破了法律中心主义,不再将国家立法作为法的主要渊源,从而为研究复杂的社会治理提供了更多的社会规范资源,更为重要的是有助于学术研究视野和研究态度的转变。作为软法的社团规章是社团集体意志的主要体现,社团规章往往是基于平等主体间的协商与博弈,通过一定的民主程序创制出来的,并得到团体内部广泛认同和支持的内在规范体系。这种规范生成与实施的协商性、回应性以及说服性契合合作治理的核心理念,一方面可以弥补硬法的不足,将国家立法细化为可操作性规定,提高硬法实效;另一方面也促进了公共治理手段从管制模式向合作模式的转变,形成多规则合作互动的新治理模式。

4. 组织分析理论

任何组织都含有一定的规则系统,这些规则系统,从来也不会以任何方式存在于那些行动者之外。作为系统中的行动者,他们时刻都置身于这一规则之中。因此,社团作为正式建构的集体形式,其运作逻辑需要得到组织行为上的澄清。社团组织的有效运行,是建立在固定的职位关系和内部的规章制度之上的,还依赖于组织成员之间的协商和对外部环境的建构。组织分析研究将因此扩展其社会关联性,因为它将增强其自身的能力,刺激关于社会事实的反思,对他人的意图尤其是对利益相关人的意图进行重构,他们的意图能够对这一现实产生影响,由此扩展他们的能力和机遇,以使他们拉开自我与自己实际行为之间的距离,从而最终改变现实。[1] 与社团有关的行为在某种意义上都具有一定的组织行为特征,其本身就包含着行动者在意向上与其他行动者之间的交涉。因此,组织分析理论还能为我们还原规章实施,以及通过分析规章治理的真实情境为从组织主体交涉关系角度认识其行动逻辑提供理论工具。

(二)主要研究方法

研究方法的确对研究视野、研究过程和研究结论起到至关重要甚至决定

---

〔1〕 参见[法]埃塔尔·费埃德伯格:《权力与规则——组织行动的动力》,张月等译,上海人民出版社2005年版,第337页。

性的影响,社团规章和合作治理研究的特点在于研究对象的复杂性、研究内容的新颖性以及行政法理论的综合性。本书研究主要限定在行政法学的学科视野中,也有意识地运用了多种研究方法。

1. 行政法学方法论

随着国家权力与社会权力的契合和互动,以社团规章为典型的社会组织自律规范,在实体合法和程序合法的情况下,实际具有行政法法源属性并履行着一定的行政法治职能。就行政法学方法论而言,传统行政法学研究方法已经无法回应介于国家与社会间的多元合作治理形态,因此有必要将社会自治纳入到研究范畴之内。将社会自治纳入研究范畴,一方面能够掌握社会参与治理任务的全貌,另一方面则能够从规范层面回应传统行政法规制手段在现实层面遭遇的困境。这既是对传统行政法学方法论的一种挑战,也是对新的行政法方法的一种探索。

2. 规范分析方法

规范分析以一定的价值判断作为出发点,提出行为的标准,并研究怎样才能符合这些标准,它要解决“应该是什么”的问题。本书研究中,笔者从行政法和一些法律文本出发,研究相关社团规章的制定、效力、实施以及监督等问题,意图增强社团规章的合法性,以及建立其与行政法治之间的正向、协调关系。另外,社团规章凸显了多元主体的交涉关系,既有公务型的行政关系,又有内部成员间的契约关系,还有合作治理活动中的各种协作关系。只有不局限于传统的简单的公私划分的行政法学方法,运用动态性的规范分析模型,深入了解社团治理活动中各种关系的生成及发展机制,才能更好地发现社团规章的运作机理和运行逻辑,从而不断丰富合作治理领域行政法的内涵。

3. 社会学分析方法

现代行政法与其他学科之间的关系已愈加紧密,同一问题在不同学科视野下进行解读,可以拓展研究的广度和深度。任何学科的发展都必须以社会本身为基础,只有立足于社会本身,才能避免学科研究的理论偏执。行政法的发展根源于社会关系的变迁与发展,社会关系的发展形式必然影响行政法的发展格局。为此,行政法的研究必然要引入社会学的因素,社会科学的一些方法、研究工具将会被运用。社团规章是社团生活的重要组成部分,是社团参与社会治理的基本规范依据。社团规章主体的多元性和社会关系的复杂性决定了社团规章的研究将打破公法与私法之间截然对立的二元划分观念,而转由开始借助社会学的视角来考察问题,拓展延伸行政法的研究领域,从宏观的理论体系向微观的具体制度转变,使得公共治理时代的行政法发展更加"接地气",从而不断凝聚起行政法发展的"新动能"。

4. 案例分析方法

随着公共治理的不断深入,社团在公共领域的治理范围也将不断扩大。由于社团职能和专业的多样性,各种社团承担的公共服务职能也呈现多元化,作为社团职能的依托,社团规章的规范内容也将涉及不同的公共职能领域。随着行政诉讼受案范围的不断扩大,包括社团在内的众多第三部门组织的公务性行为也将囊括其中。同时,社团规章涉及面广、表现多样,泛泛而论容易陷入宏观空洞,本书研究中选取特定社团领域规章制定过程、律协以及足协等相关的社团规章案例进行分析,阐释社团规章在法治生态中的样态,以期增强论证的明确性和说服力。

第一章　社团规章与合作治理的基本理论

现代社会发展迅速，公共事务大量增多，各类风险普遍呈现，国家是否有足够的专业能力应付现实的挑战；或者是否有足够的财政人力，处理各种行政任务；国家又如何能够有效全面地完成公共任务？针对此等问题，国家似乎皆已渐显疲态而备受质疑，正如美国著名学者弗里曼教授所言，“就行政国家而言，这个时刻是不同寻常的。目前，管制由于其无效、无能与不民主而遭遇四面楚歌。规则制定程序僵化，实施前后矛盾，强制执行最多亦时有时无，这些现在已经成为不争的主张”。[1] 由于管制的失败，国家预算收支出现赤字，财政稳定性亮起红灯，国家开始从大量的公共任务抽身出来，以减轻重负，于是公共治理开始盛行。在公共治理的高峰时期，电信通讯、交通建设的改革与改组、地方公共治理部门的治理措施纷纷出台，成为公共治理的典型例证。因此，现代意义的公共治理，乃是在特定的时代背景下，基于政府组织精简、自由化思维、提高竞争力、解除管制需求、去国家化理念等多重因素交错影响及观念激荡下，时起时落、断续进行的行政改革运动。公共治理展现了公共领域与私人领域之间相互渗透、官民相倚的动态关系，并反映出国家

---

〔1〕［美］朱迪·弗里曼：《合作治理与新行政法》，毕洪海译，商务印书馆2010年版，第9页。

社会改革需求与公私任务重组的迫切要求。[1] 这样，国家对涉及人民生存照顾所需之相关物质与服务得以同自己提供一般，亦能够由私部门普及、无差别待遇、价格合理且质与量兼顾地提供。[2] 从时间的视角来看，当前公共治理浪潮的肇端始于20世纪80年代后期，从90年代起，全速推进，蔚然成风。公共治理议题开始延伸至法学领域，继而成为法学研究的焦点，尤其是进入行政法领域，并掀起了讨论著述的热潮。公共治理的风潮不仅促使行政法制与组织形态的更张与改革，行政法学也顺势发展。从新观念或新学说的引进，以及新制度的研究与落实，无不需要行政法学的理论支援，以及行政法制的相应配合。随着公共治理的嫣然而生，公私合作模式广受运用，合作治理成为耳熟目详的时尚话语，身处公共治理的大时代环境，行政法的新趋势与新动向，自有关注与探讨之必要。

第一节　社团革命与行政法的变迁

一、公共治理的兴起：行政法的变迁动力

治理理论兴起于20世纪80年代末、90年代初，作为公共管理领域最核心的发展之一，治理被广泛运用于社会管理领域，流行于全球。近代以来，法治在世界各国的普遍实施意味着，法律秩序已经将人的追求正当化并以权利和自由的形式作为社会经济关系建构的基本机制，但同时也为国家治理制造了一个根本性困扰：人们权利和利益需求一旦被释放出来就势必会日渐扩展、趋于多元，如何进一步整合权利与利益需求并使之秩序化就成为现代国

---

〔1〕“公部门”与“私部门”在公私合作意义上的区分，只能是观念上的一种假定，而非必然之实态。就如同法学理论上长期在“国家”与“社会”的区分下探讨相关问题，也只是观念上的分野，实际上界限并不如此明确。参见［美］E. S. 萨瓦斯：《民营化与公私部门的伙伴关系》，周志忍等译，中国人民大学出版社2003年版，第2页。

〔2〕参见詹镇荣：《民营化法与管制革新》，台北，元照出版有限公司2005年版，第279页。

家面临的普遍难题。[1] “治理的实质就是多元主体打破一元垄断格局,与传统权力中心的国家协商分权的行为、活动、技术、观念、方式、过程或模式。”[2] 治理强调的乃是使矛盾或冲突得以协商解决的动态过程,由此可知在规则基础上的多元互动、协调与合作的过程才是治理的核心所在。在十八届三中全会决定提出的国家治理和社会治理的双重治理框架下,治理必然是以多元主体间的互动和合作求得公共福祉最大化为取向的。法治呼唤良法善治,国家对社会的治理必须导入善德价值准则,因而在逻辑上治理必定是以“善治”为导向,并应以“善治”的要求重构治理主体和治理机制。通过社会力量的广泛参与实现治理主体的多元化;通过治理权能的优化实现多元主体的权利共享;通过治理方式的结构化重组实现治理关系的民主化,最终达致多元共治的和谐状态。随着我国法治建设重心将由国家向社会转移,法治成为最有效的社会治理模式。[3] 基于此,只有将法治置于“国家治理”的审视与考量之下,法治才具有更良好的目标取向和价值导向,从而不会轻易坠落到传统法治困局中去。

当人们带着国家主义的观念和逻辑去进行社会治理模式的建构和开展社会治理的实践的时候,是一种类型的社会治理;当国家主义的观念日渐式微的时候,必然意味着另一种类型的社会治理的出现。[4] 改革开放以后,中国开始走向市场经济,社会主体的交往活动空前频繁。传统的以习惯法规则系统为主导的治理不再适应社会发展的要求,立法规则的系统建构成为整个社会治理的主导模式。在这个过程中,伴随法治在各领域的推行,立法规则替代传统规则的呼声和实践成为一种潮流,这种规则的替代和变迁在中国不仅具有社会秩序的治理意义,还承载了中国人对社会发展的期望和理想。在

---

〔1〕 参见魏治勋:《法的“规范性稀薄化”及其历史谱系》,载《法学评论》2012 年第 2 期。

〔2〕 丁煜:《多重治理:机制、模式与关联》,载《中国人民大学学报》2008 年第 3 期。

〔3〕 关于法治建设中心从国家向社会转移的详细论述,请参见姜明安:《论法治国家、法治政府、法治社会建设的相互关系》,载《法学杂志》2013 年第 6 期;姜明安:《论法治中国的全方位建设》,载《行政法学研究》2013 年第 4 期;黄文艺:《对“法治中国”概念的操作性解释》,载《法制与社会发展》2013 年第 5 期。

〔4〕 参见张康之:《论后国家主义时代的社会治理》,载《江海学刊》2007 年第 1 期。

法治进程的启动之初，国家会以公权力为依托来推进法治进程，既能够节省法治建设成本，又能够在加快法治进程的同时迅速获得公信力和合法性。但当进入法治建设的关键时期，由于社会的自由和权利获得了生长或释放，这无疑给公权力和社会变革带来巨大的冲击和压力。法律制度的好坏与存废，不仅取决于国家的意志，还要受到民众实践的检验。随着社会力量的日益成长和多元社会的成熟，法治建设的动力逐渐由国家转向民间，国家已不再是法治发展进程的唯一动力，甚至不再是主要动力。各种日常的权利诉求、利益主张和社会运动将成为重要的法治变革之源，法治建设将会从国家建构的“王国”走向到社会治理的“民间”，并深深地扎根于社会生活之中。

现代化建设的深化以及新媒体和网络传媒的迅速发展，赋予了民众更多的维权手段，以及更多表达民意的渠道。因此，后来由政府主导的法治模式逐渐渗入了民间的力量。这一力量使得法治建设在系统性之外，增强了更多的现实性和实践性。法治建设是全社会共同的事业，公众是法治建设的直接利害关系人，也是根本动力。法治中国的主体是人民而非国家，只有人民才是法治的执行主体而非本源性主体。只有人民才是法治的主导力量和主宰者。只有正确处理好了人民与国家之间的关系，才能正本清源。[1] 但是一直以来，受我国的文化传统及公众知识水平等因素影响，公众动力未能得到开发，公众动力的缺失成为影响中国法治发展的一个不可忽视的方面。随着中国政治、经济转型与社会变迁，各式社会组织的出现引发人们的关注。而就国家与社会关系的研究角度看来，目前仍受“国家中心论”所主导，国家的意志与能力被视为关键的解释变项，因而缺少了对社会力量如何组织以及如何动员的关注，也无法进行针对不同议题性质与社会部门行动者属性异同的比较。[2] 这就要求我们关注社会力量的崛起，重视民间治理及其对法治国家建设的重要推动作用，而网络治理领域的兴起与行政决策合法性，“第三部门兴起”与社会权利、法治秩序等，就成为更能“接地气”、更具现实感、紧迫

---

〔1〕 参见汪习根：《论法治中国的科学含义》，载《中国法学》2014年第2期。

〔2〕 参见王占玺、王信贤：《中国社会组织的治理结构与场域分析》，载《台湾政治学刊》2011年第15卷第2期。

感和责任感的"问题"领域。如果对社会力量的现实发展与浓重诉求视而不见，就使法治理论的研究毫无意义，从而难以发挥其应有的指引作用。

公共治理是一种在广泛参与基础上的开放性管理，多元共治、合作共赢是公共治理的主要理念。随着社会权力的不断增长，公共治理的领域以及公共治理的范围都在不断拓展，许多公共管理职能从政府转向社会，政府通过进一步还权于民，重塑国家与社会的关系，公共治理的逻辑也从先政府、后社会转变为先社会、后政府，从而共同搭建更密切的关系网络。[1] 传统的管制模式强调法的国家性，坚持以国家强制力为保障，实施的是单向度和强制性的管理模式，依靠的是由国家强制力保障实施的"国家性"法律。在公共服务方面，政府不能再垄断所有公共产品和公共服务的提供，政府更多的只是扮演"掌舵者"角色，大量的公共治理任务都会由社会承担，政府的职责范围应该限制在社会不能承担以及无力承担的领域，主要转变到宏观调控、市场管理、公共服务等领域，这样才能调动社会的积极性，发挥社会治理的内在力量，实现国家与社会在公共治理职能上的合作与互补，不断推动公共权力关系的多元化。公共治理是一种开放式、动态式的管理，不再是传统的那种以国家为中心的单向性管理。公共治理需要向各种利益诉求和信息优势开放，这样才能保证各种制度的妥当性和合理性。公共治理应该更多地运用合作治理的机制，在不同利益主体之间搭建多元互动、公平竞争的平台。在合作治理结构中，政府与社会能够优势互补、相辅相成以及信息共享，充分发挥各自的资源优势，推动公共治理目标的实现。社会组织在公共治理中的广泛参与和公私合作有利于构建竞争合作性的共治关系，实现程序正义和实体正义的统一，保障公共决策的理性。随着社团组织等第三部门的崛起，众多的社会组织承担着越来越多的公共治理职能，特别是社团这样的社会组织，由于其内部完备的组织形态以及成熟的运作模式，有时比政府更能有效地完成各种公共治理任务。

---

〔1〕 参见罗豪才、宋功德：《软法亦法——公共治理呼唤软法之治》，法律出版社2009年版，第40页。

随着新公共管理理念的发展,行政法的调整与转型成为一项新的课题。在新公共管理理念下所产生的各项改革,会潜在地使行政法失去稳定性。因为这些改革根本上威胁了行政法传统模式中的法治理念,而此理念是使行政法得以在现代社会中获得最终正当性和合法性之基础。传统行政法上重要的体系根植于所建构的法治国基本权利保障机制,社会的日渐分殊,使传统行政法的正当化基础失效,因而需要酝酿一种新的正当化理念,并采取另外一种国家和社会互动的关系模式。而这种模式的关键就在于平均分担任务和责任,并透过国家或者市场的力量,用合作来取代单方的努力。[1] 在这种合作治理模式中,国家因社会化而回归社会,不再是一种凌驾于社会之上的统治机构。社会所有的权力主体与权利主体都平等地参与社会治理,从而改变单一和单方性的管理模式,权责统一、谈判协商、风险分散成为新公共治理过程的主要特征。各种治理主体依法参与公共治理,并兼顾自由与秩序、公平与效率,促进社会公益的最大化,努力实现权力监督和权利救济的统一。只有在国家与社会的合作关系中,传统的"权力—服从"模式的行政管理才能逐步演变为"协商—合作"模式的公共治理,也才能产生以治理目标为导向的公权和私权协调发展的"新行政法"。

新治理模式的形成,与信息技术的发展、民营化、公共职能之私有化发展,以及国家权力的相对退缩有关。此外,合作治理的发展以及其他非政府组织的兴起,都促使了公法学与法治理论学界对传统统治治理模式下的各种实务问题提出了诸多反思。可以说,合作治理的理念乃是由公法学与公共政策学两种学科相互渗透和融合所产生的,其目的就是强调要发挥非政府组织在法律制定与执行上的重要性,也就是要通过合作、沟通的治理方法,让更多的社会组织或者私部门得以共同实现各种社会治理目标。公共治理的思维主轴在于建立以市场机能与自由公平竞争为导向的新行政秩序,进而在传统社会国家形态与政府体制之外,型构公私部门相互交错、彼此对抗之场域。

---

〔1〕 参见廖义铭:《从理性到反思——行政学与行政法基本理论于后现代时期之整合与转型》,载《人文与社会科学辑刊》2000 年第 4 期。

公共治理的运行机制依赖“由众多的行动者共同组成的合作关系网络”这种权威，这就要求通过法律来理性设定公权力的边界和运作方式，理顺国家与社会、政府与市场的关系，通过规范和监督公共权力来维护和拓展公民权利。[1] 随着现代社会多中心的公共治理的兴起，经济的市场化和全球化对国家的治理和调节机制都提出了更高的要求，国家原有的管制与命令方式已经陷入危机之中。同时，利益主体的多元化催生了更多的社会利益集团，它们迫切需要通过更多的机会和平台来参与社会治理，赢得更大的活动空间。在合作治理结构中，政府与社会能够优势互补、相辅相成以及信息共享，充分发挥各自的资源优势，推动公共治理目标的实现。随着合作治理形式的多样化发展，行政法在各个领域的发展也体现了形态的多元化，社会组织和各种私人部门在合作治理的框架下正成为行政法发展的重要推动力量，它们或基于共同的社会利益而进行合作，或基于社会政策以及行政诱导的激励而参与合作，但都是基于共赢合作的关系而走到一起，目的就是要共同增进社会整体利益。

二、社团革命与第三部门的兴起

公共治理活动不再以某一项行政任务的提前设定或者规划为前提，而是提供一种整体的思维框架以及形成多元主体之间进行交涉和互动的沟通网络，多元主体进而能够释放其自身的能量，形成社会治理的整体性与互赖性。[2] 公共治理的目标在于缔造一个良善治理的政治、经济与社会环境，但是建立良善公共治理环境的前提，除了国家立法能否提升效能与效率以满足民众需求外，也广泛涉及各种社会立法的制定、执行、责任机制与流程整合等问题，因此需要采纳不同参与者意见，进而激发创新卓越思维，使多元规则能在日益复杂的公共治理环境中形成互动关系，从而为政府治理决策提供有益的参考。公共治理意味着治理主体的多元化和多中心化，国家不能再垄断所

---

〔1〕 参见罗豪才、宋功德：《软法亦法——公共治理呼唤软法之治》，法律出版社 2009 年版，第 39 页。

〔2〕 参见陈恒钧：《治理互赖理论与实务》，台北，五南图书出版公司 2012 年版，第 68 页。

有的立法事宜,公共社团成为社会治理的主要力量。社会团体越来越通过这种自治规章来拓展自身的治理空间,从而使得社团在公共规则制定方面拥有越来越多的话语权和实施权。合作治理的核心主张之一就在于,行业组织能够回应科学、技术、知识的进展而且改变人类判断,灵活且具有适应性的制度会得出更好的规则,更有可能实现立法目标。[1] 社团规章的制定主要以合意为基础,并能够及时调整与修正,因此,这种规则具有潜在的优势,在某些条件下更能满足正当性的民主标准,即使这些品质就质量更优或者更合理的规则而言并不能提供工具性的价值,但其自身蕴含的行政法价值仍然引人注目。

公共领域的拓展、治理问题的复杂化以及公共关系矛盾的日益突出,使得原有的封闭性、单向度的管理模式无法适应新的公共治理的要求,必然导致原有的国家管理模式遭遇挑战。特别是社会组织在全球范围内广泛成立,形成了一场全球性的社团革命(Associational Revolution)。在当今时代,经济全球化不断加速,社会组织作为国家与社会之间的缓冲领域,代表着不同群体和不同阶层的利益诉求,并以理性的声音和成熟的运作机制来制衡国家公权力的运作,从而成为公共治理的重要力量。社会组织正是基于传统的管制失灵而生的,它们通过内在的规章制度进行自我规制、自我发展,并积极参与公共治理的多个领域,推动社会管理从由上而下的单向度模式走向多元共治、多方协作的合作治理模式。国家力量的强弱与政府是否具备充分能力,以其与公民社会是否能相互配合达成目标息息相关。一旦国家与社会由相互对立的零和关系转变为相互依赖的非零和关系,将能通过互动与合作,产生更多潜在的力量。[2]

作为这场波澜壮阔的行政变革的一个结果,就是要实现多元化的治理模式,将开放的公共治理与广泛的社会参与相结合,从而缓解传统管理模式中国家与社会的内在紧张关系。正如温德(Wundt)指出的那样:国家对于法律

---

〔1〕［美］朱迪·弗里曼:《合作治理与新行政法》,毕洪海译,商务印书馆2010年版,第43页。

〔2〕参见陈恒钧:《治理互赖理论与实务》,台北,五南图书出版公司2012年版,第70页。

来说并不是必要的;必要者乃是一种因为观念的一致性和利益的一致性而有能力产生一种集体意志的联合体或社团。[1] 到目前为止,包括社团在内的"第三部门"在我国可以说得到了蓬勃的发展。[2] 社会组织的整体实力不断提升,已成为政府职能转移的主要承接者、公共治理任务的重要执行者和公共服务的重要提供者,变成了我国社会公共治理不可或缺的重要力量。[3] 社会组织作为一种集体性的力量,代表着不同群体的利益和诉求,更容易形成共同体内在的凝聚力,从而有利于克服个人权利行使的不稳定性和脆弱性,促进权力行使的社会化和组织化。正是这些社会组织构成了分解和制约公共权力的重要平衡力量,成为国家权力向社会回归的重要途径和平台。社会组织展现了与传统官僚统治制不一样的组织特点,它们推动着社会管理从自上而下的传统科层制统治向多元开放、协商互动的合作治理的转型,形成纵横交错、互相融通以及优势互补的社会治理网络。它们既分担着政府的社会治理职能以及实现着填补国家治理不足的重要功能,也发挥着自我治理、自我服务的善治功能,促进着社会自生秩序的形成。社会组织一方面发挥着共同体的强大凝聚力作用,促进着权利主体的多元化和社会化。另一方面,社会组织还在社会资源整合、社会危机管控、网络治理以及权力分配等方面形成独具特色的新的制度安排,促进着公共治理制度的相关改革。

随着政府职能的不断转变,包括社团在内的第三部门在公共治理中的作用日益凸显,越来越受到了法学、公共管理学以及经济学等诸多学科学者的

---

〔1〕 参见[美]罗斯科·庞德:《法理学》(第1卷),邓正来译,中国政法大学出版社2004年版,第322页。

〔2〕 对第三部门内涵的理解似乎也很难说已经统一。目前比较权威、被广为接受的是美国霍普金斯大学非营利组织比较研究中心推荐的"结构—运作"定义。该研究机构认为,第三部门一般具有非政府性、非营利性、志愿性、组织性、民间性等特征。但是,由于社会环境、组织形态、文化传统和制度沿革等诸多方面存在的差异,即便是在西方国家,对第三部门的理解还有些微的不同。比如,在日本,所谓"第三部门"是指"由国家或地方自治体和民间共同出资成立、运营的事业体"或"公私混合组织";而在欧美,第三部门和非营利组织概念是一致的,可以混合使用。

〔3〕 至2013年6月底,全国依法登记的社会组织有50.67万个,其中社会团体27.3万个,民办非企业单位23万个,基金会3713个,从业人员超过1200万人。在体制之外,还有许多的没有登记注册的、临时性的、半公开的社会组织广泛存在。相关数据资料参见新华网:《简政放权开启社会组织改革大幕》,载http://news.xinhuanet.com/2013－10/23/c_117838385.htm,2015年8月2日访问。

共同眷顾与青睐,成为理论研究的新的增长点。第三部门与公法关注的行政主体有何干系？行政法为什么要关注第三部门现象？笔者认为主要是基于两个方面理由:一是随着公共治理任务的日益复杂,传统层级制的管理模式已经不能适应公共管理的需要,原有的政府职能必须向社会转移,充分发挥社会组织的力量,实现国家与社会的共治,才能实现公共治理的最佳效应。随着社会组织的不断壮大与发展,原有的政府的相关职能通过授权或者委托等形式不断向第三部门转移,社会组织承担的公共治理任务越来越多,第三部门在公共治理中所拥有的社会公权力成为权力治理的一个崭新领域。二是第三部门具有的公共治理职能与很多私法活动有着本质的不同,虽然在公共治理中也有着公私法的交织,但是,第三部门在公共治理中所具有的公共权力日益呈现着不断增长的态势,这些公共权力如果脱离了公法的制约显然会成为权力滥用的温床,而且好多社会权力的行使涉及某些公法基本权力的限制和剥夺。因此,需要引入公法思维,将相关社会组织的权力活动纳入到行政法领域,从更宏观的角度去审视和监督社会权力,才能把握权力运行的规律和特征,形成对权力结构和内容更深层次的理解,从而更容易形成权力治理的良性社会效应。当前,有行政法意义上的第三部门形态,主要是:(1)行业和商业协会、职业协会和综合性协会,如拍卖协会、中国表演家艺术协会;(2)工会、共青团、妇联等人民团体,这些类似政府部门或可视为政府延伸机构;(3)村民委员会和居民委员会等基层群众性自治组织;(4)"官办"基金会,如根据《道路交通安全法》设立的社会救助基金;(5)民办非企业组织,如民办科学研究院、民办艺术表演团体;(6)委托执行行政任务的中介机构。对社会团体等第三部门的关注进一步扩大了行政主体的范围,突破了传统的行政机关、法律法规授权的组织。大量的行业组织、社会团体以及公共事业组织依据其内部的组织章程、条例和规约进行自治管理、行使着自治权,这种自治权体现了一定范围内的公共权力,这种权力本身就是行政职能社会化、国家权力向社会回归的产物。这些第三部门,虽然在行政主体意义、组织架构、政府规制模式与程度等方面有着较大的差别,但是我们通过分析行政法的一般原理,还是可以发现其共通的权力运行机制和机理,使我们在关注行政权的同时，拉长了行政法视野，更多地去关注公共权力的运行和实施。

三、社团治理与行政法的变化

公共治理模式正在发展成为一种合作治理模式，这种治理模式不仅带来了行政法传统管理范式的转变，而且也促进了治理观念从国家主义法律观向公共治理法治观的转换。社团等第三部门的发展和崛起，展现了公共治理时代行政权力向社会回归的基本转向，以行政行为为基础的原有行政法体系中心将会不断受到冲击和削弱，权力的社会化以及利益的多元化将成为公共治理的主要时代背景。原有行政法的理论框架已经不能恰当地容纳和反映合作治理领域丰富多彩的实践样式，需要我们以更加宽阔的视野和胸怀去审视社会结构、法治模式，去思考行政法理论发展的方向。那么，社团等公共组织在社会治理领域的兴起对行政法到底意味着什么呢？会给行政法带来什么变化呢？

（一）行政手段的多样化

公共治理改变了原有的那种自上而下的单向性、命令性的管理模式，公私合作、多权威互动、治理回应性等都将成为公共治理的重要理念。社团等第三部门的兴起体现了国家权力向社会的回归和积极的民主参与，同时也为公共治理提供了重要基础和动力，有利于形成多元化、开放化的社会权力网络，推动新型权力制约与权利保障模式的建构，从而促进行政法治的当代变革。随着国家权力向社会的不断回归，政府越来越倚重第三部门参与公共治理，众多公共服务职能从政府管制领域转移到大量的第三部门手中，第三部门承担的公共治理任务可以说跨越了各种社会治理领域。第三部门的兴起弥补了政府在许多公共治理领域的不足，同时也为行政目标的实现提供了多样化的手段，“现在比较时髦的民营化、公私合作以及外包等，都与第三部门有着不可分割的联系”。[1] 第三部门独有的组织运行机制以及权力实施机制可以说为公共治理提供了新的方法和途径，成为政府公共治理的政策执行

---

〔1〕 余凌云：《第三部门的勃兴对行政法意味着什么？》，载《浙江学刊》2007年第2期。

工具。行政法的任务就在于寻找不同的规制方式，用较为聪明的手法，且应避免直接干预社会系统自我运作所可能产生的问题。[1] 正如有学者观察到的，第三部门参与公共治理，目标在于形成一个多元主体互动合作、纵横交错的社会治理网络。由于政府与第三部门新的合作关系的形成，原有的行政治理工具和规制模式肯定不能适应这种多元化的治理网络，这种新的合作治理模式需要通过建构新的合作规范框架，才能更好地去完成多元化的行政治理任务。这种行政治理手段的多元化和多样化必然使得原有主体责任的界限更加模糊，必然会衍生出一些行政法领域的新问题。比如，对于合作治理中的主体责任的划分问题，也就是说，对于社团在承担相关公共治理任务的时候，在执行相关政策、提供公共服务的过程中如何实现与行政机关的协作与配合，特别是在权责问题上的相互关系究竟如何界定，这些问题都需要通过明确相关的合作机制以及回应机制来解决，才能更好地实现行政治理的各项目标。

（二）行政法研究领域的扩大

随着第三部门的崛起，公共治理的领域将不断扩大，必然对公法领域产生一些影响。公共治理的一个主要特征就是权力的社会化与权力行使的多样化，国家不能再垄断所有的公共权力，国家权力向社会权力转移和下放是公共治理的必然结果。随着第三部门的崛起，众多的社会组织行使着越来越广泛的社会权力，这种权力包含着自治权的因素，也有着公共服务的职能，这种权力在公共治理中将越来越发挥主导性的作用。随着多元行政法的兴起，“政府之外的其他主体，在私人标准制定、‘私’的规制、私人承担公共任务越发兴起的背景下，亦应纳入行政法研究的疆域之中”。[2] 我们探寻这种权力的思路基本是沿袭传统的行政权理论的视角，但无论行政主体论、法律授权论还是行政权力论，用以解释这种具有社会权力性质的公共权力肯定是捉襟见肘的，也是不够准确和全面的。因此，这些社会组织的行政法主体地位及

---

〔1〕 高秦伟：《社会自我规制与行政法的任务》，载《中国法学》2015年第5期。

〔2〕 王瑞雪：《治理语境下的多元行政法》，载《行政法学研究》2014年第4期。

意义究竟如何界定,这些组织所行使的公共权力的来源究竟是哪里的,这些公共权力的性质又是怎么样的,以及第三部门在公共治理中的相关的权责和义务如何来明确,这些都是原有行政法理论无法应对和解决的。那么,对于第三部门涉及类似于公共治理和治理权的公共权力,是否应当引入公法因素的规范,是否应当将相关问题嵌入行政法中,由此产生的纠纷是否应循行政救济途径解决?笔者认为,公共治理恐怕不再仅仅是国家意志决定的问题,还要充分考虑公共自治组织相对独立的意志问题以及其充分的自治权,还要充分考虑自治权运行过程中相对人基本权利的保障问题,这些都是需要行政法面对的新课题和新任务。因此,在第三部门的公共治理活动中引入公法思维,才可以拓展对公共权力性质的认识,才能更好地实现各种公私交织的利益。行政法学自然也要进一步拓展自己的疆域,从以前以行政权或者行政行为核心的传统思维中解脱出来,将关注的焦点转向社会权力或者公共权力,将更多的第三部门纳入行政法的调整范围,并在国家和第三部门之间进行合理的权力分配和重组,真正从实质意义上去关注公共治理领域发生的法治问题。

(三)行政法结构的调整和重构

20 世纪后期,我国行政法主要是建立在国家所拥有的且作为国家特征的强权理念基础之上的,行政法关注的传统范畴主要集中在行政处罚、行政强制、行政许可等一些行政行为,行政法理论体系也显现出稳健的进步和较为成熟、稳定的结构。基于法治主义依法行政原则的要求,并依托可操作性的行政行为形式理论,传统行政法学格外关注各种行政活动在法律上的容许性。〔1〕随着行政法理论研究的不断深化,行政法学更加关注规制手段,研究领域不再局限于行政行为,而是进一步延伸到行政合同、行政指导等一些柔性治理方式,以及近年来出现的软法治理,等等。随着理论的不断深化,在行政法结构中,出现了多种行政要素与行政法之间的分道扬镳,在行政革新、组织改造、管制松绑以及公私合作的治理理念之下,第三部门的发展和壮大,形

---

〔1〕参见章志远:《民营化、规制改革与新行政法的兴起》,载《中国法学》2009 年第 2 期。

成了不可阻挡的时代潮流。第三部门作为行使社会公共权力的组织，由于其行使权力的公共性以及社会性，必然会成为行政法关注的重要领域，第三部门行使公共权力的现象必然会纳入行政法的调整范围。第三部门嵌入行政法的治理结构中，其结果必然要对原有的行政主体理论产生一定的冲击。比如，第三部门究竟是纳入"法律法规授权的组织"，还是归类到"行政机关委托的组织"，这些问题必然会引起争议。随着第三部门承担的公共治理任务越来越多，原有的以行政行为为标准的行政主体理论显然不能囊括众多的行使公共权力的组织，公共职能标准逐渐成为行政主体理论的新的拓展和补充，行政的关注重点也逐渐转向更多的公共权力形式以及相关权力的控制技术。[1] 行政主体理论的拓展和延伸必将带来行政组织架构的更加多元和开放，也将引起其他行政法要素的变革和重塑，如行政行为、行政诉讼以及其他行政法结构的连锁反应。第三部门正处于不断改革和变化之中，对第三部门的行政法研究，必然是一种动态的、发展的研究。第三部门自身的地位问题、公共治理任务的介入方式、范围和程度以及政府与第三部门之间应如何互动？彼此关系的未来走向如何？所有这些都需要我们在不断的审时度势中进行新的理论探索，这也是现代行政法必须认真思考和回答的一个至关重要的问题。

（四）软法治理变得十分重要

社团革命孕育了大量的社会组织，带来了第三部门的兴起，造就了大量的组织化、社会化的社会权力网络，促成了国家权力向社会的积极转向，为公共治理注入了无限的活力和能量，更为国家和社会之间的有序分工、互动合作提供了公共平台。这些社会组织或者团体具有成熟的组织架构和运行机制，作为社会治理的中坚力量，它们通过自主化、民主化的管理，积极参与社会公共治理，成为国家和社会之间的联系桥梁和纽带。公共治理使得国家权力和社会权力的相互制衡更加紧密，公共权力领域和私人领域的交互渗透和相互依赖更趋频繁，这些都给行政法带来了新的挑战和难题，如果固守原有

〔1〕 Cf. Colin Scott, "The New Public Law", Collected in Chris Willett (ed.), *Public Sector Reform and the Citizen's Charter*, Blackstone Press Limited, 1996, pp. 43 – 45.

的权力和权利关系模式去套用国家权力与社会权力的互动关系肯定会出现不足和矛盾。在新的治理模式下,需要进一步拓展柔性治理空间,淡化法律的强制色彩,加强国家与社会的协作共治,给予相关组织和主体更多的行动空间,努力建构一个由治理范围、治理规则和治理方式共同构成的公共治理结构。社会组织内部创设的规章、章程以及其他自律规范作为内部的共识和约定,主要依靠其所具有的社会资源和社会影响力,通过对成员遵守或违反规章制度的行为进行激励或惩戒来保证实施,而不像国家法律主要依靠国家强制力来保障实施。这些规章的实效主要是通过自愿服从而产生,组织成员能够产生自我激励,并会主动履行相应义务,并不需要任何国家强制力的介入,法律规制的社会效果是最理想的。因此,社会组织内部的这些自治规范具有软法的一般特征。这种自治规章不在于有多少国家强制力可以动用,而在于这种规章制度安排的正当性,这种正当性不仅体现为一种制度理性,更具有一种公共选择理性。

第二节　社团规章的基本界定

一、社团的概述及其特征

社团作为政府和社会之间的中介角色,决定了其在社会公共治理以及政府转变过程中具有的难以替代的作用。社会团体已经被视为市场、国家之外的第三方力量,其基本使命就在于弥补“市场失灵”和“管制失灵”等双重失灵,这种双向性的调整功能就是为了减少政府和市场主体之间交易成本的一种有效制度安排。作为社会自治组织,社会团体主要以社团利益为导向,运用其内部的激励机制和诱因设置来挖掘和整合分散的社会资源,并通过内部自治规范来参与社会治理。因此,社会团体作为社会治理的重要力量,其独特的运作机制可以作为公共权力和私人利益之间的一种平衡和补充,发挥其在国家、社会以及个人之间的关系协调作用。正是在这个意义上来说,社会团体有着其现实的合理性和必要性,凸显了其在社会公共治理时代作为特殊公共治理主体和特殊调控机制的深刻价值。

关于社团的定义,理论界目前对于社会团体的定义表述并不完全一致。有的学者从共同体的含义定义社团,如根据凯尔森的观点,社团的通常定义是:把法律当作一个统一体的个人集团,即当作一个具有与那些组成集团的个人权利和义务有所不同的权利和义务的人。社团之所以被认为是一个人,是因为法律秩序规定某些权利和义务,它们关系到社团成员的利益却又似乎并非是成员的权利和义务,因而被解释为社团本身的权利和义务。尤其是,这样的权利和义务是由社团机关的行为所创造的。[1] 有的学者从行业协会的角度去概括社团的一些特征,如英国协会管理专家斯坦利·海曼认为,概括协会的定义其实比较困难,但是协会应该具备四个主要特征,包括成员致力于某些共同目标,经费不依赖于官方,目的不在于盈利,成员有自由退出的权利。[2] 有的学者则将社会团体与政府机关、事业单位、企业单位等进行比较,强调社会团体的公益性,认为社会团体是以促进社会发展和进步为宗旨,按照一定的章程,经过相关的程序组织起来,从事社会公益活动的社会组织。[3] 也有学者从产生与功能视角来描述社会团体,认为社会团体的称谓实质上是介于国家与社会之间的一类组织的核心构成与代表,在更广泛的意义上来说,第三部门、非营利组织、非政府组织、社会中介组织等概念都或多或少地涵摄了社团的一些含义。[4] 还有的学者从强调社团的互益性的角度来定义社会团体,认为社团就是由具有共同意愿的人相聚而形成的互益组织,非营利性和民间性是其主要特征。[5] 1998 年国务院新修订的《社会团体登记管理条例》,首次界定了"社会团体"这个概念:"社会团体,是指中国公

---

〔1〕 参见[奥]凯尔森:《法与国家的一般理论》,沈宗灵译,商务印书馆 2013 年版,第 156 页。

〔2〕 [美]斯坦利·海曼:《协会管理》,蔚晓欧等译,中国经济出版社 1985 年版,第 1 页。

〔3〕 王名等:《中国社团改革——从政府选择到社会选择》,社会科学文献出版社 2002 年版,第 12 ~ 18 页。

〔4〕 黎军:《行业组织的行政法研究》,载罗豪才主编:《行政法论丛》(第 4 卷),法律出版社 2000 年版,第 162 页。

〔5〕 王颖等:《社会中间层——改革与中国的社会组织》,中国发展出版社 1993 年版,第 26 页。

民自愿组成，为实现会员共同意愿，按照其章程开展活动的非营利性社会组织。"同时，民政部在其制定的《关于〈社会团体登记管理条例有关问题〉的通知》中把社会团体分为行业性团体、学术性团体、专业性团体与联合性团体四类。中国科学技术协会、中国表演艺术界联合会、中国拍卖师行业协会、中国律师协会、中国足球协会等，是中国社会团体的典型代表。

在法律层面上，社团区别于社会中介组织、基金会或者其他民办非企业单位而成为独立概念，一直被多个学科所用，可以说涉及政治学、社会学、法学。因此，社团概念在实际界定和使用中肯定存在着不少的含混，有时在表达上还会出现循环定义。但是，我们通过社团与其他相关概念的比较，还是会发现社团的一些核心的含义和特征。目前跟社团概念相似或者存在交叉定义的概念主要有第三部门、非政府组织、民间组织、非营利性组织以及社会中介组织等。"第三部门"主要是指国家机关和事业单位之外提供公共服务，不以营利为主要目的的所有社会组织。显然，社团也应该属于第三部门，它们之间是包容与被包容的关系，社团只是第三部门中一种特殊形态或组织。与社团相比，"非政府组织"的概念主要运用于国际领域，并具有广泛的国际效用，它们侧重于区别于政府与其他公司、企业。因此，社团有时也被视为"非政府组织"的一种，并将其纳入到"非政府组织"的概念体系之中。当然，非政府组织的含义更加广泛，社团也只是其中的一种。"民间组织"的概念主要突出社会组织的"民间性"与"独立性"，该概念将任何官办的或者带有官办色彩的组织排除在外，从而突出社会组织的自愿性、互助性，显然民间组织与社团在概念上也存在一定的交叉。由于我国目前社团发展的特殊历史和经济背景，有的社团显然不能纳入民间组织的语言体系中，当然民间组织也不完全具备社团形态。另外，还有"非营利组织""社会中介组织"也与社团有着明显的区别，"非营利组织"主要突出社会组织与公司、企业等市场组织的区别，"社会中介组织"则主要定位于市场主体的中间性特征，特别是社会组织介于政府与企业之间的关系性特征。在中国的政治语境中，还有"人民团体""群众团体"等与社团相似的组织，比如共青团、工会、妇联、侨联等团体，这些团体往往具有广泛的代表性，其享有参政议政的权利，这些团体通常都是政协的重要组成部分,因此这些团体具有较强的政治色彩和广泛的民意参与性,与本书所论述的社团相比,其规范性和法律性较差,因此也不在本书讨论之列。

结合中国的相关分析方法与立场,特别是结合中国目前公共治理的发展状况,本书“社团规章”中之“社团”,在上述官方的“社会团体”的含义之上,认为社团是由公民或其他单位组成,为了实现某种共同的目标和需求,按照其内部章程开展自治活动的非营利性社会组织。本书所论述的社团主要以依据《社会团体登记管理条例》进行过注册登记的社团为主要范围和对象,具体包括行业协会、职业协会、学术研究团体、社会公益团体、联益性团体、商会等。这些社团具有明确的法人资格,同时具有成熟的组织架构和明确的组织章程,其活动的规范性和法律性都很强,因此,对于研究社团内部的自治规章具有一定的典型意义。社团作为社会组织,只有具备完备的法人资格才能获得更强的法律意义,因此,在这样的概念界定下,可以将一些不具备法人资格的社会组织排除在外。同时,对于社团是否进行过注册登记,[1]或者是否具有明确挂靠单位等,都不在限制之列。只要该组织具备相应的社团组织架构或者运行机制,都可以纳入社团的话语体系进行探讨和论述。一般认为,将社会团体与政府组织、事业单位相比较,或者与其他社会组织相比,具有以下五方面的特征。

1. 自愿性。自愿性是指宪法赋予公民结社自由的基本权利,公民可以按照自己的意愿决定加入或退出某个社会团体,可以说自愿性是社会团体的首要特征。社团成员基本都是为了某种共同的目标而走到一起的,社团成员通过内部的协商或者约定而成为社团的正式成员,并自愿地履行作为社团成员的权利和义务,同时,成员也有自己进入或退出团体的权利。另外,社团的成员既可以是公民个人,也可以是单位、组织。比如中国慈善总会,就是经政府批准依法注册登记,由普通公民、法人及其他社会组织自愿参加的全国性的公益社会团体。

---

〔1〕 根据《社会团体登记管理条例》第3条第2款的规定,有些社团可以由国务院机构编制管理机关核定,并经国务院批准,可以免于登记。如作家协会、新闻工作者协会、国际贸易促进会、残疾人联合会、法学会、红十字会等,都是属于国家规定的免登记社团。

2. 非营利性。不以营利为目的,其宗旨主要是为社会公共利益服务,不是谋取利润的最大化,这是社团区别于其他企业单位的主要标志。社会团体相关立法对其非营利性作出了严格的法律限定与规制,如社会团体不得以团体的名义进行商业活动,不得为其个别成员的具体商业活动提供有偿性中介服务等。当然这种"非营利性"不是强调社会团体不得有任何的盈利活动,而是强调社会团体不依赖于持续的经营收入获得盈利,而且这种盈利只能用于社团的可持续发展,并不能用于投资性的商业活动。另外,对于"人民团体""群众团体"以及"宗教团体"等一些特殊团体,虽然它们具有成熟的社团架构或者组织结构,也具有非营利性,但是根据中国的实际情况,它们很难与社团在同一语境中使用。因此,这些团体不在本书论述的范围之列。

3. 民间性。民间性是社会团体存在的合理基础,是与政府组织或国家机关的根本区别,社会团体的存在和存续主要依赖"民办"而不是"官办"。一方面,社团成员不是政府的组成部分;另一方面,社会团体自身的资金来源、功能、人事制度基本也独立于政府体制。当然由于我国在历史及文化方面的背景,很多社会团体都与政府机构有着密切的联系,并具有浓厚的官方色彩,如部分社会团体的人事配备、经费来源以及组织机构的设置都受制于政府。比如中国足球协会、法学会、红十字会等,这类社会组织主要由政府发起成立,团体负责人有一定行政级别,该类团体属于事业单位,类似政府部门或可视为政府延伸机构。虽然这些组织一般都具有事业单位性质,但是其内部的运作和组织框架都和社团具有共通性特征。同时,随着政府职能的进一步转变,好多此类组织都在按照政社分开、权责明确、依法自治的原则积极转轨,与政府脱钩。[1] 因此,在政府职能积极转变的现实情势下,也有必要将这些

---

〔1〕 例如,2015年9月30日,江苏省南京市专门下发了《关于推进南京市行业协会商会与行政机关脱钩的实施方案》(文号为宁委办发〔2015〕57号)。该文件明确指出脱钩的主体是市各级行政机关与其主办、主管、联系、挂靠的行业协会商会,其他依照和参照公务员法管理的单位与其主办、主管、联系、挂靠的行业协会商会。脱钩要求做到机构分离、职能分离、资产财务分离、人员管理分离、党建、外事等事项分离等。还有,中央全面深化改革领导小组于2015年2月27日审议通过了《中国足球改革总体方案》,该方案明确将中国足球协会定位为具有公益性和广泛代表性、专业性、权威性的全国足球运动领域的社团法人,并要求中国足球协会与体育总局脱钩,在内部机构设置、工作计划制定、财务和薪酬管理、人事管理、国际专业交流等方面拥有完全的自主权。

组织纳入社团的归类中去论述。

4. 自治性。自治性指社会团体主要按照其内部规章制度实行自我管理、自我服务以及自我发展，社团内部的章程及其相关规定是社团自治的主要规范依据。社团作为独立的主体面对成员，并以独立的身份参与社会各种公共活动，同时享有在运行规则、人员配备、机构设置等方面的充分自主权，不受组织以外其他管理程序的影响。这个特征使具备一定行政管理职能的过渡性行业协会和自律组织也能纳入社团话语体系，如中国工业经济联合会、中国机械工业联合会、中国轻工总会等。

5. 互益性。互益性是指某种局部公益或者一定范围内的共同体公益，也可以理解为针对某些特定群体的特殊公益。这种互益性与普通的公共利益有着明显的不同，普遍的公共利益是全体社会成员共享的利益或者全社会的普遍性利益；而社团作为一种自治共同体，虽然也有着维护社会利益的公共品格，但是其利益指向往往是局部的或者特殊的，这种利益指向跟普遍的公共利益相比往往是处于下位性的。社团成员加入一定的社会团体，往往是出于自身利益的追求，为了某种共同体的目标而走到一起的。因此，这种局部性的公益性特征使得社团与其他普遍性公益组织相比较，比如中国消费者协会、基金会、环保组织、各种维权组织等，有着功能与范围上的不同，更有别于医院、学校等公益性事业组织和其他一些民办非企业组织。

二、社团规章的概念与种类

（一）社团规章的概念

社团规章是社团为了实现成员的共同意志，而由社团自行制定的规定社团相关事务，促使其规范化和有序化运作的相关规范体系。由于社团主体的多元化以及所涉领域的广泛性，社团规章不仅表现为社团章程，更多表现为“规范”“规定”“标准”“指引”“公约”等多种形式，具体内容包括组织宗旨、基本组织规范、行为规范、奖惩规范等。如上海市《机动车辆保险理赔服务质量规范》（上海市保险同业公会）、《首次公开发行股票承销业务规范》（中国证券业协会）、《关于加强行业自律的若干规定》（中国拍卖行业协会）、《中国安全防范产品行业行为规则》(中国安全防范产品行业协会)、《支付机构互联网支付业务风险防范指引》(中国支付清算协会)、《期货公司高级管理人员资质测试工作指引》(中国期货业协会)、《机动车驾驶培训行业自律公约》(中国交通运输协会驾校联合会)、《深圳互联网金融协会标准和运营守则》等。可见,社团据以开展社团事务的自治规范的形式是多样的,并不限于"章程"。社团章程和社团组织规范主要规定社团组织规则,而后者则更多涉及社团及社团成员的行为要求,这些规范不仅会对社团成员的权利和义务产生影响,而且还会影响某些非社团成员的权利义务。社团规章作为社团开展自治活动以及参与社会治理的主要活动依据,社团规章并不仅仅具有完全的自治性和内部性,也难以避免对相关外部事务进行一定范围的调整。我国《社会团体登记管理条例》第14条规定,社团章程应包括:名称、住所;宗旨、业务范围和活动地域;会员资格及其权利、义务;民主的组织管理制度,执行机构的产生程序;负责人的条件和产生、罢免的程序;资产管理和使用的原则;章程的修改程序;终止程序和终止后资产的处理;应当由章程规定的其他事项。可见,社团章程主要规定社团组织规则和社团内部行为规则,如前所述各种行业规章,社团章程只是其中的一部分,还有其他形式的规范制度。这些规范制度可以说内容涵盖广泛,不仅规定成员自己的行为规范,也以自治的方式间接影响到社团之外第三人的利益。这样,社团自治规范在内容上就不仅仅限于内部事务,因此本书没有选择"自治规章"这个名称,防止在"自治"上产生狭义的理解。

另外,与"社团规章"这个相类似的名字还有很多,如社团行业规章、社团行业规范或社团规则等,社团规章并非本书创新,目前许多学者在阐述社团权力或者社团规范依据时都使用了这个词汇。[1] 同时,"规章"一词更具有词源上的丰富性,涵盖了制度、规范、标准等多重含义,使用这个词更容易让人理解和接受社团活动的法律或者规范内涵。另外,本书放弃这些名称

〔1〕 参见方洁、周兴:《社团规章的行政法法源性论说》,载《行政法学研究》2006年第1期;管瑜珍:《社团自治的法律边界论说——以对社团规章的法律保护和限制为视野》,载《云南行政学院学报》2008年第2期。

而使用社团规章,还有一个重要原因就是,在国家管制命令式的管理时期,国家基本垄断了所有立法,特别是行政立法领域,行政立法可以说渗透社会的每一个角落,大量的行政法律法规成了国家行使权力的主要工具,而“行政规章”正是这个时期国家行政立法的主要“代名词”。社团规章作为社团行使社会权力的规范依据,“社团规章”承载着社会权力的运行与实施,体现了社会权力不断增长和扩展的趋势,也体现了国家权力向社会回归的趋势。同时,由于社团组织相对其他社会公共行政组织而言,具有完善的组织架构和成熟的权力运作模式,所以研究社团的内部规章更具有典型性和针对性,对于研究其他社会组织的内部规则也具有理论上的示范意义和实践上的指导意义。因此,“社团规章”蕴含着社会“自我立法”的深刻内涵,可以与作为国家权力行使的主要规范依据“行政规章”相互呼应,从而可以体现出国家权力向社会的回归和转向意味,更能体现公共治理时代国家权力与社会权力相互融合、国家法与社会法相辅相补的合作治理内涵。

社团规章是社团及其成员参与社会生活的行为准则和社团自身的社会活动模式,前述部分从主体角度和内容角度描述了社团规章的实质层面。社团规章作为社会权力的重要表征,调整着社团内外的各种利益关系和权力关系,我们更需要从规范层面去寻找社团规章的权力内涵或者法治坐标,才能更加清晰地发现社团规章在国家法治中的地位和作用。法治的精神在于以规则制约权力,现代主权国家的法治之“法”曾被严格限定于“国家法”,在国家法之外,基本不存在其他类型的法。权力制约是法治时代的重要命题,而制约权力的规则遵循的也主要是国家法的运行逻辑,特别是行政法领域,行政法律法规是国家权力运行的主要规范依据。随着我国社会转型的不断加速,法律社会化成为法治进程中的重要趋势,法律社会化运动使法律中心主义的机械法治观向法律多元主义的法治观演变,并催生了社会规范的发展,逐渐形成了多渊源规范并存的法源结构和体系。第三部门的兴起则进一步推动了法律多元化进程,使社团规章等许多社会自治规范逐步进入法律渊源的视域,并成为维护社团秩序的重要规范力量。法治秩序下,作为社会权力的社团自治权固然受到国家法约束,国家法仍然是社团权力运行的主要依据。然而,随着社团主体地位的不断提升,社团治理的复杂性也日益提高,国家法的那种抽象性和僵硬性的调整模式,不可能对社团权力运作中交织的各种利益进行合理的权衡,也不可能深入社团内部进行有效的治理,从而使得国家法对社团权力的调整只能是形式化的,效果也不明显。社团规章作为社团内在的自生性规范,注重协商与合作,更加强调主体的局部性、个别性,其主要通过激励或者诱导的方式,因而可以实现对社团活动的实质性的规范治理。因此,在国家法调整不足或者国家法存在空白的情况下,需要发挥社团规章自身的自治和规范力量进行调整和引导,从宏观调整走向微观治理,从形式法治走向实质法治,实现国家法律规范与社团规章在社团事务中的合作治理。

(二)社团规章的分类

根据社团规章的发生程序、具体内容、表现形式和效力差异等不同标准,可以将社团规章分成以下种类。

第一,承接性规章和自主性规章。根据社团规章的权力来源,可以将社团规章分为承接性规章和自主性规章。承接性规章是指社团基于法律法规的授权或者政府的委托,并经社团成员协商认可的自治规范。社团规章由于不同的权力来源,其具有的形式也有所不同。有的社团规章直接来源于法律法规的授权,因此,这样的社团规章实际上是承接或者转接了国家立法权的相关内容,是国家立法权的延伸和拓展。这样的社团规章实质上具有国家立法的相关权威,是对国家相关立法内容的执行性立法,通过这种立法权威和社团内在的自治权威相结合,将相关立法的内容进行细化和明确,促使国家立法内容在社团自治领域得到实施和执行。这种规章的效力经过备案、批准或者确认等相关的程序和形式才可以具有一定的法律效力,因此,我们称之为承接性或者转接性规章。比如,《全国律师协会章程》[1]以及《中国注册会

〔1〕《中华人民共和国律师法》第44条:"全国律师协会章程由全国会员代表大会制定,报国务院司法行政部门备案。地方律师协会章程由地方会员代表大会制定,报同级司法行政部门备案。地方律师协会章程不得与全国律师协会章程相抵触。"

计师执业准则》[1]都属于这类规章,对于这类规章,登记或者备案是协会章程的生效要件,如果不经过备案,这样的章程肯定是不能产生效力的。自主性规章是指纯粹源于社团内部的自治权或者社团成员的契约性权利让渡而在社团成员之间形成的自治规范。这种规章无须国家法律法规的授权或者政府部门的委托,而是完全依靠社团内部的民主机制形成的自主性规章。这种规章的效力来自社团成员的集体意志或者是集体成员之间的契约性权利转让,只要内容不违反国家强制性规定或者禁止性规定即可产生一定的效力,并不需要经过有关部门的批准或者审批。比如《中国安全防范产品行业行为规则》[2]以及《中国期货业协会会员自律规章》[3]等规章就属于自主性规章,这类规章只要经过协会成员大会或者理事会讨论通过,就可以批准实施。

第二,基本性规章和普通性规章。由于社团组织架构以及运行机制的不同,社团规章涵盖多种内容不同、效力不等、制定或者修改程序不一样的规范内容。根据社团规章内容的性质和效力不同,可以将社团规章分为基本性规章和普通性规章。基本性规章是社团开展活动的基本规范依据,是社团活动的基本准则,其他规范或者规定都由它产生,且都不得与之相抵触。基本性规章通常就是社团的章程,即社团内部的"小宪章",基本规范主要涉及社团的基本组织架构,在社团活动中具有最高效力,其他规范都受之约束。[4] 社团章程的内容主要包括社团的组织机构,社团权力的产生、运行以及实施程序,社团成员的相关权利和义务,社团的基本惩戒规则等基本自治事务。由

---

〔1〕《中华人民共和国注册会计师法》第34条:"中国注册会计师协会的章程由全国会员代表大会制定,并报国务院财政部门备案;省、自治区、直辖市注册会计师协会的章程由省、自治区、直辖市会员代表大会制定,并报省、自治区、直辖市人民政府财政部门备案。"

〔2〕《中国安全防范产品行业行为规则》第17条:"本规则于2005年1月12日,经中国安全防范产品行业协会第四次会员代表大会审议通过,并施行。"

〔3〕《中国期货业协会会员自律规章》第10条:"本公约经会员大会通过并实施。"

〔4〕根据《社团管理条例》第15条的规定,社团章程应该包括:名称、住所;宗旨、业务范围和活动地域;会员资格及其权利、义务;民主的组织管理制度,执行机构的产生程序;负责人的条件和产生、罢免的程序;资产管理和使用的原则;章程的修改程序;终止程序和终止后资产的处理;应当由章程规定的其他事项。

于社团章程涉及社团成员的重大利益以及其他重要自治事务,因此,我国许多行业协会章程或者基本性规章都明确了“多数决定”的原则,章程或者其他基本性规章的修改一般由社团成员全体大会或者代表大会表决通过,否则就是无效的。比如,《中国拍卖行业协会章程》以及《中国软件行业协会章程》作为协会的基本性规章,里面都规定了具体的程序以及审议机制。[1] 普通性规章是社团基于其自治权对一般自治事务进行规定的相关规范或者制度,也可以说是为执行社团章程而产生的规范,主要包括行业准则、行为准则、规约等。相对于基本性规章而言,社团理事会是社团普通规章制定的主要机构,普通性规章的制定和修改程序比较灵活和简单,只要不和社团章程有抵触,社团的理事会可以对一般自治事务作出自主和独立性的规定,并不需要履行社团章程那样严格的实施程序。[2] 理事会作为社团的一般执行机构,只能对章程或者基本性的规范作出补充和执行性的规定,无权对社团的基本事务或者重大事项进行规定。

第三,指导性规章和强制性规章。除了上述分类之外,根据社团规章的效力大小以及是否具有强制执行力,可以将社团规章分为指导性规章和强制性规章。指导性规章主要是通过引导、说服或者教育等方式促使社团成员进行相关活动的规范,这类规范并不具有一定的强制性质,仅仅具有一定说服或者教育的效力。因此,即使社团成员违反了相关规定,并不能产生一定的强制性惩戒效力,其形式主要表现为规范、标准、指引等。比如,《中华全国律师协会律师办理审查合同业务操作指引》相关条文中规定,“本指引所描述的工作内容,仅作为律师从事合同审查业务操作时的参考,不作为律师因执业过错对委托人承担责任的依据”。再如,《拍卖师操作规范》《期货公司高级管理人员资质测试工作指引》等相关规章也有类似的规定。强制性规章主要是指对社团成员进行管理并产生惩戒效应的规范,这类规章主要以维护社团

[1] 《中国拍卖行业协会章程》第15条:“会员代表大会须有2/3以上的会员代表出席方能召开,其决议须经到会会员代表半数以上表决通过方能生效。”《中国软件行业协会章程》第39条:“对本团体章程的修改,须经理事会表决通过后报会员代表大会审议。”

[2] 《中华全国律师协会章程》第32条:“奖励和处分的具体办法,由中华全国律师协会理事会制定。”

秩序为目的,并具有一定的强制性和执行力,能够对社团成员权利和义务产生影响的规范,主要包括惩戒性规范以及相关纠纷解决性质的规范。《中国足协章程》以及《中华全国律师协会章程》等一些社团规章里都有这样的强制性规范内容。[1] 另外,《中华全国律师协会章程》还规定,"对于会员的违法违纪行为,律师协会有权向有处罚权的行政机关提出处罚建议"。因此,这些规章的宗旨在于规范社团成员的行为,维护社团的内在秩序,并通过程序的设置和内容的明确,形成了一套全面的且具有强制执行力的惩戒规范体系,对成员的权利和义务能够产生实质性的影响,具有较强的强制性效力。

三、社团规章的主要特征

社团规章是社团自己的"法律",是社团的内部章程,是调整社团成员行为的规范总和,它关系到社团成员的利益以及社团本身的权利和义务。社团自治规范是社会自治团体基于自治权就自治事务制定的一系列规范性文件,用以规范社团组织、成员行为及其他社团公务管理事项。社团规章承载着自治性权力的运行,是处理自治事务的基本依据。因此,厘清社团规章的主要特征就成为实现社团治理,保障社团自治权和社团成员基本权益的重要前提。

(一)自治性

社团自治权相对于国家而言是一种权利,是国家之外的社会自治权,国家不得非法干预社团组织在法定自治权范围内的活动。自治使人民团体具有较大的独立性,经常体现为授予公法人地位,享有自治权限,具体包括立法

---

〔1〕《中华全国律师协会章程》第30条规定,"会员有下列行为之一的,由律师协会视情节分别给予训戒、通报批评、取消会员资格等处分:(一)违反《律师法》第四十四条、第四十五条和其他法律法规规定的;(二)违反本章程和律师行业规范的;(三)不履行会员义务的;(四)违反律师职业道德和执业纪律的;(五)严重违反社会公共道德,影响律师职业形象和荣誉的。"第31条规定,"会员因违法违纪受到司法行政部门停止执业处罚的,在停止执业期间,不享有律师协会的选举权、被选举权等会员权利。"

权、执行权、人事权、处罚权等。[1] 那么,何为社团自治事务?有学者认为,“只要团体的行政事务,尤其是该行政事务是为了实现团体的目的,并且在这些事务中,团体在国家的监督下依法将国家的统治权力作为团体自己的权力行使,这种行政事务就是自治事务”。[2] 社团自治的根本特征是社团对内部事务的民主管理,或者说社团成员对团体事务产生决定性影响。社团规章是社团自治的基本依据,“是由自治公法人根据自治权制定的规范”,[3] 是承载并实施社团自治权的规范性文件。因此,社团规章具有较强的自治特征,社团依据自治规范实行自治,类似于国家依据法律实行公共治理。社团为了自治而创建章程以及其他自律规范,是其最大的合意和最主要的自治。从自治的内容来看,社团规章接近于成员间的多方契约,是集体成员意志的凝聚,反映了对社团内部事项的管理、秩序的维护以及社团权力行使等多方面内容的共识和认可,并承载着社团成员的权利和义务,是社团自治的重要手段。从社团规章的实施机制来看,社团规章的实施主要依靠社团自身的自治力,社团的自治力主要体现为社团组织强制其成员服从自治规范和国家立法的力量,如可以对社团成员享有的各种权益进行惩罚,包括申诫罚、行为罚等多种类型,直至最严重的剥夺其成员身份的除名处分。当然,由于社团自治规范是成员合意达成的规范,社团组织制定的自治性规则通常仅对内产生约束力,一般不得含有对社团外部的成员科以义务或者赋予责任的内容。其他组织或个人如果既不是成员,也不认可自治规则,那么,就不受该社团组织体的自治规则约束。

(二)限制性

任何公权力都必须在宪法、法律规定的轨道上行使,依法治理是现代权力运行的基本准则。不管是国家权力还是社会权力,都必须遵守一定的限度和原则,更不能与法律、法规相违背。凡是法律、法规有明确规定的,自治规

---

〔1〕 参见翁岳生:《行政法》,中国法制出版社2002年版,第340页。

〔2〕 [德]格奥格·耶利内克:《主观公法权利体系》,曾韬、赵天书译,中国政法大学出版社2012年版,第256~257页。

〔3〕 于安:《德国行政法》,清华大学出版社1999年版,第77页。

章均不得与之违背；凡是法律、法规无明文规定的，自治组织在不违反法律原则及社会公序良俗的情况下可自行制定相关组织章程。社团作为一种组织，成熟的组织架构以及精细的组织技术不但为组织的正常运转创造了条件，而且也创制了新的权力，这种权力的实施跟个人行动相比，往往更具有隐藏性和破坏性，因此，法律必须对组织所拥有的这些权力施以更为严格的限制。[1] 这就要求法律理性地设定社团权力的边界与运作方式，通过规范和监督社团权力来维护和拓展社团成员权利。于是，国家为社团的组织创设了法律规范，为社团的活动确立了法律上的限制。因此，社团的自治不是"绝对"的自治，而是在一定规制前提下实现的"有限"自治。"法律获得统治权力的团体与国家之间的关系以及团体的成员与团体的权力之间的关系都具有公法属性"，[2] 因此，所有团体都与公法存在一定的关系，无论其创设是基于法律还是自由意志，无论它是否具备人格，特别是当社团就成员的经济利益具有准公共性或独占性的地位时，社团对其成员的公法义务就更为明显。社团规章承载着社团权力的运行，决定着社会权力之间的关系，因此，通过社团规章确定使社团内部和谐的一些秩序原则尤为重要。行政法治原则内生于法治实践，揭示了法治的根本价值属性和基本价值目标，也是现代公法精神的集中体现。在社团的治理实践中，诉诸公法上的法治原则就成为增进团体共识、保障社团成员权益以及维护社团公共理性的基本治理方式。社团规章必须建立在普遍认同的基础上，同时又不悖公法上的法治原则，方可获得正当性。

（三）资源性

合作治理成功的关键不仅取决于各参与者的权力大小和游戏规则的建

〔1〕 参见［英］弗里德利希·冯·哈耶克：《法律、立法与自由》（第2、3卷），邓正来、张守东、李静冰译，中国大百科全书出版社2002年版，第399页。

〔2〕 ［德］格奥格·耶利内克：《主观公法权利体系》，曾韬、赵天书译，中国政法大学出版社2012年版，第238页。

构,亦取决于社会资本的积累。[1] 发展忠诚和信任的纽带是合作治理实现的社会基础,合作治理迫切需要在更大范围更强效能上构筑起信任与合作的社会资本网络。社会资本往往具有生产性功能,对特定目标的形成极为重要,一旦缺少此项资本,治理目标就无法达成。因而,社会资本的益处是显而易见的:"在一个拥有大量社会资本储备的社会里,生活是相对轻松的。首先,公民参与的网络形成了健全的普遍互惠的规范,并促进了社会信任的出现。这种网络有利于进行协作与交流,扩大声望,并使集体行动困境得以解决。"[2] 从社团的角度来看,社会资本其实是关于社团组织自身的特质,诸如网络、规范和社会信任,这些特质作为一种信任资源,有助于社团治理中的协商与合作,并能达到互惠互利的目的,从而成为联结维护社会有序竞争和保证主体真诚合作的纽带。社会的合作规范,可以说是广义的社会资本,制度规范在行动者间促成集体行动,透过集体行动的有效作为,从而产生社会资本的信任要素。社团规章作为一种很重要的合作规范,其主要通过合作带来互惠和共赢,并深深扎根于人们互动交往的行动和关系领域。因此,社团规章的有效实施不但有利于共同体成员间的互惠合作和共同参与、共同发展,而且有助于培养和弘扬社团成员的个体化信念、自由自主意识和公共精神,促进社会资本的积聚和增长。社团规章既展现了柔性制度安排的价值取向,更是累积了社会资本的规范资源,从而有利于化解多元利益的矛盾冲突,推进当代社会的有机整合,为法治秩序提供必要的保障。

(四)利益性

中国经济社会的转型及其带来的社会利益分层和社会问题的多元化,是

---

〔1〕 社会资本的概念首先由法国学者布迪厄提出,一般认为当代对于社会资本理论作出重大贡献的有三位学者,即法国的皮埃尔·布迪厄和美国的科尔曼、罗伯特·帕特南。社会资本是现实或潜在的资源的集合体,这些资源与拥有或多或少制度化的共同熟识和认可的关系网络有关。社会资本中心理论的主旨无非是研究人际关系的重要性,通过人与人的彼此联系,使得单个人无法完成或难以完成的各类社会活动得以实现,人们通过人际关系所结成的社会网络来分享许多共同的价值观念,这种社会网络就构成了重要的资源,进而被视为社会资本的一种重要形式。具体请参见李学兰:《论社会资本视野下的行业协会自治权》,载《甘肃政法学院学报》2012 年第 1 期;马长山:《社会资本、民间社会组织与法治秩序》,载《环球法律评论》2004 年第 1 期。

〔2〕 [美]乔恩·威特:《社会学的邀请》,林聚任等译,北京大学出版社 2014 年版,第 93 页。

社会组织面对的基本背景。独立与自治的社会权力在运行过程中不但要与国家权力进行博弈,而且还要面对其他社会权力的竞争与挑战。当一种竞争的过程,其目的和手段朝向某种秩序时,便是规则化的竞争。社会权力之间时常发生激烈的竞争,又时常存在密切的合作,竞争与合作是社会权力之间最主要的关系规则。马克思说过:“人们奋斗所争取的一切,都同他们的利益有关。”竞争是社会权力之间最惯常的规则之一,致使这种规则形成的根源是追求利益的无限性与资源的有限性之间的矛盾。利益从来不是单一的,利益是多元的,多元的利益必然体现为权力形态的多元化。社会权力之间的竞争完全深藏于其背后的利益之争,在多元权力主体与相关利益主体的较量背后,必然会发生一场在相关利益主体之间展开的更为激烈的博弈。利益冲突产生于资源的稀缺性,每个社会都会限制人们对稀缺资源的获取。团体的诱人之处,不仅仅在其归属感,还包括成员身份带来的实质好处。[1] 于是,为了利益,人们成立了各种各样的利益性团体或社会群体,以强化获取利益的手段,增强在利益之争中的优势地位。如果没有利益,人们就不可能结成集体,社会权力既没有产生的可能也没有存在的必要。通常,一些团体比其他团体拥有更大的权力。与那些处于权力边缘的团体相比,那些处于权力中心位置的团体更有能力强化自身的利益。当社团主要是从事经济行动的共同体时,团体的结构本质上就取决于经济因素,社团规章的制定目的就是为了满足特定的经济利益。社团规章作为内部自治以及与外部协调的规则,存在于关系紧密的成员之间,规章制定的目的就是规范组织成员的行为,从而达到通过组织的集体化运作,去实现社团的最大利益。

第三节　社团规章嵌入行政法的主要意义

伴随着多中心、开放性的公共治理模式的兴起,国家作为公权力主体扮

---

〔1〕 参见[美]曼瑟尔·奥尔森著:《集体行动的逻辑》,陈郁、郭宇峰、李崇新译,上海人民出版社 2014 年版,第 6 页。

演规制公益的角色不断弱化,社会自治的意义不断得到增强,特别是大量的社会团体在公共治理中发挥着越来越重要的作用。行政法规范体系无时无刻不生长在一个社会自治的公共治理土壤中,社团规章作为社会自治的重要规范群,会以不同的形式作用于行政法规范体系的运行。可以说,社团规章已经成为与行政法规范体系相辅相生的现象。在日渐重视公共治理的中国当下,有必要从社会治理的角度对社团规章与行政法的关系进行探究,以期通过将社团规章嵌入行政法当中,使我国的行政法成为一个有机而又充满活力的整体。

一、社团规章对行政法学研究进路的拓展:治理理论的适用

治理理论改变了传统的以一个权力为中心的社会管理模式,而是注重多元主体之间协作与沟通,传统的国家权力不再凌驾于其他社会主体之上,而是保持一种信息和资源的共享,进而在具体的行政治理活动中,共同探寻合作治理的方法。"治理能力强调国家与社会的关系不再是零和赛局,相反地,两者之间经由制度连结的建立,彼此相互授能,创造出对双方有利的情势。"[1]社团组织作为社会治理的重要力量,越来越频繁地参与各种公共治理活动,这种治理活动的方法通过多中心网络的治理平台得到了放大,使得合作治理的概念不断得到清晰和扩散,可以说合作的概念在行政法领域里都得到了运用和拓展。社团规章源于社团成员的内在共识和约定,对社团治理具有重要的规范和调整作用,其独特的产生和实施机制对传统行政法的功能和方法必然带来启示。将社团规章嵌入行政法可以使我们跳出以前狭隘的传统立法的视野,而更多地关注社会立法领域的具体和微观的问题,更好地去研究如何衔接好法律与其他社会规范的关系,如何保持好国家治理与社会治理之间的内在张力,这些问题既是对传统行政法学方法论的一种挑战,也是对新的行政法方法的一种探索。

在现代法治社会中,法律对社会系统的控制是通过设定社会关系的形式

---

〔1〕 陈恒钧:《治理互赖理论与实务》,台北,五南文化广场出版社2012年版,第51页。

进行的,行政法在它的功能发挥中不能离开社会关系,而社会关系的发展也必然潜移默化地影响行政法及行政法治的格局。[1] 社团规章作为社团行使社会权力的主要依据,必然承载着社团组织关系网络中的各种利益关系,既有公权力主体,又有其他社会主体,还有众多的私人主体,各种社会主体都在扮演着不同的角色,他们可以借助社团的专业知识、信息、经济与判断,从而有效地执行国家法律与政策,降低规则成本。在社团权力运作的过程中,各种利益、权力、权利关系必然互相交错、互相交融,社团规章作为社会组织的"行动纲领",自然要权衡多方面的利益关系。跟国家法律不同的是,社团规章面对着各种多元化的关系以及错综复杂的各种利益,在调整各类利益的过程中,各种社会主体不是单一的受制于社团规章,而是会不断地调适和反馈自己的利益诉求,从而使得社团规章时刻处于多元利益主体的交涉关系之中。社团既要维护社团自身的利益,又要实现社会公益,因此,社团规章调整的主体关系不是传统的二元行政法律关系,而是融合着各种利益的主体交互性关系,不仅包括社团及其成员之间的关系,还涉及与政府机关以及其他主体之间的关系。在社团规章的治理实践中,需要综合考虑的关系形式主要有以下几种:(1)行政法律关系,如地方政府部门与社团的行政管理关系以及行政机关与社团之间的授权或者委托关系,包括社团的成立、登记、审查或者备案,以及行政机关对社团的公共监管;(2)行政协助关系,如公共危机管控、公益资金管理等发挥着协助行政机关完成公共治理任务的功能;(3)社团对成员的内部管理关系,如社团对其成员身份的进入和退出的规定,社团对成员的训诫或者惩罚,社团内部纠纷的仲裁、和解机制等;(4)社团与其他社会组织的公共关系,如社团与基金会、民办非企业单位的协作分工等。

社团规章扎根于在自治与规制的良性和谐之间,运行在社团权力与成员权利的有效互动之中,有着公私法交织、边界不清的领域,这不是传统的行政法学方法能够应对的。这就要求在关注社团规章时,应当关注其中存在的"公与私",注重合作治理的生成机制和发展模式。社团规章作为社团秩序的

---

[1] 参见关保英:《行政法治社会化的进路》,载《法学》2015 年第 7 期。

规整依据，体现了自治与自律、自我规制与公共监管等多层次的规范性和法律性要素，这些不同的要素在社团组织形态、权力行使形式和权利救济几个不同层面得到了体现。如在社团处罚中，社团明显处于支配性地位，必须采取公法思维，将相关公法原则拓展至社团规章，充分保障社团处罚程序的公开与公平。对于社团与行政机关在公共采购、社会认证以及购买服务等公域的合作，可以选择直接的私法形式；对于具体明确和清晰的公共任务领域，社团可以直接在社团规章中设置相应的条款来规范主体的权利与义务。社团规章虽然很难完全割裂它与国家法的相互关联，但其自身仍然有着独立运行的内在逻辑，并呈现出与国家法不一样的效力。[1] 无论是从其实效性还是从实施中的规范性来看，社团规章都具有法规范意义上的效果。因此，关注社团规章的法效果可以“将新的行政效力注入行政法”，[2] 进而深化我们对“法效力”的认识。另外，还有一些问题，诸如社团治理过程中如何体现公私合作模式的要素，如何分摊社团治理的责任等，这些都需要超越传统的法律思维和责任形式，才能形成一个初步的分析框架，从而更好地去理解合作治理的性质与寓意。

二、社团规章对行政法治理结构的完善：多渊源规则的合作治理

传统行政法结构根源于管制与命令的法治国模式，其结构的核心是源于国家权力的“硬法”以及各种公权力运行的程序组合。对于公共治理而言，这种单一的立法规范和程序结构显然难以适应日益增长的公共治理的需要，这种行政法结构以硬法为主，主要体现的是公权力的运作方式以及国家权力与公民权利的相互关系。命令性和权力性是这种法律规范结构的主要特征，它

---

〔1〕 我国的法源形式主要是国家法或者制定法，根据法律的制定形式，对于社团规章的效力可以明显分辨出“硬法”意义上的效力以及“软法”意义上的效力的区别。在认识社团规章的效力和功能时，不能忽视其与国家法的复杂关联性，许多社团规章事先得到了法律法规授权，已被纳入国家法强制力体系并体现着和“硬法”一样的效力，有的社团规章则需要借助国家法的保障方式或者机制才能发挥其“硬”的约束力。具体参见江必新：《论软法效力——兼论法律效力之本源》，载《中外法学》2011 年第 6 期。

〔2〕 [德]施密特·阿斯曼：《行政法总论作为秩序理念——行政法体系建构的基础与任务》，林明锵等译，台北，元照出版公司 2009 年版，第 194 页。

们主要通过硬法的方式来直接设定各种社会管理行为模式和方式,如强制、处罚、规制等,并对各种违法行为进行界定追究。尽管这种由国家强制力保障实施的行政法结构在法治国的建设和发展中发挥着不可或缺的作用,但是随着公共治理的发展,这种传统治理模式下用以建构官僚层级以及控制行为人行为之硬性法律,越来越不能符合新治理模式之需求。“在此同时,原本仅仅在国际经济领域中受重视的软性法律,由于其‘软’的性质,并且具有相当程度的弹性与包容性,因此其功能、性质与运用条件等问题,不断吸引了行政法学者相当程度的关注。”[1]行政法治理结构不是一个单一的法律系统,而是由多种要素和成分构成的统一体,各种要素之间的有机衔接和统一才能形成整个体系的独特品质和魅力。因此,整个行政法体系应该兼顾硬法与软法的不同治理特征,努力形成软硬共治、优势互补的行政法规范体系。治理成效的大小往往与一定的治理结构相辅相成,只有遵循合作治理的进路,把多层多样的国家规范和社会规范、多层多样的行为主体及其相互作用的关系都纳入治理框架,确立多元化的、动态式的治理结构模型,才有可能把国家法与社会法勾连起来,把法律规范和社会规范融合起来,进而推动形成一种迈向多元规则合作治理的新行政法。

传统治理模式及其法治观,就其实质而言,乃假定国家立法部门和行政部门的妥善决策,可以制定出许多符合公共利益的法律规则。但是,现代社会的治理是一项复杂而艰巨的综合工程,治理目标的达成,单靠国家立法的力量是无法奏效的。社会治理是一种依规则的治理,作为治理依据的规范应该是多元的。实际上,国家法与其他社会规范并不是对立的,它们是广义制度的组成部分,都是维护社会合作和秩序的手段。“人类的社会生活是由各种‘意义’交织起来的网络,如果硬生生地只允许用‘法则’来解释,无疑是削足适履,反而远离了我们的真实生活情境。”[2]只有成为生活必不可少的一

---

〔1〕 廖义铭:《新治理模式下应有之法治观与法治教育——以“软性法律”之发展与运用为例之考察》,载《政大法学评论》2011年第124期。

〔2〕 [德]马克思·韦伯:《社会学的基本概念》,康乐、简惠美译,广西师范大学出版社2011年版,第10页。

部分的规范才是活的规范,如果它不能实际成为生活的重要组成部分,那么不管是什么,它绝对是毫无意义的。事实上,社会生活的主体总是需要规则而且也会积极主动地创制或承认规则,正式制度与非正式制度之间的共存、互动几乎存在于每个社会体中。"没有任何一个法律上的联合体能完全依靠法律规范的方式来维持它的存在;法律规范一直都需要能强化和弥补它们效力的非法律规范的协助。缺少上述所提及的每一种社会规范的合作,任何东西都不能提供社会机制运转的完整图景。"〔1〕因此,行政法体系必须思考其本身的法律形式结构,建构行政法的规范体系需要在国家法与社会法之间寻求内在的平衡,法律与其他社会规范的合作,能使多元化的社会治理规范互为辅助、互为补强,进而实现多元社会规范之间的契合与交融。

"公共治理意味着国家不能再去垄断公域之治规则的创制和实施,不能再去关门立法和单向度实施规则。"〔2〕随着治理实际情况的不断发展,从某种程度上来说,"运用合作来创造公共价值"已经成为治理领域里的一种普遍现象。合作治理的基本理念是权威主体的多元化以及不同社会主体之间的合作或协作。这一理念强调不同类型社会主体之间的平等协商与自愿合作,以实现主体自治和权力共享基础上的共赢。昂格尔认为,"合作主义对法律最明显的影响就在于,它有助于一套打破了传统公法和私法界限的规则之形成"。〔3〕在合作治理模式下,国家法只是社会规范的特殊形式,而不是社会规范的全部。法未必总是由国家制定或者直接认可的,法律既有可能是"国家意志"的体现,还有可能反映国家之外的特定共同体的意志,例如社会自治立法。〔4〕因此,合作治理语境下的社会规则,不仅存在于公法领域,也存在

〔1〕[奥]尤根·埃利希:《法律社会学基本原理》,叶名怡、袁震译,九州出版社2009年版,第39页。

〔2〕罗豪才、宋功德:《行政法的治理逻辑》,载《中国法学》2011年第2期。

〔3〕[美]R.M.昂格尔:《现代社会中的法律》,吴玉章等译,译林出版社2001年版,第193~194页。

〔4〕参见罗豪才、宋功德:《公域之治的转型——对公共治理与公法互动关系的一种透视》,载《中国法学》2005年第5期。

于社会自治领域,调整社会关系的规则体系不应是单一的国家立法,也可以是包括社团自治规章在内的社会自治组织创制的自治章程和规范。当然,我们在行政法学领域深切关注社团规章,并不是无意拓展行政法规范体系的构成要素,也不是强行将社团规章纳入行政法规范体系,而是努力在对社团规章生成和实施的相关研究基础上,努力实现社团规章等社会规范与行政法规范体系之间的良性互动,从而实现一种多渊源规则均衡与共赢的合作治理结构。

三、社团规章对行政法治理逻辑的塑造:善治的具体启示

"治理"得以确立的原因是防止国家与市场的失灵,特别是国家和政府部门主宰所有社会公共事务的时代已经彻底结束,治理在结构上引发了我们对除政府之外的权威的思考。在公共治理背景下,治理不再局限于政府的活动,而是一种比政府范围更广泛的现象,包括了大量的社团组织,都可以在治理过程中扮演重要的角色。随着治理活动的深入,政府与其他组织、部门等之间的界限已经变得更加模糊。传统政府的管理模式是由上到下的运行,政府运用政府权威,通过行政规章以及相关政策的制定与实施,对社会公共事务进行管理。治理与管理不同的是,它是上下互动的管理过程,公部门与私部门以及私人主体之间是一种平等伙伴关系,通过合作、协商等方式确立共同的价值与目标实现对公共事务的管理。良善的治理必然是各利害关系方都能分享权力的模式,善治的本质就是一种合作治理,是基于政府与社会多元主体在平等伙伴关系之上的一种合作治理。善治也是多元规则的合作治理,单靠国家立法的力量来进行社会治理肯定是不行的。行政法治理必须摒弃那种以国家法律体系为中心的思维,而是重视国家与公民社会之间相互依赖,强调社会规范与行政法律规范的互动与合作,在各自都享有较大的自主性的前提下,为公共治理目标的达成建立彼此的信赖与合作。

当前社会问题的复杂程度可以说超过了以往的任何时期,尤其是在公共治理任务日益加重的情况下,这种治理问题的复杂性更为加强了。在高度复杂的社会中,任何特定的、单向的且具有确定效果的社会问题解决办法都是

不可能的。因此,在新的治理模式下,国家法律体也不能成为解决所有问题的灵丹妙药,治理的实施不能仅仅依靠政府的权威和管制。新的治理模式期望从形式法规范转向实质性法规范,以赋予相关行为人更大的自主空间,从而能对所拟定的社会治理问题的解决办法进行试验与修正。在此需求下,行政法规范便不能在相关行为人的权利与义务的规定上过于严格和形式化,从而使得更富弹性的社会自治立法得到了越来越多的重视。由于社团本身所制定的自治性规范,承载了相当重要的公权力与公共政策的目标与价值,这些自治规范重视通过较为软性的方式来表达其意志,并容许有较大的弹性,从而能够更有效地影响人们的行为。社团主要透过"自组织"机制建立一套规范政府和社团活动、明确责任与利于互动的规范制度,这些规章的实效主要是通过自愿服从而产生,组织成员能够产生自我激励,并会主动履行相应义务,并不需要任何国家强制力的介入,法律规制的社会效果是最理想的。一方面,社团规章可以与国家法律进行有效对接,进而强化社团与政府的合作与互动,并可以借此获得限制国家干预的权利,从而促进社团的开放自治;另一方面,通过建立自身的对话协商机制,社团相关主体可以围绕主体角色、利益关系以及责任分担等内容进行理性论辩,从而在多元主体之间塑造一种正向互动、有序合作的共赢关系。

"治理的复杂性与动态性,可以让我们承认参与权力运作的主体的多样性,使我们看到传统行政法限制措施的局限性,而且与排他性地关注行政机关相比,可以指引我们关注更广泛的一系列问题。同时,会强化许多行政法学者一直以来都怀疑的内容,即确立限制的方案会转移我们对同样重要的推动实现'善治'的方案的注意力。"[1]因此,行政法不应当固守那种传统的层级性思维以及法律中心主义思想,而应该从强调传统的"合法性"以及"传帮带"模式向注重行政效能、凸显社会自治、实现"善治"的治理方向发展。社团规章作为社团自治的基本依据,社团规章依靠的是共同的契约以及组织的内部章程,社团规章的内容未必是国家立法明确的或者是正式规定的职责,

〔1〕[美]朱迪·弗里曼:《合作治理与新行政法》,毕洪海译,商务印书馆2010年版,第354页。

并且不需要外部强制的力量来压制挑战而迫使他人服从。社团规章主要是通过社团内部的协调以及协商机制来发挥社团的所有功能,并通过多元主体之间的互动来达成治理目标。可以说,社团规章比行政法律规范更具有弹性,意蕴也更加丰富、广泛,社团自治的命题本身就有了善治的具体启示。社团可充分发挥其自主性优势,在社团规章制定中探索博弈、共同行动、相互调节以及运用网络化的治理工具,从而完成多种多样的问题治理,比如,通过设定一定的社团合作规范模型、社团治理绩效的标准评估、规章实施的结果管理以及一些临时性的解决方案等途径,以确保公共治理职能的实现。就社团争议解决原则与策略而言,社团规章可以提高社团成立的法治意识,从而激励更广泛的参与,鼓励协商与和解,促进信息交换而达成合意。总之,社团规章作为研究社会自治立法的规范群,它们不但具备独立的体系架构和运行逻辑,而且能为公共治理提供一定的载体平台,又能围绕"善治性"和"正当性"对传统行政法模式下的各种实务问题进行商谈论证,从而重塑行政法的治理逻辑和理性品质。

第四节　合作治理与软法之治

一、合作治理的主要意蕴及其特征

(一)合作治理的主要意蕴

合作治理不只是政治术语,也是法制用语,更是法学概念。在观念上,合作治理泛指公共任务由国家独自完成转向国家与社会进行合作的种种现象及各种阶段,即多元主体之间交手联动、共同承担解决问题的社会治理过程。除国家职能与政府角色的转变以外,合作治理可以说涵盖行政组织、行政作用、行政程序、行政争讼等多重面向,从而构成了当前行政法研究的主轴及核心议题之一。由于合作治理的涵盖领域既广又深,争议问题较多,合纵连横而成的新行政法领域不断拓宽,诸如“公私合作”[1]“合作国家”[2]“社会公权力”[3]以及“自我规制”[4]等行政法议题都蕴含了合作治理的理念、价值与模式。众所周知,政府具有多种权力,因而能够深入并影响公民社会。然而,政府想要顺利推动公共政策的落实,仍需要社会团体的合作方可奏效。政府除了强调自主性之外,另一个要件就是要设法加强与社会团体的联结性。国家不能仅仅在内部保持一致性,而且要与社会团体保持互动紧密的关系。在合作治理中,政府并不是公共治理过程中唯一的行动者,一般社会团体的社会影响力也必须列入考量。社会既有的权力关系并非是固定的,而是具有一定的扩张性。政府虽然对于社会治理的实施和执行具有深远的影响,但是,这并不意味着政府不受社会力量的影响。事实上,国家与社会是共生的,在互动的过程中持续形塑对方,改变对方的结构与目标。因而,政府的自主性及治理目标的优先顺序并非是固定的,此种情况使得政府在推动社会治理时,必须结合社会力量方能达成预期目标。无可争议,多数社会团体缺少适当的渠道表达其意见与主张,因此,要提高政府的治理能力,除了要求政府加强自身的分析、规划、监督以及调整之外,还应该具备完善的民主参与协商机制,才能实现各种具有代表性的公民社会团体都有机会通过制度化的渠道,参与公共治理政策制定以及对执行的监督。即使政府自身的治理结构存在着某种局限性,但是通过相互合作治理观念的树立,将有助于政府与社会团体形成互信与互惠的关系,达到合作共荣的局面。

从社会治理的角度看,“任何一个行动者,不论是公共的还是私人的,都没有解决复杂多样、不断变动的问题所需的所有知识和信息,没有一个行为者有足够的能力有效地利用所需的工具;没有一个行动者有充分的行动潜力单独地主导一个特定的政府管理模式”。[5] 合作治理不是依靠层级或者等

[1] 参见杨寅:《公私法的汇合与行政法演进》,载《中国法学》2004 年第 2 期。

[2] 参见张桐锐:《行政法与合作国家》,载《月旦法学杂志》2005 年第 6 期。

[3] 参见徐靖:《论法律视域下社会公权力的内涵、构成及价值》,载《中国法学》2004 年第 1 期。

[4] 参见高秦伟:《社会自我规制与行政法的任务》,载《中国法学》2015 年第 5 期。

[5] 俞可平:《治理与善治》,社会科学文献出版社 2000 年版,第 92~93 页。

级制的一种活动模式，政府为了达到公共治理目标的实现，需要与社会组织相互合作，所有的公共或者私人主体都是社会治理网络的组成部分，以体现“更少的政府”和“更多的治理”。合作治理的特征在于其是由共同的目标支撑的活动，它包括非正式的、非政府的各种机制，通过倡导行动、规则的多样化来达到共存共赢。因此，政府的任务是使治理活动具有能动性，鼓励提出多种多样的解决问题和分配服务的安排措施，这种新的互动模式种类众多，如自我规制、公私合营合作伙伴关系等。[1] 这种多元主体之间的合作不仅有效减轻了政府的压力，还为民间力量参与公共行政提供了契机，符合现代公共行政社会化、民主化、分散化的发展要求。

(二)合作治理的主要特征

目前，在行政法领域之所以看好合作治理模式，就是因为它更适合行政法治理结构的新要求，能够成为合作与互惠、相互共存的社会治理模式。

第一，主体多元化。随着社会的变迁和公共行政的发展，政府不能再垄断所有公共产品的供给，政府也不是唯一的社会管理机构，原本由政府承担的公共管理职能不断向其他社会主体转移。同时，社会发展的变化节奏日益加快，公众对公共治理的参与需求越来越高，人们已经不再满足于消极地等待国家来提供公共产品和服务，而是要以平等主体的身份广泛参与社会治理的各个过程，从而达致一种合作互动的共治共赢格局。合作治理中每一个参与者都不是简单地局限在某一个组织内部，每个参与者都有不同的利益诉求，每个人利益的实现都有赖于其他人的行为，正是这种潜在的利益相互依存才促成了这种合作。因此，合作治理的运作依赖于由众多的行动者共同组成的合作关系网络以及在相互的合作中建立的某种互惠互利的关系。就治理主体而言，不仅包括各类公共权力主体，还包括社会组织，特别是社会团体以及公民个人等权利主体。这种治理主体在公共治理中扮演着不同的角色，平等参与公共治理过程，通过对话、妥协与合作机制由分歧达成共识，形成多元治理格局。

---

〔1〕 参见章志远：《民营化、规制改革与新行政法的兴起》，载《中国法学》2009年第2期。

第二，权力分散化。国家为保障基本权而履行安全任务时，在从事行政执行、生存照顾等公共事务时，往往具有独占地位。在过去这种任务独占的思维下，规制任务自然由国家承担。随着公共治理的兴起，原有的命令与服从式的管理模式逐渐被打破，社会治理的多层级和多向度成为合作治理的基本结构。在社会转型时期，权力的非中心化和分散化就会更加明显，特别是国家权力的下放以及社会自治组织的不断发展促进了社会权力的生成。随着国家权力向社会的回归，公共权力不再被行政机关所垄断，越来越多的国家权力被下放给社会组织。社会组织广泛地参与到公共服务、社会民生、危机管控等各项公共治理事务之中，其自治能力得到进一步提高，并在与国家权力的互动与制衡中进一步凸显了治理社会的能力。可以说，合作治理就是各种权力主体与权利主体相互作用的产物，通过国家权力与社会权力的有序发展，形成一套严密而分散、多样与协调的公共治理结构。

第三，机制综合化。“合作治理制度就能产生一种之前并不存在的联合行动的能力，而联合行动能力主要指合作的程序和制度安排。”〔1〕因此，合作治理在需要各种主体进行自我治理的同时，还需要明确在合作治理制度中的互动或者衔接方式，各种治理主体的意见如何与外部公共决策机构互动，这些都需要通过建立多元化的综合机制来实现。就其实质而言，合作治理模式与其说是一种机制创新，不如说是一种机制综合。在合作治理兴起之前，市场机制、社会自治机制以及政府调控机制可以说已经得到充分的发展，三者在社会资源分配以及公共治理过程中各自或者共同发挥着重要作用。行动者的行为不是建立在价值共通感的基础上，而是建立在程序合约基础上。〔2〕合作治理不同于传统管理机构的那种层级式管理，这种复合的治理形式更具有流动性和对等性，需要借助公私合作等多元程序机制来整合，并通过协商、对话、合作等手段，才能发挥各种机制的制衡和互动功能。每一种机制在治理的发展或者行动网络等方面具有不同的功能，并且在形式上也可能不相

〔1〕 蔡岚：《合作治理：现状与前景》，载《武汉大学学报》（哲学社会科学版）2013年第5期。

〔2〕 ［美］查尔斯·J.福克斯：《后现代公共行政——话语指向》，中国人民大学出版社2002年版，第146页。

同,因此,合作治理的运行需要采用一种公私合作机制,在不同利益主体之间建构一种基于平等和民主的互动合作格局。合作治理的关键就是要发挥各种机制的能动性,通过实施多重治理和反复互动,寻求商谈、说服等新的合作形式,从而实现社会治理绩效的最大化。

第四,规则的多渊源化。合作治理超越了等级制度以及层级制度,从而为公共治理提供了一种合理的模式。合作治理的任务单靠国家立法的力量是无法达成预期目标的,合作治理的规范依据应该是多元的。国家法律只是一种宏观的、普适性的制度安排,并不能对各种社会组织内部的具体活动进行有效的调适和引导。因此,除了国家法律以外,需要通过其他制度安排或者规范来补充或者填补。社会规范等一些非正式规则在规制社会行为、实施社会自治的时候,往往比国家法律更具有实施的最佳规范环境,也最有利于实施社会自治。合作治理主要是一种程序和制度安排,传统的管理结构强调正式法律的作用,而忽视了社会规范等非正式规则的重要性。合作治理结构是一个复杂而多中心的连接网络,可以说,越复杂、越持久的合作网络就越需要更清晰的规范或者规则。合作治理中的程序和制度安排包括基本规则的协议、操作性协议、决策规则等,这些内容通常是国家法律无法进行规定的,因此,需要用社团章程、规则、标准等社会规范来明确和界定。

二、社团规章与软法理论的发展

(一)软法的发展背景

当代法学思想,在其典范上有一个重大的转变就是从传统的行政管制转移到新的治理模式,即广泛地运用各种公私部门的行为者连接成的网络来应对各种矛盾与挑战,从而产生公共治理的不同模式。在该典范的转移中,有各种不同的法学派,都提出了与传统的管制、行政、立法以及司法判决之学理有着极大差异的学理与法制度之建议。比如,有的提出了"反思性法律",[1]

---

〔1〕 Gunther Teubner, Substantive and Reflexive Elements in Modern Law, 17 *Law & Soc' Y Rev.* 274(1983).

有的提出了合作性治理,[1]有的提出了"回应性管制",[2]有的提出了"管制多元主义"。[3] 这些学派都具有新公共管理的特点,强调合作与赋能,而非层级与控制,其目的就是要强调发挥非政府部门在法律政策的制定与执行上的重要性,实现法律的多元化与社会化,而不是完全由国家垄断所有立法,也就是要透过新的治理方法,让传统的公权力主体和社会公共职能主体通过合作来实现政治、社会以及经济目标。新的治理模式强调治理的目的是促进公私部门的合作,共同践行法治价值,以克服传统管制模式的管制失灵。在合作治理模式下,国家权力和社会权力的合作与分工日益细致和密切,公共权力的重心也在不断地转移,公共主体的多元化以及治理依据的多样化成为公共治理的广泛要求。在规范体系上,公共治理不再将法律视为社会治理的唯一依据,而是将包括社团规章在内的各种软性法律也作为公共治理的实现工具。

"国家传统的政治空间正在被重组、交叉和整合,国家的权威即使没有被弱化,最起码也被分化了。"[4] 软法理论得到深入研究和发展的一个主要原因是公民对立法者的权威普遍怀疑,特别是传统立法的质量越来越不能适应公共治理的目的。无论是民主宪治发展经验尚不足的我国,还是已有千百年发展经验的欧美各国,在现代时期,出现的共通现象就是民众对单一的立法部门或者行政部门的立法品质缺乏信任。在立法权逐渐弱化的情况下,将较为软性的社会自我立法作为公共政策的执行工具,或者能够在某种程度上得到社会大众的认同和支持。正如前述,新治理模式倡议者对社会运作中存在大量的违法、执法不力的状况,也就是所谓的"管制失灵",感到相当不满,同时对传统治理模式中管制法规在政策执行上的作用产生了怀疑。由于传统

---

〔1〕 Jody Freeman, Collaborative Governance in Administrative State, 45(1) *UCLA L. Rev.* 1 (1997).

〔2〕 Ian Ayres &John Braithwaite, *Responsive Regulation: Transcending The Deregulation Debate* (1992).

〔3〕 Neil Gunningham & Darren Sinclair, *Regulatory Pluralism: Designing Policy Mixes for Environmental Protectin*, 21 Law & PoL'Y 49(1999).

〔4〕 丁煜:《多重治理:机制、模式与关联》,载《中国人民大学学报》2008 年第 3 期。

治理模式主要采取硬性的管制法规,尤其是行政管制领域,行政立法成为行政治理的主要手段,运用国家强制力保证法律的实施成为传统法治实施的基本方式。随着公共治理的不断深入,学界越来越希望采用更多的软性规范或者法制体系来进行社会治理,搭建更多的参与和对话空间。因此,合作治理模式强调更多地运用软性法律来实施公共管理,改变国家对立法的垄断,弱化法律规范的国家性和强制性,特别是改变那种认为法律之治和国家强制力是必然不可分割的过时观念,建立一种更富弹性、更富活力的软硬法并举的混合法结构。[1]

(二)软法的内涵及其定义

当前社会问题的复杂程度可以说超过了历史上任何时期,尤其是在全球化发展下,环境问题、食品安全问题以及科技咨询等领域的问题层出不穷,单靠国家立法的力量是很难奏效的。在这个高度复杂的社会中,任何特定的、单向的、具有确定效果的公共治理问题的解决方法都是不现实的。在国家和社会的二元情境下,单靠国家的意志来解决所有公共产品的提供问题肯定是行不通的,国家法律既不能在相关权利和义务的规定上过于严格和形式化,又不能将国家法视为唯一的规范依据。在新的治理模式下,需要加强国家与社会的协作共治,激发社会组织和其他市场主体的活力,赋予相关组织和主体更多的行动空间,努力建构一个由治理范围、治理规则和治理方式共同构成的公共治理结构。在这样一个多元主体参与公共治理的结构中,既要将国家的意志上升为法,也要将公共自治组织的公共意志转化为某种意义上的法,这种社会法就具有软法的性质。社会组织内部创设的规章、章程以及其他自律规范就是一定社会成员之间最大的自治与公益,这些自治性质的规章就是通过调整一定社会共同体成员之间相互行为来满足和实现公共利益诉求。

关于软性法律的定义,英国国际消费者委员会曾于2001年提出的“欧盟

〔1〕 参见罗豪才、宋功德:《软法亦法——公共治理呼唤软法之治》,法律出版社2009年版,第36页。

软性法律”报告指出，所谓的“软性法律”，是指任何不同于传统民选立法者所制定的，且并非透过法院的诉讼程式来执行的管制体系。[1] 而学者 Jerry Mashaw 则认为，所谓的“软性法律”之主要内涵在于“社会责任”（social accountability）之运作，而其制度设计的核心则在于容许：“……无限地、可协商性、可不断地修改、对于个人选择予以最大的尊重，以及在团体规范的遵循与否之间做选择。”[2]通说认为，软法是没有法律约束力的，但却是不须国家强制力保障的能发生社会实效的法律规范。跟硬法完整的逻辑结构相比，这种规范的效力结构本身并不完整，但是却在社会治理领域发挥着越来越重要的作用。合作治理视角的软法论认为社团规章应属于“软法”范畴，社团事务公共治理主要是作为软法的社团自治规章治理。[3] 这些软法规范具有独特的效力结构，这种结构虽然没有硬法结构的那种完整性和层次性，但是其通过不同于硬法的方式体现法的基本特征，实现了法律的主要功能。另外，“软性法律”还包括范围相当广泛的各种公私部门的自律与他律规范，从一般组织的自律规范，到大型团体协会在政府的要求或者协助下所制定的自治实务运作准则都属于软性法律的范畴，这些规则或者规范都是具有实际效果的行为规则，并与硬法共同构成法律的主要表现形式。

三、社团规章作为软法的内在特质

我国现行法律体系的立法质量不高，是一种较为普遍的现象，民众对立法品质越来越不信任，因此必须思考如何提高立法之正当性和合理性。就此而言，可通过扩大利害关系人的参与方式来提高立法的品质。社团内部的自治规章，主要依靠社团成员缔结契约、票决或者协商的方式而形成的。因此，这种规章具有软性法律的特质，它的实施主要遵循程序正当原则，形成一种

---

〔1〕 National Consumer Council, Soft Law In The European Union 3(2001).

〔2〕 J. L. Mashaw, *Accountability And Institutional Design: Some Thoughts On The Grammar of Governance*(2004).

〔3〕 国内学者关于“软法”概念的代表性观点，参见罗豪才、宋功德：《认真对待软法——公域软法的一般理论及其中国实践》，载《中国法学》2006 年第 2 期；姜明安：《软法的兴起与软法之治》，载《中国法学》2006 年第 2 期。

关于共同体自治的全体一致同意的约定和共识，这种具有软法性质的规章主要借助一定的激励机制去实现自治目标，而不是依靠国家强制力和行政权威去推动实施，因而更容易拓展柔性治理空间，提升其正当性，从而提高社会和民众的认同感。正如有学者指出的那样：国家对于法律来说并不是必要的；必要者乃是一种因为观念的一致性和利益的一致性而有能力产生一种集体意志的联合体或社团。[1] 这种社团规章体现了社团成员的共同体意志，规整着社团内在的秩序，关系到社团成员的利益，这种具有公共意志性的社团规章更加符合形式理性和实质理性，并配合国家提供各类公共物品，从而成为和国家法律一道进行共治的一种平行规范机制。社团规章作为社团组织内部的社会规范，在涉及国家秩序保障、公共服务等公共治理问题上，社团规章更加趋近于国家法律的社会治理以及控制功能，也更加体现出两者之间的互动。

作为软法的社团规章是社团集体意志的主要体现，社团规章往往是基于平等主体间的协商与博弈，通过一定的民主程序创制出来的，并得到团体内部广泛认同和支持的内在规范体系。这种规范生成与实施的协商性、回应性以及说服性契合了合作治理的核心理念，一方面可以弥补硬法的不足，将国家立法细化为可操作性规定，提高硬法实效；另一方面也促进了公共治理手段从管制模式向合作模式的转变，形成多规则合作互动的新治理模式。对行政法而言，随着国家与社会紧密程度的加深，在行为范畴上，国家法律与社会自治规范相互交错的现象，将会越来越多。在社会治理领域，没有哪一个矛盾或者问题仅靠国家立法就可以解决，国家法律与社团规章共同协力来完成相关任务，已经成为合作治理领域的新常态。因此，行政法的体系形成也会进一步关注国家法律与其他社会规范并行规制、相互交错以及相互影响的合作规范框架的形成。在此基础上，国家法律规范与其他社会规范不但在法的政策上，而且是在规范框架上，会形成一种相互合作以及相互协力的共治局

---

〔1〕 参见[美]罗斯科·庞德：《法理学》(第1卷)，邓正来译，中国政法大学出版社2004年版，第322页。

面。社团规章作为社团自治的规范性依据,即是社团自治规范化和法律化的重要手段,也是扩展社团自治领域的重要条件。对于行政法而言,将属于硬法规范的国家法律和社团规章等软法规范视为功能等值的重要规范,可以进一步地运用相关机制来促进这些硬软法规范的互动与合作,形成国家与社会合作的那种相互影响、相互支援以及相互补充的合作治理秩序。

四、社团规章与合作治理的内在关联

作为社团内部的自治规范,社团规章蕴含并彰显了合作治理的理念与价值,发挥着社会法对国家法在社团治理领域的立法补缺价值和功能增强作用。作为社团公权力的执行方式以及社团秩序的自我调控方式,社团规章一方面借助整个合作治理体系,通过新的制度安排和新的治理活动,保证多元治理目标的实现;另一方面,合作治理不断拓展着社团规章的实践范围和研究框架,并通过建立共同的治理远景与规划,推动社团规章基本制度的进一步深化与重构。

(一)社团规章蕴含并彰显了合作治理的理念与价值

在公治之治的理念上,公共治理打破了传统由国家垄断行政权的模式,社团及其他社会组织也成为公共治理的主体,这改变了传统行政中政府和社会的关系,更多地体现了合作化与民主化的蕴涵。公共治理模式主张确立一种体现民主参与的治理理念,强调对公共关系的规范和管理应当基于普遍的公众参与,公共治理模式试图还原公域之治的多元、鲜活与真实,还原社会自治。[1] 因此,公共治理模式要求法的实现方式朝着多样化的方向发展,既要依靠国家强制力,更要诉诸社会组织的自治力量。公共治理主要是私域的自我治理及公共领域的合作治理,自我治理与合作治理的基础主要是自愿的行动以及合作者共同认可的规则和规范。从规范依据看,政府管制时代主要是国家法的时代,公共治理时代主要是"软法"时代。国家法在此依然发挥着举

---

〔1〕 参见罗豪才、宋功德:《软法亦法——公共治理呼唤软法之治》,法律出版社2009年版,第37~38页。

足轻重的作用,但其作用主要限于狭窄的传统领域。公共治理主要是“软法”治理,公共治理的兴起要求我们反思、修正传统的法律概念,以建构一种多元规则体系之间合作互动的共治共赢格局。社团规章源于社团组织体的自治契约,它通过成员间的合意建构组织内部之自治规则,蕴含了软法生成与实施的共性特征,可以形成与国家法相融相济的“软硬兼施”的治理规则体系。社团实现公共治理,只有依靠完善的制度安排,借助有力的制约和激励机制,有效解决集体行动的困境,才能实现自治目标。社团规章主要通过理性协商寻求资源配置与利益分配共识,能够在缺乏国家法律管控的情况下规约成员的行为,达致相互的沟通、理解和协同,并在复杂博弈中形成惯例、规范,可以说蕴含了丰富的合作治理价值和理念。对于涉及成员利益的公共问题决策,社团规章更加注重协商机制、论证以及多方博弈,以及基于“说服”产生共识或合意,以保证公共决策具有高度的可接受性。社团规章治理还可以通过其内部的民主自治生活和对国家、社会的民主自治参与,塑造成员的民主价值理念、民主实践技能、权利主体意识和法治精神,增强理性自律意识和公共精神,促进社团共同体的形成。在制度成熟、民主完善的社团生活中,社团成员经过持续的民主实践过程,就会日积月累地形成对此内部规则的持续认同与认可,也从而使社团规章的合作治理价值得到确认和弘扬。

(二)社团规章有助于合作治理目标的实现

合作治理强调公共机构与私人及社会机构的合作,主张多元权威的持续互动和多元主体的权利共享,治理的目的在某种程度上就是在各种不同的制度关系中运用权力去引导、调适和规范公民的各种活动,最大程度地增进社会公共利益。在合作治理的框架下,新的治理方式要求公共权力的行使以政府与公民的互动与合作为基础,公民可以通过平等、协商的方式参与公共事务的治理,对公共事务的参与得更直接。“这些自愿性社团不仅对于实现那些具有某种共同利益的人的特定目的来说是重要的,甚至对于实现真正意义上的公共目的来说也是极为重要的。在一个真正自由的社会里,公共事务并不限于政府的事务,而且公益精神也不应当只限于对政府治理的关注。"[1]社团治理超越了传统的政府管理职能,为实现有效治理,社团治理需关注社团内外部行政,特别是要建立多元权利和利益冲突背景中的合作、共识、信任和规范网络,并寻求更合理的善治方案使成员利益表达更符合社会治理整体目标。在某种意义上,作为一种自治性组织,社团在治理行动中的优势,恰恰在于通过其结构、规则实现了动机不同、目标殊异的个人力量的整合,特别是通过角色分配、职能明确和规则的强制性等把人们的行动整合到一个方向上。在治理目标和调整对象更加明确和深入的情况下,社团可以与政府部门以及其他社会组织,围绕社团规章进行规范性和策略性的互动,从而建立起社会互信的治理网络,不断增强社团的公共治理职能。近年来,随着社团公共管理职能的不断增强,社团领域的公共危机事件也不断呈现,这些危机事件进一步引发了社会公众对社团问题治理的关注。这些问题仅仅依靠纯粹的市场力量或者单方的协调机制是无法解决的,只有通过信息资源的分享以及利害关系主体彼此间充分的沟通才能加以应对。社团规章作为内部管理的自治文件,可以充分发挥社团的"自组织"[2]优势,通过信息披露机制及时交流优势信息,并在不同利益主体之间建构一种基于信息共享的互动合作格局,以增加社团成员利益、实现自治规范目标与提高公共治理价值,从而既能有效化解冲突或矛盾,又能提高社团公信力。同时,社团结构主要是以集体组织的方式存在,社团会利用自己的资源影响政策制定和公共

---

〔1〕 [英]弗里德利希·冯.哈耶克:《法律、立法与自由》(第2、3卷),邓正来、张守东、李静冰译,中国大百科全书出版社2002年版,第256~257页。

〔2〕 自组织理论是20世纪60年代末期开始建立并发展起来的一种系统理论,它的研究对象主要是复杂的自组织系统的形成和发展机制问题,即在一定条件下,系统是如何自动地由无序走向有序,由低级有序走向高级有序的。在被组织状态下,社会秩序的维系,更多地来自国家的强制。自组织可以发挥组织单元能动性、自主性、创造性等优势,促使社会发展保持内在的动力和激励。社团作为社会自治的重要实践主体,自组织更符合社团作为相对独立的社会生活共同体的本性,从总体上和发展趋势上着眼,社团共同体的自组织优于被组织。近年来广泛被论及的"治理"和"善治",在倡导多中心合作参与公共事务管理的同时,更是强调国家权力向社会的回归,强调社会主体从被组织状态走向自组织状态。在社会治理中,自组织可以借助制度化的谈判达成共识,建立互信,从而补充市场交换和政府自上而下调控之不足。具体参见孙志海:《自组织的社会进化理论:方法和模型》,中国社会科学出版社2004年版,第18~20页;俞可平:《治理与善治》,社会科学文献出版社2000年版,第65~67页。

治理,从而更容易让这些公共议题进入公共政治结构中以引起政策制定者和公共治理者注意,并在社团自治规章的制定和实施中不断得到反馈和修正,最终使其利益在政策与治理中得以体现。

(三)合作治理可以推动社团规章基础制度的重塑

公民权利种类的丰富以及权利范围的不断拓展,从不同层面共同刺激着用以维护社会秩序、保障公共利益、实施公共管理的公共权力尤其是社会权力的增长,从而导致公共领域的扩张和公共治理范围的拓展。在一定意义上可以说,利用社会的力量实施公共治理已成不可逆转的发展趋势,社团治理因此成为了公共治理范围拓展的新增长点。社团治理主要通过提供有关程序、结构和能力的自治规范来保障主体间平等对话、自主协商、均衡控制、互动回应关系的确立,借以推进社会系统实现民主的自我组织和自我规制。合作治理的兴起导致社会治理模式选择发生转变,合作治理必然是以多元主体间的互动和合作求得公共福祉最大化为取向的,并应以"善治"的要求重构治理主体和治理机制,通过吸纳社会力量的广泛参与实现治理主体的多元化,最终达致多元共治的和谐状态,这无疑会对社会治理的各项制度基础带来影响:不但要全面反思国家法与社会法的关系、国家权力与社会权力的关系,而且要对效率、公平、自由、秩序等合作治理中的社会法价值项进行重新权衡。此外,还要对社会公权力运作中的公私利益进行重新界定。唯有如此,才能为社会法的建构提供一个坚实的制度根基。作为社团内部的自治规范,社团规章承载着社团公权力的运行和实施,发挥着社会法对国家法在社团治理领域的立法补缺价值和功能增强作用。社团治理所关注的焦点不仅仅是如何设计和构建作为治理主体的社团组织结构,以及作为治理对象的社团及其成员本身的权利和能力,还应包括社团主体自身的合法性运作、社团权力的重新配置等深层次问题。因此,我国的社团规章制度,需要在对其目标和功能进行反思的基础上,进行结构性的重塑。社团作为局部公益的代表并无能力胜任这种繁重的任务,因而需要由国家来整体担当。只有在法治原则下,才能为处理好国家法和社会法的关系提供一个分析框架,并为"软硬并举"法律体系的形成提供一种"契合性"基础。我们必须通过法治等基本方式确定在合作治理结构中产生的各种制度资源要素、内涵特定的行为范式,加快社团的权力监督、程序规制以及治理机制等基本制度的重构,为当代社团规章的良性发展提供制度化保障。同时,要突出社团规章治理的法治优先性,畅通制度性公众参与渠道,避免社团权力过度扩张,确保合作治理法治化航向。

(四)合作治理有助于拓展社团规章的研究范围

"由于新治理模式强调合作与赋能,而非层级控制,因此传统治理模式下用以建构官僚层级及控制相关行为人之'硬性法规',便不能再符合新治理模式之需求。"[1]"软性法律",由于其"软"的性质,因而能具有一定弹性与包容性,因其功能、性质与适用条件等问题,近年来吸引了法学界相当多的关注。研究这部分法律为法学界开启了另一扇大门,使我们的目光能够投射到更为广阔的天地,去开辟新的研究领域,并加强对传统法学理论的反思。合作治理模式与传统统治模式在机制运作上最主要的差别,便在于通过合作治理建立具有弹性的决策环境,不断产生较为软性的法律规范,以取代或补充传统管制模式下的硬性法规,从而使软法成为公共治理模式下公私合作的新政策工具。随着现代社会多中心的公共治理的兴起,社会组织与社会团体越来越对国家法律无力干涉的公共领域发挥着巨大的填补作用。目前,大量没有国家强制力保障实施的社团自治规章,在社会自治权逐渐强化的情况下,由于其特殊的生成背景、制度环境以及实施机制,而成为当前合作治理中重要的软性法律。作为社团的自治规章,不仅具有实质上的自律功能,也承载着相当重要的社会公权力以及公共政策之目标的实现。同时,社团组织结构和权力关系的特殊性,特别是社团规章制定和实施过程中独有的价值融合和协商对话机制,可以有效鼓励社团和其成员广泛、深度参与公共过程,激励社团成员作出更加理性的行为选择。通过对社团规章的深入研究,不仅有助于我们加深理解我国的软性法律形成的背景、特征以及实施机制,也会有助于真正理解社会公权力运作的过程、特征以及规律。同时,由于社团分担着社

---

〔1〕 廖义铭:《新治理模式下应有之法治观与法治教育——以"软性法律"之发展与运用为例之考察》,载《政大法学评论》2001年第124期。

会大量的专业性和复杂性治理工作,对于社团规章形成机制和治理机理的研究必然有助于将多学科的方法和视角引入法学尤其公法领域之内。随着合作治理与社团规章的不断契合,合作治理为我们研究社团规章提供了一个可选择的切入点,合作治理将会不断拓展社团规章的研究视野,比如社团规章在合作治理中的法源地位、社团规章的行政法治功能、社团规章的政策执行机制以及社团规章治理的责任分担模式等内容都将纳入合作治理研究的范围。

第二章　社团规章的法律属性

在我们所处的这个时代,团体生活在社会活动每一个领域中所取得的巨大发展显得如此普遍、如此具有自发性和如此具有典型性,以至于有必要承认它无论如何包括了未来社会组织制度中的各个要素。我们的法律已经不再建立于一个统一和不可分割的主权的观念基础之上。它是,而且将来也仍然是一种政府的客观法;但却是那种并不发号施令的法律。它是一个满足公共需求,并确保现代的团体生活能够协调进行的政府的法律。[1]

——[法]狄冀

现代法律科学中的一个重大的进步莫过于对待法律的态度从分析转向实用,法的渊源的研究重心也已经从纸面上的法律转向社会实践中的法律。一直以来,公法学者的基本视角都是围绕国家制定的行政法律法规去思考行政权的运作,并把这些行政法律规范作为研究公权力的主要素材,然而这些行政法律规范并不是行政法的全部。传统的命令式以及层级式的管理模式已经转向国家与社会的合作治理模式,多中心治理、多元规则的联合治理,特别是国家法律规范与社会规范的合作治理成为近年来行政法研究领域的新

[1] [法]狄冀:《公法的变迁》,郑戈译,中国法制出版社2010年版,第99~100页。

的知识增长点。随着合作治理的推进与发展以及合作治理手段的不断丰富,我们对行政法渊源的传统理论有了新的认识和判断。国家立法不能再垄断所有事宜,公共治理任务的完成单靠国家立法的力量显然是不能奏效的,越来越多的社会组织,特别是社团组织,由于其组织架构的完备性以及权力行使的规范性,而成为社会治理的重要力量。法律渊源作为法学理论的基础性概念和公权力机关法律判断的根据,也应积极回应时代的需求,并应从社会的源头上去寻找法律的渊源,从而促进法律的多元性和法源的多样性。

第一节 社团规章的行政法法源属性

近年来,随着"公域软法"的兴起,传统行政法渊源的理论研究正在不断突破法律中心主义的思维局限,行业规章、传统习惯、组织章程等各种具有软法性质的规范和规定成为新行政法关注和研究的热点。在我国,国家法与法治的那段空隙以及行政法传统渊源的应对能力的不足,使获取新的渊源材料毫无悬念地成为行政法发展中的客观需要。如果我们不再坚持"法"的来源只限于国家机关依法定程序"制定"或"认可"的规范,那么,在现代行政法的法源中,社会自治立法便具有了生存与成长的空间。同时,由于社团组织本身所具有的公共权力品格,社团内部的一系列自治和管理文件,如社团内部的章程、规章或规定,越来越具有"法"规范意义上的基本特征,并成为社团行使权力的规范依据,调整着社团内部的秩序,发挥着社会法在国家法治理领域的治理补强和功能填补作用。因此,行政法的渊源应当包括社团规章等各种社会自治立法。社团规章是社团行使社会权力应该遵循的规则,对社团及其成员有着必然的规制力和约束力,自然具有行政法的渊源性质,也应该纳入行政法的渊源范畴,从而进一步拓展和丰富行政法的法源理论。全球社团革命促进了社会权力的不断分化和转移,活跃了社会组织网络,形成了权力社会化、权威多元化的时代潮流。行政法在它的功能发挥中不能离开社会过程,而社会过程的发展也必然潜移默化地影响行政法及行政法渊源体系的形成。社团自治日趋发展和完善,社团的自治规章日益发挥着自我治理、服务公益的自治法功能。社团规章所调整的不仅仅是社团及其成员之间的关系,还涉及与政府机关以及其他主体之间的关系。更为重要的是,社团规章要调整社团自治系统与行政权力运作机制之间的关系。社团规章可以说为我们提供了一个社会维度,也是行政法切入社会治理的一种纽带和连接点,可以通过社团规章的改造使我国的行政法成为一个有机的整体。

一、从国家法律到社会规范:合作治理与行政法法源的拓展

合作治理可以说是民主化进程的必然结果,民主化是我们这个时代的基本特征,也是人类社会不可阻挡的历史潮流。民主化的基本意义之一就是将政治权力日益从政治国家返还公民社会。政府权力的限制和国家职能的缩小,并不意味着社会公共权威的消失,只是这种公共权威日益建立在政府与公民相互合作的基础之上。[1] 在传统的规则制定中,社会组织或者其他利益组织往往被认为是行政立法完整性与专业性的威胁,结果这种理念给国家立法带来了过重的负担,贬低了社会组织参与社会治理的能力。因此,在传统的行政法改革提议中,焦点是增强监督机制或使其多样化,假定行政机关和行政过程的核心问题仍是行政机关的裁量权,但是,这些提议强调了法律的中心地位以及法规范的国家性,遵循的是一种以控制国家权力为使命的控权法理念,忽视了其他社会规范参与有关合作治理的重要性。尽管国家有着一套严密的法律体系,但是随着现代社会多中心的合作治理的兴起,这种以法律为中心的控权法模式已经陷入危机之中。现代社会的公域治理越来越朝着多中心化发展,单靠国家法律的力量显然是不能达到治理目标的。国家与社会应当是一种互动合作关系,据以实现公域之治的法规范也应当是软硬并举,与多元治理主体和多样化治理方式相适应。[2] 为了避免法律的机械运行和规范冲突,社会规范和国家法律理应互为"观照",从而在互动的基础

---

〔1〕 参见俞可平:《治理与善治》,科学文献出版社2000年版,第14页。

〔2〕 参见罗豪才、宋功德:《软法亦法——公共治理呼唤软法之治》,法律出版社2009年版,第36页。

上更多地实现多元规范之间的契合与交融。

古典契约理论认为立法者作为编订法律的人没有也不应该有立法权力，人民本身便是公意，法律乃公意的行为。[1] 以此推论，法律的权威和效力最终来源于社会或者公民的认可或同意。在我国，国家主义法源观虽然没有完全将其他“间接渊源”排斥在外，但是“间接渊源”只是在一定的限度内为立法机关或者司法机关的法律判断提供根据，并且这种根据作用只停留在法律推理环节，最终仍然需要归结到国家法。从法律的效力和权威来源角度来看，立法机关或司法机关的行为往往被视为主要的法律权威和效力来源，因此，传统的国家法源观在形式上表现为法律中心主义，这种法源观将法的渊源形式主要固化为国家法律。然而，随着国家权力向社会的回归，权力的多元化成为合作治理时代的重要趋势，游离于国家法渊源之外的其他“间接渊源”在法治的发展进程中发挥着越来越多的作用。博登海默就认为，法律实证主义的基本错误之一，乃是它将其有关法律渊源的理论完全或几乎是完全限制于那些被我们称为法律的正式渊源的范围之中。这一错误须归因于这样一个事实：法律实证主义把法律视为国家命令，所以它主要是从那些正式的律令和命令中去寻求其渊源，而这些法律和命令则是由立法机关、制宪大会或者行政机关颁布或发布的。[2] 随着权力的不断社会化，法源不但应该具有形式上的规范意义，而且也应该具备实质上的功能性内涵与价值，无论是立法权或者司法权的权力依据都不能局限于国家主义法源观中的法源形式，这样才能适应社会治理发展的需要。国家法的约束与社会的法治要求之间存在着一种自身无法完全填补的空隙，国家法并不能解决治理社会所需要解决的所有问题，作为法治主要倚重力量的行政法更面临着渊源短缺的危机和挑战。国家法与法治的那段空隙使得社会规范具有顽强的生命力和存在空间，以行政法律法规为体系的行政法传统渊源显然不能适应社会治理发展的需要，这种应对能力的不足，是获取新的渊源材料成为法律多元化理论和

---

〔1〕 [法]卢梭：《社会契约论》，何兆武译，商务印书馆2005年版，第47页。

〔2〕 参见[美]博登海默：《法理学：法律哲学与法律方法》，邓正来译，中国政法大学出版社2004年版，第457页。

行政法发展的客观需要。

行政法内涵及外延的扩展与国家社会发展的细致化、多样化相辅相成，互相促进，这样的渊源材料需要回到社会本身中去寻找。苏力认为，“法治所要回应的是社会的需要，而不是国家的需要。法治的唯一源泉和真正基础只能是社会生活本身，而不是国家”。[1] 实际上，除了国家的正式法律以及宽泛的授权立法与委托立法之外，尚有大量的非正式的社会规范存在。合作治理是依规则的治理，这种规则应该是多元化的，这种多元化的法律结构仅仅依靠国家法律是难以支撑的，而是基于社会大众对社会规范的理解和认同而形成的。从建构的意义上来说，国家法律和社会规范往往在空间层次上能够相互影响、相互促进，但是，法律规范及其秩序并不享有优先权，也就是说，法律规范及其秩序应当首先考虑社会性规范及其秩序的价值和意义。[2] 社会规范作为具有“自治立法”属性的社会法，在社会治理转型的过程中，实际上构成了国家法律产生实效的社会文化环境，并成为合作治理最坚固的法治支撑系统。社团规章作为一种社团内部的“活”的规范，和国家法律相比，这种规范的内容更加充实、意义更加丰富，并深深扎根于社团自治的土壤。同时，社团规章作为社团治理的规范依据以及社会治理的重要社会规范群，其生成和实施通常是以合意为基础的过程，社团成员可以就规章的实体内容进行协商，这些自治规章作为社团成员共同的重要规范，在一定程度上替代了法律规范对社团秩序的调整作用。

二、社团规章行政法法源属性的证成

国家权力与社会权力的不断融合，使传统的国家法法源体系面临着多元化社会价值的挑战，如果将国家主义法源观等同于法律形式，必然会阻滞行政法治的发展与价值实现，也会使得国家主义法源观在回应国家与社会合作治理的时代任务时日益捉襟见肘。传统的以法律为中心的规范秩序必然会

---

〔1〕 苏力：《道路通向城市——转型中国的法治》，法律出版社2004年版，第31页。

〔2〕 参见［瑞典］汤姆·R．伯恩斯：《结构主义视野：经济与社会的变迁》，周长城等译，社会科学文献出版社2000年版，第184页。

被多元化的合作治理秩序所打破,同时,形式化的法律中心主义法源观也需要嵌入国家与社会的不断融合和互动的时代课题中,不断向更加功能化的多元主义法源观转换。随着行政法治社会化进程的加快,行政法体系中的社会行政法就是一个非常特殊的规范构成,这些规范的内容既可以被视为是法律规范的构成,又可以被视为是相关的社会准则的构成。[1] 随着国家权力与社会权力的契合和互动,以社团规章为典型的社会组织自律规范,在实体合法和程序合法的情况下,实际具有行政法法源属性并履行着一定的行政法治功能。国家法律必然会在更深层、更广泛的领域与社团自治规章进行协作和互动,从而形成一种具有合作性的规范框架。这不仅为治理和善治奠定了基础,也为避免国家法律的滞后性和形式性、实现民主法治发展和转型创造了必要条件。

(一)社会公益性

"在现代社会迅速的群体分层和利益分化的客观环境中,没有一个群体可以控制其他群体对自己忠诚和服从。"[2] 法律的效力和权威虽然来自于民选的立法机关或者其他公选机构,但是这并不能等同于社会的共识或者公意,立法机关制定的法律仅仅依靠形式的民主性并不能吸纳所有的公意或者其他正当要求,这种欠缺的民主难题或者公意性要求需要依靠实质性的社群公意来解决。随着国家、市场和社会权力格局的形成,越来越多的社会公共组织承担着公共治理事务,履行着一定的公共职能。社团作为一定范围内的社会力量的集合,拥有着一定的社会资源,能够对社团成员进行有效的支配和管理,并在一定范围内实现对公共事务的治理。这种治理不是为了个别成员的利益,而是体现了一定的社会公益性要求,因而,社团权力体现了一般公共权力的品质。这种范围内的社会利益虽然不完全等同于公共利益,但是随着国家权力与社会权力的不断分化与转移,无论是国家利益还是一定的社会利益都应该从属于社会公共利益。社团规章作为开展社团活动的规范性文

---

[1] 参见关保英:《行政法治社会化的进路》,载《法学》2015年第7期。

[2] [美]昂格尔:《现代社会中的法律》,吴玉章、周汉华译,译林出版社2001年版,第64页。

件,承载着一定社会权力的运行和实施,这就决定了社团规章成为社团权力运行和实施的主要途径。社团基于社团公务实施一定范围内的公益管理,它们不仅实施着社团内部的自治管理,还会对外提供社会公共产品,承担着相应的公共责任。如拍卖师协会、律师协会对拍卖师、律师成员的职业行为指导和惩戒;安全产品防范协会对行业范围内安全防范产品生产行为的管理和监控等。社团自治权主要来自社团内部成员的合意或者授权,社团自治的目的在于实现社团章程的宗旨,维护社团成员的共同利益,因此这种权力必然会对社团成员产生一定的影响力和支配力。因此,社团自治权相对于社团成员来说就具有明显的"公共权力"属性。同时,社团除了社团自治的事务管理之外,还会基于法律法规授权行使特定的公共管理和社会服务职能,而这些权力无疑具有跟国家权力一样的公权力品质,都是为社会提供公益性服务,从而实现社会公共利益。

（二）正当程序性

在国家立法中,程序性要件往往是判断相关法律制度性质的必要条件之一,程序设置的完整性以及程序行使的民主性往往是体现一项法律制度公益性程度的基本标准。立法程序是法律公益性的基本条件,为保障社团规章内部的民主性,社团规章也得符合一定的程序要件,才能具有形式上的民主性和正当性。社团规章作为社团成员之间共识和意志的集体体现,其制定或者实施的程序性要件或者设置也应该具备相应的民主性标准,比如多数决策机制、决策公共机制都应该得到一定程度的体现。我国社团管理的相关法律法规虽然没有明确社团权力生成和实施的基本程序,但是社团章程等基本规范一般都设置了社团权力形式的相关程序,以保障社团权力运行机制的民主性和正当性。如我国的社团章程中都规定了基本的社团组织机构、民主选举制度以及相关的决策机制,社团的基本权力机构是社团成员大会或者代表大会,社团成员大会或者代表大会是社团的最高权力机关,从而体现了社团权力的公共权力属性。比如,中国注册会计师协会的权力代表机构分为会员代表大会、理事会,该协会章程里有关于组织机构以及多数决议机制的内容,这些社团的权力机构可以说发挥着社团自治的基本立法功能。〔1〕另外,《中国律师协会章程》以及《中国足球协会章程》也有类似的组织机构以及多数决议机制的内容,并对召集、主持、提案等程序都进行了规定。比如,根据《中华律师协会章程》第13条第2款规定,“全国律师代表大会每三年举行一次。必要时,经本会常务理事会决定,可以提前或延期举行。全国律师代表大会必须有超过半数的代表出席始得举行”。这些社团规章中都明确规定了多数决议或者表决原则,特别是社团章程的相关修改提案必须经全体代表的三分之二以上出席并经出席代表的三分之二以上同意才能通过,而章程只有在与法律法规抵触或经会员代表大会决议时才能修改。另外,社团协会理事会的工作程序和工作办法在社团规章中也进行了明确,如《中国拍卖行业协会章程》第41条规定,“本会完成宗旨或自行解散或由于分立、合并等原因需要注销的,由理事会或常务理事会提出终止动议”。通过这些社团规章规范化的例行性分析,可见,我国社团规章对社团的组织规范、权力授权规范和行使社团权力的机关的程序规范有较为全面的规定,可以说这种规范制定权契合了正当程序的基本理念与价值,彰显了社团规章的公益性内涵。

(三)组织秩序性

随着国家与社会分权的不断推进,国家权力不断向社会权力拓展,国家秩序不再是法律建构或者主导的秩序,而是多元规范力量互动合作的秩序,原有的国家主义渊源观面临着冲击和危机,法团主义的秩序观念正是对这种多元法中心秩序的深化和回应。社团规章承载着社会权力的运行和实施,规整和形塑着社团的集体秩序,展现了社会法治与多元民主的价值取向,而这正是法团主义的秩序观,也是社团自治立法的体现。“法团主义是一种利益代表系统,一种特指的观念、模式或制度安排类型,其作用是将公民社会总的组织化利益联合到国家决策中去。”〔2〕社团规章的关键命题在于,为社团及

---

〔1〕《中国注册会计师协会章程》第16条规定,“全国会员代表大会须有2/3以上的代表出席才能召开,其决议须经到会代表1/2以上表决通过才能生效。本会章程的修改,须有全国会员代表大会代表2/3以上出席,并经到会代表2/3以上表决通过”。

〔2〕张静:《法团主义》,中国社会科学出版社2005年版,第25页。

其成员提供自由而且无须强制说理就能形成的框架性秩序，这种秩序的形成内容，比如结社自由、契约自由、合意自由等都能得到不同程度的实现。同时，这些都相对地维持在一个基本的自治范围内，而且也不须提出特别的正当化说理。社团成员在社团规章的框架下，自我调整其利益观，展现其自主性。自我负责和自我规制是社团及其成员利益实现的基础性条件，社团成员接受自治规章的约束则是相应的法律效果。但是，整个社团秩序即建构在成员自治与自我调控的自由秩序并不是一个私人的、自我要求的或者与国家隔绝的秩序。社团秩序作为国家秩序在社团领域的自由延伸，也在不断地拓展着国家秩序的范围和空间，丰富着国家秩序的内涵与品质。

今天，法的重要性必须在所有法的表现形式和所有法的渊源体系上系统地加以把握，才能加深我们对行政法秩序的基本理解。德国法学家魏德士就认为，作为公法上组织主体自治的体现，公法组织制定的章程也属于法律渊源。[1] 也就是说作为社会自治规范的社团规章也可以纳入行政法法源体系中去观察，将法源概念从国家扩张到社会，从法律规范向其他规范转向，这也是现代法学理论发展的时代性标志。实际上，这些社会规范在社会治理中日益发挥着越来越大的规范力量，已经有法理学家通过不同理论概念阐释了法源渊源的多样性，并将社团规章等非正式渊源纳入“具备法律约束力”的法源范围。比如，美国法理学家博登海默将法律的渊源分为正式渊源和非正式渊源，认为正式渊源是可以从明确权威的文本形式找到法律的渊源，包括宪法和法规、行政命令、自主或半自主社会组织的章程和规章。[2] 可见，除了国家法律的正式渊源之外，还有包括社团章程在内的社会规范。只有当我们把社团规章等一些非正式渊源一并加以考量，才能加深我们对“以法律统治”以及“适法性原则”等法秩序内容的理解。

---

〔1〕［德］魏德士：《法理学》，丁晓春、吴越译，法律出版社2005年版，第102页。

〔2〕参见［美］博登海默：《法理学：法律哲学与法律方法》，邓正来译，中国政法大学出版社2004年版，第429页。

第二节 社团规章的效力依据

社团规章作为社团内在秩序的规整依据,虽然很难完全割裂它与国家法的相互关联,但其自身仍然有着独立运行的内在逻辑,并呈现出与国家法不一样的效力依据。[1] 社团基于自治性规范行使着自治范围内的公共权力,从而产生可以作用于社会的现实力量。因此,社团的社会权力基础是社团规章效力能够得到实现的一个不可或缺的因素。然而,社会权力不是其效力存在的主要依据,而只是奠定了社团规章的效力基础。社团成员基于共识和信任而产生的对内在"承认规则"的自愿认同,才是社团规章效力得以彰显的内在根据。同时,由于社团规章呈现出较为明显的公法倾向,所以也能从公法的变迁和发展中找到其法源上的效力依据。

一、社团规章承载着社会权力的运行

合作治理体现的是国家权力向社会的回归和积极的民主参与,国家不再是权力的唯一源泉和社会治理的唯一主体,众多利益团体、社会组织与国家机构并存,并参与国家政治意志的表达,在公共领域实现着社会公权力与国家公权力的合作、协调与互补。特别是随着现代社会公共管理事务的发展,政府的权力与能力已难以及时、全面满足公共管理的权力需求,国家直接运用行政权实现行政目标的模式已经变得不合时宜。于是,越来越多的公共管理职能由政府向非政府组织转移,这也就出现了国家公权力的社会化进程。"公权力"通常是以国家这样一个整体的名义出现,而社会权力是一国中部分

---

〔1〕 我国的法源形式主要是国家法或者制定法,根据法律的制定形式,对于社团规章的效力可以明显分辨出"硬法"意义上的效力与"软法"意义上效力的区别。在认识社团规章的效力和功能时,不能忽视其与国家法的复杂关联性,许多秩序性行政的社团规章事先得到了法律法规授权,已被纳入国家法强制力体系并体现着和"硬法"一样的效力,有的社团规章则需要借助国家法的保障方式或者机制才能发挥其"硬"的约束力。具体参见江必新:《论软法效力——兼论法律效力之本源》,载《中外法学》2011 年第 6 期。

人意志的体现,是放大了的个人意志,因此其权力可称作“私权力”。[1] 在丰富多彩的现代生活面前,国家权力不能包罗一切,更难以兼顾所有领域的权利和利益,而社团等社会组织扎根于社会关系网络,可以获取丰富的信息资源,从而可以弥补国家权力的不足,发挥社会权力对国家权力的功能填补与效用增值作用。

社团规章从本质上说是社团自治权的重要体现,直接来源于社团成员基于维护共同群体利益之需要而达成的合意。因此,社团规章是社团成员协商之产物,是行使社团权力的规范和依据。作为社团内部的自治规范,社团规章承载着社会权力的运行和实施,发挥着社会法对国家法在公共治理领域的立法补缺价值和功能增强作用。虽然社团的产生、地位以及权力的运作等内容可以从国家的立法或者相关的国家政策文件中找到相应的依据,但社团权力实施过程中许多具体性、执行性的工作通常是由社团规章来完成的,尤其是更富价值的社团公权力特性的内容更是由社团规章作权威发布。[2] 社团权力正是借助社团规章这个规范载体投身于社会公共事务的处理,为社会提供各种公共产品和公益性服务,解决国家公权力主体所忽视或无力顾及的重大或重要社会问题。

二、社团规章作为内生规则的权威性

规则的形成总是与一定秩序中的权威密切相关的,权威的生成模式决定了所在组织的价值体系和行为规则的主要特征。当规则的形成并不仅仅依靠国家强制力时,权威就必须是开放性、参与性的,鼓励协商,说明理由,欢迎批评,将同意当作是对合理性的一种检验。[3] 如果存在检验和证明规则权威的众所公认的标准,那么就存在一种法律秩序的最低限度的一些要素。哈特所谓的“承认规则”就是这样的标准,在哈特看来,“法”之所以能够得以

〔1〕 参见马玲:《社团成员的权利与社团的权利和权力》,载《北方法学》2009年第2期。

〔2〕 参见方洁、周兴:《社团规章的行政法法源性论说》,载《行政法学研究》2006年第1期。

〔3〕 参见[美]P.诺内特、P.塞尔兹尼克:《转变中的法律与社会》,张志铭译,中国政法大学出版社1994年版,第111～112页。

"存在",是因为符合"承认规则"而得到了"普遍接受"。社团组织正是这种规则和权威产生的有机土壤,在这种关系网络中,社团成员之间的关系既非独立的,也非依附性的,而是相互认同的。他们通过谈判、协商、妥协等方式,建立多元权利和利益冲突背景中的社会合作、共识、信任和规范网络,他们之间的身份认同与信任关系进一步得到增强。"把承认规则称为'法'的依据是,为确认这个制度的其他规则提供标准的规则,可被认为是一个法律制度的确定的特征。"〔1〕社团规章之所以具有这种"法"的权威性,是因为社团规章的生成和实施更加注重协商机制、论证以及多方博弈,以及基于"说服"产生共识或合意,以保证这种内生性规则具有高度的可接受性。

"任何受特定范围内的人承认的调整他们之间的外部行为的规范都是这一范围内的人的内部法,并在这一范围内的个人面前表现为与创设法律的国家所指定的规则和命令相似的规则和命令。"〔2〕社团的内部法就是社团的自治规章,其根源于社团内部每个成员的地位和职责、习惯、关系以及其他法律事实,它不是依靠立法权的默许或者授权,而是依靠内部承认规则的认可。社团内部承认规则的标准可能采取一种或更多的不同形式,如社团的章程、契约、惯例以及其他权威性的文本。"当一个人承认规则有约束力,并把它作为他和其他人不可自由改变的东西加以接受时,他可能相当直观地领会到该规则在给定的环境中要求什么,并会在对规则和规则要求什么不假思索的情况下行事。"〔3〕凡是在这样一个承认规则被接受的地方,就为社团及其成员提供了确认主要规则的权威性标准。社团主要借助其内在的自组织性,通过谈判、协商、博弈等方式,把个人编织成关系网络,再把关系网络中通过协商产生的规则作为社团有效治理的权威基础。因此,社团规章是由参与人的策略互动内生的,存在于参与人的意识中,并且是可自我实施的。人们之所以遵守规则,是因为认可、接受并且自愿遵从它,是将其当作"法"来接受,而非

〔1〕[英]哈特:《法律的概念》,张文显等译,中国大百科全书出版社1996年版,第112页。

〔2〕[德]格奥格·耶利内克:《主观公法权利体系》,曾韬、赵天书译,中国政法大学出版社2012年版,第226页。

〔3〕[英]哈特:《法律的概念》,张文显等译,中国大百科全书出版社1996年版,第138~139页。

因为害怕被强制而“被迫”服从。

三、社团规章的公法倾向

“公法的基础不再是命令,而是组织。公法已经逐渐变成了客观的,正像私法已经不再建立在个人权利或私人意思自治的基础之上,而是代之以一种每个人都承担的社会功能的观念一样。”[1]现代公法中的基本概念已经不再是政治权力而是公共服务,因此,如何分享社会公共权力、促进社会公共利益就成了现代公法的主要关注点。公法的发展及国家与社会的二元性的发展与社会组织的方式密切相关。社会组织的兴起为公共治理提供了重要基础和动力,形成了多元化、多向度的社会权力运作,形成了良性互动式的新型权力类型,从而推动了公法的变迁。“公法就是关于公权力拥有者这样参与的、并由此公权力本身也参与了的关系的规范。”[2]公法以规范、调整公共关系为己任,公共权力范围的大小直接决定着公法调整范围的大小。在公共治理语境中,随着公共权力主体以及权力运作方式的多元化,社会自治组织成为越来越重要的权力主体。社团能够成为公共治理的参与主体,与社团所具备的公共权力不无关系。社团权力是社会权力的一种,具有公共治理权力的特性,作为自治权力或者称社会权力的依托,社团规章在社会权力中的公法效用可以说更为直接。

“法律获得统治权力的团体与国家之间的关系以及团体的成员与团体的权力之间的关系都具有公法属性”,[3]社团管理机构因管理性行为与社团成员形成事实上的公法关系,特别是当社团在成员的利益上具有准公共性或独占性的地位时,社团规章的公法属性就更为明显。公共治理要求公法制度安排要根据不同公共治理领域的实际需要制定不同的公法规则,以便与治理主体的多元化相适应。社团规章扎根于在自治与规制的良性和谐之间,运行在

---

〔1〕［法］狄冀:《公法的变迁》,郑戈译,中国法制出版社2010年版,第46页。

〔2〕［德］奥托·迈耶:《德国行政法》,刘飞译,商务印书馆2002年版,第17页。

〔3〕［德］格奥格·耶利内克:《主观公法权利体系》,曾韬、赵天书译,中国政法大学出版社2012年版,第238页。

社团权力与成员权利的有效互动之中,虽然有着公私法交织、边界不清的领域,但是社团权力性质的社会性、权力行使的规范性以及利益内容的公共性使得社团规章成为公共治理领域很重要的公法规范。近年来,由于行政法传统渊源的应对能力的不足,获取新的渊源材料毫无悬念地成为行政法发展中的客观需要。因此,突破传统的国家主义法源观,通过将法源的内涵从国家向社会扩张,将社会自治立法纳入法律渊源,不仅是社会现实的法治需求,也是现代行政法理论研究不可避开的任务。社团规章体现出的国家法与社会法的融合、公共权力与私人权利的交融使得社团规章构成了行政法治的特殊渊源,并不断拓展着社团规章在公法领域的效力范围。

第三节 社团规章的效力内容

合作行政的模式改变了行政法的管制手段,合作的概念在所有关系领域中都具有扩散和渗透效力。同时,“法规的内容由上位阶决定下位阶模式转变为协商模式,其意味着高权通过说服、劝说的方式来补充,甚至取代执行法律,同样地,法律的拘束力也通过社会的规范力加以补充,甚至取而代之”。〔1〕基于功能主义的视角,社团规章主要是通过其权利和义务的确定力、制裁和实施的说服力、多元利益的实现力以及内部秩序的型构力,在国家法律缺漏的地方发挥着它的社会规范作用。社团规章平时潜行于社团内部,内化为社团成员日常行为的准则,正是这种社团内部的自治力和组织力,为社团的有序发展提供了一个可以延续的规范基础。

一、权利与义务的确定力

“在我们所处的这个时代,团体生活在社会活动每一个领域中所取得的

---

〔1〕[德]施密特·阿斯曼:《行政法总论作为秩序理念——行政法体系建构的基础与任务》,林明锵等译,台北,元照出版公司2009年版,第193页。

巨大发展显得如此普遍、如此具有自发性和如此具有典型性，以至于有必要承认它无论如何包括了未来社会组织制度中的各个要素。"〔1〕作为一种日益发展壮大的新型社会权力，社团组织的兴起正在一定程度上改变着当代的社会结构和秩序状态，展现着公共治理时代的法治理念变革和法治秩序走向。法律是国家秩序或者是政治生活、社会生活、智识生活和经济生活的秩序，但不是唯一的秩序。国家的整个法律秩序只决定行为的属事因素，而将决定属人因素的任务留给构成社团的部分法律秩序，即留给社团的法律。〔2〕社团的规则之所以是真正的法律，是因为它们确立了该社团的目标，并且这些规则通过确立社团的目标，还确定了它在法律上的权利能力。有了这种内部规范，社团成员就能体会到这种组织形式的好处，从而产生遵守秩序的志趣，理解权力和谐的优点，并对他们的义务性质和权利范围形成明确的和切合实际的概念。〔3〕在社团作为一种联合体概念的范围内，社团规章作为一种社团权力的构造方式，社团规章确立了社团的行为能力，创设了社团的组织机构，规范着社团的各项活动，并因此确定那些可使社团成员的某些行为归于无效的条件。

社团的内部规章不是命令性规则的法律，也不是官方性质的政策文件，而是社团成员之间相互作用的基本"法典"。在社团内部规范中，既有赋予社团成员以权利的规范，也有授予社团以权力的规范，还会有对行政机关相关立法和政策进行确定的规范，这些规范使社团的权利和义务得以创造出来，社团的权利得以行使、义务得以履行。没有这些内部规范，团体就会分裂或者解散，因为这些规范的运作使得许多自愿建立的、体现法律生活的权利和义务结构成为可能。同时，由于社团成员在职业和文化方面具有共同价值观，他们更容易产生出对这种权利义务关系的真切的自我理解。通过社团内在的程序自治，社团规章可以不受外在立法的过多限制，社团及其成员之间可以建立一种类似共同体内部凝聚力的令人满意的权利义务关系。正因为

〔1〕 参见[法]狄冀：《公法的变迁》，郑戈译，中国法制出版社2010年版，第99～100页。
〔2〕 参见[奥]凯尔森：《法与国家的一般理论》，沈宗灵译，商务印书馆2013年版，第161页。
〔3〕 参见[法]托克维尔：《论美国的民主》(上)，董果良译，商务印书馆1991年版，第76页。

社团权力的本质就是社团自治,特别强调成员间的理性协商与沟通,并且以承认原则作为规范效力的基础,因此这些规则承载的权利和义务关系更具有均衡性和互惠性,更容易被接受和认可,从而成为社会团体内部得以井然有序的重要力量。

二、实施和制裁的说服力

法律作为强制性秩序的观念基于这样的事实:这一观念的阐述者片面地考虑了那些效力完全源自国家的那部分法律。一般而言,没有任何一种社会规范,每逢遭到违反时,便会求助于国家法律意义上的那种约束或者制裁措施。一个规范不管是法律规范还是其他类型的规范,它必须在人们实际据以调控他们自身行为的意义上被认可或者说服。相对于国家权力来说,社会权力的强制性主要是弱形式的,这不但表现在社团规章的规范力和组织力有限,而且还表现为社团内的秩序更多地依靠人们的自觉遵守。在社团中人们一般不愿接受某种自己不理解、不喜欢的外在性约束,而是较多地自觉接受大家相处时自然形成的规范。这些社团内部的规范并不是国家制定的,相反,它们是通过多元的重复商谈和协商而形成的。因此,这种团体内部的规范所发挥的作用,在社团权力中比在国家权力中表现得更为明显,它们并非直接生硬地影响社会生活,不是从外部施加影响的,而是能在思想上和行动上赢得社团成员的忠实服从。

团体的优势不仅在于有某种归属感,还在于成员之间的契约关系带来的实实在在的好处。所以,没人愿意被排除在社会团体之外,“拒绝遵守规范就导致维系个人与社会团体之间的契约作用的减弱”,[1]严重的规范制裁,甚至有可能导致成员身份和资格的丧失。因此,这种规范意义的说服和沟通,在社团规章的实施和制裁上表现得更为明显。较之于国家法律,社团规章的实施更多地采取柔软的方式,更多地利用道德、舆论的力量来达到目的。比如,许多社团通过发布各种宣言、最佳实务范例等各种指示性文件,以取代传

---

〔1〕[英]罗杰·科特威尔:《法律社会学导论》,潘大松等译,华夏出版社1999年版,第35页。

统的规制法规。这些指示文件便是用较为软性的方式来表达其意志,并容许更大的弹性,以期待更有效地影响人们的行为。“只有那些被所有人所意欲的规范才是有效的规范”,[1]很难想象,不能得到大多数法律受众认同的强制性规范会有令人满意的实效,长期高压下的强制服从甚至会招致激烈的冲突或潜规则的盛行。因此,最为重要的规范仅仅通过建议起作用,这些规范通过说服或教育的形式进入人的意识之中,“它们针对个人提出,却没有附有任何它们赖以存在的理由的陈述;个人未经片刻反思也就服从了它们。它们没有压制个人而是教育了他”。[2] 社团成员往往具有共同的信念和价值观,成员间也有着直接和多方面的关系纽带,社团规章作为基于互利和协商原则而在成员之间形成的内部规范,说服或者教育可以成为社团内部压制不服从情绪的最有效的形式。说服可以在社团成员之间缔造开放意识、信任和理解,可以说服成员承认规范的合法性,也有助于多数社团成员在规范所期待的行为模式上达成共识与合作。

三、多元利益的实现力

“对于现代的行政法治理论而言,公共行政的多样化和公私益关系的交融性,意味着行政法利益关系应当理性和谐,不能再片面地宣称公共利益或者私人利益而人为地造成二者的消极对抗。”[3]合作治理突出强调国家与社会、公共机构和私人机构多方互动合作,并确保那些具有多种偏好和多方利益的利益相关者之间最终实现相互受益的互动。对公民利益的保障,不仅是国家公权力的责任,也是社会公权力的义务,社团公权力在公民利益保障体系中已经占据着重要位置。社会利益基础的公私交融以及关系形态的多样性,决定着社团权力运作中各种公私利益实现的复杂性。这种利益高度分化时代的多元利益自主协调的效果,是政府有意规划与强力控制所无力达到

---

〔1〕[德]哈贝马斯:《在事实与规范之间——关于法律和民主法治国的商谈理论》,童世骏译,三联书店2014年版,第263页。

〔2〕[奥]尤根·埃利希:《法律社会学基本原理》,叶名怡、袁震译,九州出版社2009年版,第55页。

〔3〕罗豪才、宋功德:《行政法的治理逻辑》,载《中国法学》2011年第2期。

的，多元利益关系的性质越是复杂，那么通过国家法来实现多元利益的效果就越差。利益相关者之所以参与合作治理，是因为他们的利益彼此依存。这种互相依存的情境使得一方利益目标的实现有赖于他人的行为，这也更凸显了合作的至关重要性。因此，社会公权力可能在运作过程中为了达到本组织内部的社会利益而主动对其他利益予以关注并形成影响，这也是作为社会公权力"公共性格"的体现。[1]

作为承载并运行社团自治权的规范性文件，社团规章代表着不同群体最真实、最及时、最急需的利益和权利要求，社团规章赐予了社团生命，与社团融为一体并成为社团利益的体现。社团治理所追求的最终目标也应该是实现各社团成员在自由联合基础上的自我治理，并在维护基本的共同体利益基础上实现个体利益的最大化。社团给其成员带来的利益和保护可能没有国家法那么具有权威性，但却往往更直接，更容易被理解和接受。社团规章对于社团利益的规划和目标更有针对性，它赋予社员权利义务使其具备行为的理性，并通过利益诱导等方式，在法律强制力之外把规则和秩序引入社团生活并尽力在公益和私益之间维持一种平衡。对于公共利益与个人的权利和特殊利益，社团规章承载着多元利益的确认和承认要求。社团规章主要通过理性协商寻求资源配置与利益分配共识，能够在缺乏国家法律管控的情况下规约成员的行为，达致相互的沟通、理解和协同，并在复杂博弈中形成惯例、规范，防止过激的成员行为。社团内部成员所面对的规章义务在本质上不仅有行业要求，也包含法律上的公民义务，很多规章制度都是与法律规定紧密联系在一起的，社团致力于自身行业规范、标准和体系的构建与推广，促进多元利益诉求和实现的理性化、程式化。

四、内部秩序的型构力

"合作主义的最深刻，最难于理解的冲击在于它对国家法律与非国家机

---

〔1〕 参见徐靖：《论法律视域下社会公权力的内涵、构成及价值》，载《中国法学》2014 年第 1 期。

构自发形成的规范性秩序之间区别的影响。"[1]国家的法律和社团的章程之间的关系涉及两个秩序,一个是国家的法律秩序,还有一种是社团法人内部的那种秩序,但后一种秩序使前一种秩序更加趋于完满。[2] 国家和社会中的生活更多地依赖团体内部的秩序,而不是依赖由国家和社会创制的秩序。如果从实现秩序的规则角度考虑,法律显然也不是唯一可以建立秩序的规则,"法律制定者如果对那些会促成非正式合作的社会条件缺乏眼力,他们就可能造成一个法律更多但秩序更少的世界"。[3] 尽管随着社会的发展,法律具有多种截然不同的表现形式,诸如国家法、审判规范、司法判例等,而且国家法也在形式上获得了最高的权威,但是它们都不是法律的基本形式,真正支配生活本身的,是那些在日常生活中通常为各社会共同体成员所认可并在实际上支配成员之行动的规范,它包括生成和维持团体内在秩序的习惯和惯例。这些规范不是在无序的世界上强加某种秩序,而是在真正有共同兴趣和共同信仰的人中间建立合作性的关系。因此,这些规范构成了社团内部秩序的支柱,也成为了型构内生秩序最强有力的支撑。

"立法者的任务并不是建立某种特定的秩序,而只是创造一些条件,在这些条件下,一个有序的安排得以自生自发地型构起来并得以不断地重构。"[4]秩序的型构要求行为具有一定限度的常规性,因为正是这种常规性使秩序的型构具有了可能性。社团成员基于信念而服从规范,遵守规范不仅塑造着成员的行为,而且塑造了他们的个性,从而赋予其行为某种常规性。由于遵守规范的习惯而带给个人的社会压力在塑造了个人的性格以后,成员的价值观已经内化和渗入每个成员主体中,任何其他的社会影响都无法再有效地抵消它,从而克服个人权利行使的自发性、孤立性和不稳定性,增强理性自律意识和公共精神。国家法律规则通常只能对社会行为进行间接、抽象的

---

〔1〕 [美]R·M. 昂格尔:《现代社会中的法律》,译林出版社 2001 年版,第 194 页。

〔2〕 参见[奥]凯尔森:《法与国家的一般理论》,沈宗灵译,商务印书馆 2013 年版,第 161 页。

〔3〕 [美]罗伯特·C. 埃里克森:《无需法律的秩序——邻人如何解决纠纷》,苏力译,中国政法大学出版社 2003 年版,第 354 页。

〔4〕 [英]弗里德利希·冯. 哈耶克:《自由秩序原理》(上册),邓正来译,三联书店 1997 年版,第 201 页。

控制和为未来行动提供公正的组织与程序前提，而具体的权益设定与平衡应该通过当事人的对话、协商、合作来实现。通过成员的民主参与以及协商对话，可以塑造社团成员的民主价值理念，促进共同体意识之型构。社团可以通过被共同认可和遵守的，并对国家法律规则具有支撑和补充作用的内在规则，在成员之间建立起更注重过程性的、动力性的良性互动关系，并通过灵活多样的内部自律协调及对外对话协商，进而形成以自我协调和合作为基础的内在秩序。

第三章　社团规章与国家法律的互动与合作

国家法律与社团规章有着不同的权力基础、作用范围、价值规范、运行程序，但也恰恰是这些差异决定了双方的互补性，两者各具优势，因而可以实现在规范和价值层面的合作治理。在任务日趋繁重的公共治理社会，单靠国家立法的力量显然是不够的，国家法律不可能渗透到社会的每个角落，因此不可能满足各个领域各个行业的所有诉求，必然会留下许多治理的空白地带，这就给其他社会规范的发展和完善提供了空间。一方面，国家法律对社会的调整也是有限的，社团规章需要国家法律的引导与制约；另一方面，社会治理也需要社团规章的补充，社团规章只有与国家法律保持互动与合作，才能发挥好社团规章的治理补强作用。

第一节　国家法律的治理困境

作为一项现代性成就，国家法律无论在组织形式方面还是制度体系方面，都以国家为中心，法律主要体现的是一种建构机理，这种机理主要体现为用一种新的人为的运行机制、规则或模式去取代原有的自然的和经验的社会机制，再次将抽象的规则体系嵌入社会，以形成理性化的生存环境和社会运行机制。这种理性的机理从一开始就具有复杂的内涵，并在不同层面上存在张力和冲突。例如,法律的表达与社会的行动之间、法律的规范化力量与个体的主体意识和个性化之间、抽象性的高度理论化与人类经验之间、封闭的自治体系和不可调和的个体利益的多元化之间的张力。

一、话语性与行动性的矛盾

现实中,法学理论尤其是有关法治基本问题的理论,常常是在跨时空的抽象意义上表达和阐述的,其间隐含着阐述者对法治一般性规则或抽象性规律的探求,同时也蕴含着对“标准化”法治范式的期待或敬重。不可否认,作为一种社会现象和社会实践,法治的确有其一般性的机理和运行逻辑,由此也赋予法学理论某些抽象性特质,使某些概念或范畴的确能够超越时空而获得一定的共识。然而,人们往往把价值范畴等同于真实的存在,并进一步作为阐释理论观点以及判断问题的依据,导致这种法治话语体系在现实中被放大最终造成了另一种不恰当、不可意料的结果。不能否认的是,通过这样一种法治取向和路径,我国完成了一个现代法治国家所必备的法治体系的基本构造。然而,这种基于抽象范式和普适情怀的法治理论路径与设计,也在某种程度上把当代法治简单地视作权力制约、人权保障、自由民主、法律至上等形式要件的组合,形成了一种模式化、标准化、结构化,并带有“启蒙”色彩的法治模块,从而忽略了法治更根本的内在属性和机制、法治的多样化形态和平衡性的发展取向,特别是对法治的社会根基与动力的研究较为薄弱,这就使其缺少对现实法治进程的关照性与契合度,难以很好地“接地气”。〔1〕

在现代社会,权利话语成为最基本的法治语言,但“权利话语所承载的思维方式已经呈现出笃文主义的倾向,其最大的问题在于它会消弱人们对于权利所具有的道德伦理内涵的更深层次思考,导致权利沦为一种浅薄的口舌”。〔2〕 建构法治权利,既需要知识研究、权利话语,更需要从社会治理的现实出发诉诸科学的有效的行动,“权利话语”的泛滥已经把人们的注意力从追

〔1〕 参见马长山:《“法治中国”建设的问题与出路》,载《法制与社会发展》2014 年第 3 期。

〔2〕 [美]玛丽·安·格伦顿:《权利话语——穷途末路的政治言辞》,周威译,北京大学出版社 2006 年版,第 5 页。

求与社会正义相关的真实利益转移出来。于是,话语与行动的矛盾关系,成了现代社会治理面临的一个基本问题。马克思指出:哲学家只是用不同的方式解释世界,问题在于改变世界。法治是否能够真正内化于心、外化于行必然成为我国法治社会建设的攻坚问题。但法学家们并不习惯于“援法而行”,加上各种政治话语、伦理话语的裹挟,使得法学研究很难聚焦于现行有效法律的解释与适用,而经常要回到价值前提上的辩论,从而导致出现各种法治话语的理论偏执和价值纠葛。近年来,众多研究者在对不同发展中国家的法治进行反思和探索时,几乎都发现立法与现实脱节是法治所面临的最大问题,并且在很多场合,我们所讨论的法治意境往往与法律文本并无关联,因此特别强调“法为民众所认同、信赖与实践”应作为法治建设的核心任务。然而,这种反思往往是图景式和宏观式的,并没有提出解决实际问题的具体对策和实践方略,使得法治研究往往遁入空门,找不到现实归依的路径。因此,要避免类似的理论偏执,就应当注重法治话语的实在性和具体化,在真实的环境中,以社会现象和社会事实为对象,为法治实践提供理论指引和依据。即便是对一般性原理或规则、规律的探求,也应当将社会治理的图像作为实际场景,从而使相关的理论或知识成为当下中国社会治理的智力成果。[1]

二、规范性与事实性的矛盾

现代法律中的制定法是通过理性反思抽象出来的一般性规则,普遍性或潜在的普遍性是许多法律规则的重要特征,规范系统在形式上通常表现为法条主义,整个规范体系由概念、规则、原则等构成,它们被赋予普适的效力。这意味着抽象的法律能否被运用于特殊事实就成了法律实践能否成功的重要因素。但生活实践中的事实却千差万别,无法为一般性规则所包容、囊括。这就不得不对事实进行人为裁剪,通过削足适履的裁剪,试图以人为设计的一般规则涵摄不同的事实。[2] 规范的运用过程其实就是事实的描述与规范

---

〔1〕 参见顾培东:《当代中国法治话语体系的构建》,载《法学研究》2012 年第 3 期。
〔2〕 参见高鸿钧:《现代法治的困境及其出路》,载《法学研究》2003 年第 2 期。

具体化两者交叉的过程,只有把事实描绘的所有相关特征同可运用的规范联系起来之后,才能产生规范适用上的"情景相关性"。因为"规范是社会建构出来指引我们行为的,而行为则具有社会应变性。因此,即使是'大规范'的执行,也要依赖于特定的背景"。〔1〕 因此,只有将规范置身于生活世界的事实情景中解读其含义,并证明哪个事实描述对于理解相关背景来说是重要的和恰当的,才能让规范走出抽象概念的藩篱,从而避免生硬地将一种所谓普遍的生活方式强加给处于不同情境的人们。且现代社会生活实践中的事实却变动不居,几乎是日新月异。规范与事实并不是完全逻辑对应的体系,规范与事实之间具有天然的张力,面对新事实的不确定,人们事先无法预料,使得预先设计的规则难以应对新的事实,规范与生动的事实之间的这种张力会更加凸显。

法律规范与事实的不对称是非常普遍的,法律规范作为制度性事实通常不能与发生的事实建立对称的勾连。只有真正解决了事实问题,规范的价值才能够彰显。一个国家或社会的经济、政治发展越不平衡,种族、民族关系越复杂,文化的多元程度越高,其生活事实的差异就越大。因此,任何国家在任何时代都无法制定出法条主义所期待的囊括各种社会现象、覆盖全部社会过程、包罗一切社会事实的法律规范。在这种情况下,如果无视具体事实,无视特定人群的特殊需要,无视人们生活方式的差异,强推一般规则,那么规则与事实之间的冲突就愈益强烈。因此,只有把普遍的规范与特殊的事实有机地连接在一起,法律的实践才能成功进行。同时,高速膨胀的法律规则体系正在不断侵蚀其他规则系统的作用领域,从而将越来越多的社会现象纳入所谓的法律规范的调整范围中,以实现所谓的法律之治。这种图景的实质就是国家公权力越来越向社会自治领域的细微渗透,越来越对公民和社会组织的日常生活构成不同程度的规制和干预,从而在事实上越来越将公民排除在社会秩序治理的过程之外。〔2〕 可见,克服"法治乌托邦"的浪漫幻想和"法律万能

〔1〕 [美]乔恩·威特:《社会学的邀请》,林聚任等译,北京大学出版社2008年版,第119页。

〔2〕 参见张镭:《迈向共生型的社会规则交往—善治理念与当代中国社会规则交往模式的更新》,载《法制与社会发展》2007年第3期。

主义”的倾向,在发挥法律主导作用的同时,确立多元主义理念,特别是实现法律与实践的互动平衡,培育公民伦理和公共品格,无疑是走出法治困境、推进“法治中国”建设的一种更加务实的选择。

三、理论性与经验性的矛盾

传统法治理论产生于以启蒙思想家为主导的理性自然法学对法治社会的规划与描摹。过去几十年中,我国法治是依沿着一条建构型进路而行进的,在此过程中,我们依照传统法治理论所描绘的法治图景,并根据我们自身对西方法治社会的理解与想象,在我国各种现实条件的制约下,推进着法治的具体实践。因此,中国的现代化包括法律现代化,很大程度上是以西方的理论为依归,或多或少是以西方为模本进行建构的,甚至很多情况下是照搬西方,导致“经验主义,连同步入经验的概念融合方法,都坚定的被拒绝了”。[1] 我们并不盲目排斥西方理论,而是坚持西方理论只能作为参照,一切都要从中国的问题、中国的经验出发,一切未经经验检验的理论很可能是一种谬误。理论仅仅是一套工具,把引发你关注的似乎不相关联的社会现象勾连起来。在以建构为主要模式的法治进程中,权利的生长成为对法治理论建构和勾勒的最美图景,权利话语也成为法治时代旋律中的最强音,但权利话语容易把真实、复杂的经验简化为抽象权利,从而忽视和低估了经验在民主生活中的作用。理论是用来指导实践的,但理论却必须基于人们的实践活动而产生。因此,关注中国社会治理提供的经验就是讨论中国问题所必须坚持的。因为理论是不能独立存在的,它要有实践作为支撑,要经过实践的检验。

杜威认为,从某种意义上说,一切探究作为经验而言都是社会探究,社会探究过程所贯彻的就是经验方法。探究过程中的所有观念都是实验性的。社会科学应不断改进实验的社会探究的方法并将其用于具体的社会问题。

---

〔1〕 罗杰·科特瑞尔:《法理学的政治分析——法理哲学批判导论》,张笑宇译,北京大学出版社 2013 版,第 107 页。

因此，社会治理应致力于探讨各种复杂而巨大的社会力量的实际功能，并积极为公众提供所需要的经验知识。孟德斯鸠说："在法律制定之先，就已经有了公道关系的可能性。"[1]历史一再表明，"民众的政府及其法律必须依赖于某种先于国家和人为法律而存在的基本的道德秩序"，[2]如果没有社会信任、公民伦理、宗教与习惯等内在支撑，而单凭国家建构理性的法律是难以构建起规则秩序的。只有在被建构的规范与基于经验沉淀而形成的生活语言交互认同并且被人们习惯性运用的过程中，人们才能够体会到作为一种知识类型的法律所带来的自由与福祉。规范化的法律本质上是一种保守的力量，这种外在的制度如果没有传统经验支撑其供给成本必然高昂。法治建设只有建立在已有的经验关系基础上，并通过这种经验关系的长期实践和"精挑细选"，才能生成优良的法律制度。[3] 在现代国家治理规模急剧扩张和治理任务空前繁重的情况下，仅仅依靠"理论创新"和"制度改良"已经无法解决"无力和失败国家"的问题。在国家治理方面，迫切地需要一场以"经验型善治"原则导向的通过对国家治理体系的重构以提高国家治理能力的革命性变革。

四、自治性与开放性的矛盾

由于现代法律规则系统在中国也属于新兴的事物，因此，伴随社会变革和新秩序形成的过程，法律规则系统也处于建构的过程中。建构主义法治模式下，国家为真正达到法律至上所采取的基本措施就是通过法律活动的高度专业化、技术化而达到法律的自治。在形式法治构筑的形式平等性和法律制度的安定性之下，人们可以有依据地规划其未来的生活，从而使得人类生活变得可以预期和可以控制，社会秩序和安全感由此得以维护。正如法律实证主义者所言，伦理、政治和社会现实的考量，不是法学家的事，所有法律外的

---

〔1〕［法］孟德斯鸠：《论法的精神》（上册），张雁深译，商务印书馆1961年版，第2页。

〔2〕［美］巴尔：《三种不同竞争的价值观念体系》，力文译，载《现代外国哲学社会科学文摘》1993年第9期。

〔3〕参见周尚君：《地方法治实验的动力机制与制度前景》，载《中国法学》2014年第2期。

因素对于实定法的解释都是没有意义的。[1] 然而,在法律自治传统模式下,使所建立的法治难以兼顾抽象与实质、普遍与特殊,进而成为一个封闭的系统。特别是在司法实践领域,“法律形式上的裁判,以其不可避免的抽象性格,处处伤害了实质公道的理想”。[2] 现代法律难以维持封闭,形式法治难以自足,必然保持适度的开放,力图使法律与社会之间产生一种良性的互动关系。

然而,法律一旦开放,形式法治便面临危机,实质法治的缺陷就会暴露无遗。如何防止法律形式主义可能导致的恶法之治?如何调和封闭的理性规则与开放的社会情感之间的冲突?如何弥合法律的专业行话与大众话语之间的鸿沟?如何避免形式公正背后所隐含着的结果的实质不公正?所有这一切都表明,社会大众对于法律规则的认同显然不能支撑社会交往所需要的法律规则的合法性。为了摆脱上述困境,封闭的法律不得不考虑实质法治。在现代社会,实质法治对形式法治的矫正与补救,反映出形式法治所体现的基本价值关系处于紧张状态。实质法治的出场确实在一定程度上缓解了形式法治所造成的价值冲突,但实质法治观使法律判断承担了过多的政治判断、道德判断和效果裁量的负担,还影响了法律判断的可预期性和稳定性,最终只能损害法治。同时,这种实质法治观追求的是实质的查明“真理”,因而具有一种反形式的性质。于是,法和习俗之间的界限、法律强制和父辈的告诫之间的界限,立法的动机和目的与法律技术手段之间的界限,通通被摧毁的荡然无存。[3] 所有这些情况,已经引起许多人士的关注与担忧,一些人甚至宣称现代法治已经解体。[4] 因此,在中国当前的社会治理过程中,如何平衡法的这种自治性和开放性,是继续推进法治国家建设需要解决的一个重要问题。而实现这种平衡的核心问题,是如何提升法的自治性,并在不损害法

---

〔1〕 参见张翔:《形式法治与法教义学》,载《法学研究》2012 年第 6 期。

〔2〕 [德]马克思·韦伯:《非正当性的支配》,康乐、简惠美译,广西师范大学出版社 2011 年版,第 224 页。

〔3〕 参见[德]马克斯·韦伯:《经济与社会》(下卷),林荣远译,商务印书馆 1997 年版,第 171 页。

〔4〕 参见 G. Gilmore, *The Death of Contract*, Ohio State University Press, 1974。

的统一性和普遍性的基础上保持法的适度开放。

第二节　社团规章对国家法律的治理补缺

随着规范供给的功能越来越被国家通过法律规范供给的形式所垄断，法律规范形成了有机的法律制度，在调节社会生活方面发挥着越来越重要的作用。然而，随着法律制度的复杂化以及立法集权化，典型法律制度在社会调节方面的不足也逐渐显露出来，特别是国家法律的垄断在一定程度上造成了规范与社会生活的脱节。[1] 随着社会自治的发展，新的社会治理问题层出不穷，包括社团规章在内的社会组织的规范供给溢出自治领域，越来越多地在更为广泛的社会领域发挥着规范补充供给的作用。

一、社团规章可以补充国家法律的不足

国家法律是社会基础性秩序的维护者，具有高度的主权性、原则性、宏观性，并且普遍无差别地适用于所有社会个体，因此，国家法律维护的必然是多数人的基本权益，不可能涵盖所有的利益需求。国家法律作为国家权力运行的重要载体，内容庞大，体系复杂，普遍性和全局性是国家法律实施的重要特点，国家法律只能对全局性的或者普遍性的基本事项进行宏观的调整和规制，而不能深入社会的内部进行微观的调整或者治理。我国正处于迈向公共治理时代的转型时期，由于资源分配不足或者结构性调整不合理，各种社会问题层出不穷，法律的抽象性和滞后性不可能对所有新生问题进行调整或者规划，也不可能充分获取社会的信息资源，因而法律面对各种公共性问题或者危机往往显得捉襟见肘，特别是现实生活中各种有法不依、执法不严、违法不究的现象越来越严重。由于公共治理的深入发展，加上现代通信资讯等高

---

〔1〕 参见贾海龙:《从非正式规范到地方法制——中国现代化进程中规范补充供给路径的嬗变》，载《学术研究》2011 年第 7 期。

科技技术的发展，社会利益诉求呈现出多元化和多样化的趋势，单靠国家法律的力量来治理社会显然是不行的。

国家的法律不可能提供充分、及时、贴近微观生活的规范，这给社会的发展带来一定的混乱，因而规范的补充供给是必须的。[1] 国家法律调控只是一种全局性的和宏观性的过程，国家法律不可能深入社会自治体内部进行调整和规范，社会自治体内部的事务还需要依靠社会自治体自身去解决，特别需要借助社会内部的规范体系去调控和治理。社团作为社会自治的重要主体和力量，在公共治理中承担着更多的公共服务职能，提供着越来越多的公共产品。社团规章作为社团权力的重要表征，承载着社团权力的运行和实施，体现着与国家法律不一样的运行机制和效力模式。在国家法律不能涉足或者不便调整的地方，社团可以有针对性地发挥自身的自治优势，综合权衡各种信息资源，并借助社团规章发挥其自身的灵活性和组织性优势，对社团内部的事务进行有效的规范和引导，促进社团自身的自治水平。这样，既避免了国家法律的过度干预，又充分发挥了社团规章的自身的调整和规范作用，弥补了国家法律调整的不足，促进了社团内部自治，形成了国家法律与社团规章协调与互补的合作治理模式。

二、社团规章可以成为国家立法的来源

非正式的社会规范通常存在一个关系相对紧密的群体，这样一个群体能够为群体中的行为者提供多次博弈的机会，而多次博弈的群体成员才会受到群体内的“信号”刺激并彼此产生信任，进行有益的合作。[2] 社团规章作为社团自治的主要规范依据，其规范内容都是来自于平时社团的治理实践，这种规范往往是生活经验的沉淀和某种社团内部传统的延续，对于社团成员的行为具有塑造性和引导性作用。跟国家法律相比，这种自治规范渗透了社团

---

〔1〕 参见葛洪义：《以地方法制建设推动国家法治发展——法治国家与地方法制》，载《法学》2009年第12期，第16页。

〔2〕 参见［美］罗伯特·C.埃里克森：《无需法律的秩序——邻人如何解决纠纷》，苏力译，中国政法大学出版社2003年版，第194～200页。

成员的内在需求,更多地彰显了社团内部民主协商和互动博弈的民主价值。因此,无论是其灵活性还是其民主性,都是国家法律所不能比拟的。国家法律由于其制定的滞后性和实施的普遍性,不可能对社会自治体内部的所有事务都进行及时的回应。因此,在社会治理领域,必然会留下更多的空白地带,需要用社会自身的资源去填补。社团规章根植于社团内部,运行成本低,回应灵活性强,并且顺应社会惯习,更容易被社团成员接受、认可,已成为满足社会公共需求,维护社团内在和谐与秩序的基本选择。社团规章根植于社团丰富的治理实践。在社团权力运作和实施方面有着一定的规范性治理经验,是社团及其成员在其长期的自治实践中总结或者延续下来的,是国家法律体系不断完善和发展的重要源泉。

随着社团在社会治理中的地位不断提升,社团权力的运行也越来越规范化和法治化,社团规章作为社团权力的规范依据,规整着社团内部的秩序,调整着社团成员间的利益关系。可以说,在社团的治理实践中,社团规章日益成为社团治理中最贴近实践,最能为社团成员所认可和接受的重要规范群。社团规章来源于社团内部成员之间的约定和共识,有着广泛的民意基础,也是社团自身治理实践的经验总结,反映了一定的社会惯习以及文化传统。随着社会的发展,一国行政立法的社会性越来越明显。当立法机关制定有关的行政法规范时,其必须对社会机制和社会系统予以考虑,必须对社会需求予以考虑,必须对社会过程予以考虑。[1] 国家立法也要来源社会生活,而不仅仅是从上而下的层级式的指令性发布。因此,国家立法也会从各种社会规范中去汲取信息,不然国家立法就会成为无源之水、无本之木。国家在针对某个行业或者领域进行立法时,必然会考虑到相关社会团体及其成员的态度和认识。社团规章作为社团开展自治事务的基本规范依据,可以从不同层面渗透到国家立法,并影响国家法律的形成。特别是在某些专业性和技术性较强的社团自治领域,社团规章往往成为国家立法的重要参考,有时国家立法甚至会直接吸收社团规章的某些内容。

---

〔1〕 参见关保英:《行政法治社会化的进路》,载《法学》2015 年第 7 期。

三、社团规章还会对国家法律的执行产生影响

在一个国家的整个规范体系中，由于规制社会关系以及调控社会秩序的差异，不同的规范的位阶是不一样的，从国家法律到一般社会规范呈现出了一种权力架构上的层级结构。[1] 国家法律处于社会规范体系的最高位阶，其实施是自上而下的，以强大的国家强制力为支持和威慑，与相对方的关系多是命令与服从关系，相对方一般很难拒绝执行，否则将给予制裁，强制性较强；而作为自治规范的社团规章强制性相对较弱，多带有协商、合作性质，一般采取舆论压力、教育说服等方式引导、促使对方遵守而不是强制对方服从。社团规章作为对法律的支持，与国家强制力相对的说服的重要性对于法律的执行具有很重要的意义。一般情况下，社团规章对于法律的实施具有重要的示范和协助作用。对于不同的社团规章来说，监控其运行或者核实其成员是否遵守相关规范的主要行为规则的难度各不相同，社团规章的有效性就因这种不同而有所差别。但是跟国家法律实施的复杂性不同，对于社团规章而言，并不需要什么高深的分析就可以知道，只要当其所属社团的成员普遍遵守包含权利和规则的要求时，一个社会规范就是有效的。社团自治的关键就依赖于社团成员能够自觉地遵守其内部规范，社团规章对于法律执行的意义便在于，经过社团内部民主化的运作，国家法律能够获得社团成员最大限度的认同和支持而减少国家法律执行中的阻碍。

作为社团自治的规范依据，社团规章一般很容易获得社团成员的认同和支持，这种长期的认同实践会催生出他们对于共同体规范的信任和依赖。因此，当社团成员看到其他多数成员都在遵守自治规范或在必要时被迫这样做而感到满意时，他们也就养成了遵守规范的风俗和习惯，这种内化在社团成员心中的遵守规范的习惯必然会影响到他们对于法律的态度和认识。行政机关在执行行政法规范时，它必须考虑诸多的社会因素。这些社会因素常常

---

〔1〕 参见郭星华、石任昊：《社会规范：多元、冲突与互动》，载《中州学刊》2014年第3期。

是在行政法典则之外的，而不是在行政法典则之内的。[1] 可以说，行政法越是要得到实施和实现，越要和社会机制发生联系。社团规章作为社会自治的重要规范制度，通过与行政法律法规的有效整合，可以为行政法的执行提供一种社会认同机制。社团规章作为一种自治规范，其运行和实施所蕴含的共识认同感和说服力量如果得到所有社团成员的认同和支持，就能够树立一种可能改变人们对待法律的态度的有力典范，这对于国家法律的执行无疑具有重要的协助和启示作用。另外，国家法律经过相关社团规章对相关法律事项的细化而具有更强的操作性和执行性，既降低了法律运行的成本，又推动了国家法律与社团规章在法律实施和执行领域的互动与合作。

第三节　国家法律对社团规章的调控

社团为实现其组建宗旨而制定社团规章，用以调整社团事务、规范社员行为。[2] 社团规章往往由社员通过博弈达成，是社员对其权利的自愿让渡，较之于国家法律，其形成和运作增加了成员间协商机会，减少了管理和获益的成本，引导社团成员以理性合法的形式表达利益诉求。社团规章承载着社团权力的运行，决定着社会权力之间的关系，但社团规章有其自身无法克服的缺陷，须借助一定的法律原则对社团自治进行有限度的、必要的干涉。

一、法律优先原则

“法律优先”一词，源自德国行政法鼻祖奥托·迈耶。他认为，“以法律形式出现的国家意志依法优先于所有其他形式表达的国家意志；法律只能以法律的形式才能废止，而法律却能废止所有与之相冲突的意志表达，或使之

[1] 参见关保英：《行政法治社会化的进路》，载《法学》2015 年第 7 期。

[2] 参见管瑜珍：《社团自治离不开法律？——以社团规章的司法介入为例》，载《行政法学研究》2007 年第 2 期。

根本不起作用。这就是我们所说的法律优先”。[1] 具体到社团规章跟国家法律的关系,法律优先原则即为社团规章与国家法律的相关规定相冲突时,应该优先适用国家法律的规定,社团规章不得规定与国家法律相违背或者相抵触的内容,否则就是无效的内容。也就说,不管何种形式的社团规章,不得设置国家法律的禁止性内容,这是法律优先原则的重要意义。但是法律优先原则并不妨碍社团的自治权,在国家法律没有规定的地方,社团规章可以发挥自己的特定优势,对国家法律没有明确规定的领域进行一定的规范或者调整,这是社团自治的应有之义。比如对于某一领域的认证标准,国家法律已经有了相应的等级标准,如果不属于强制性的标准,只要不低于国家设定的标准,相关的行业社团仍然可以进行重新规范或者设置。如果国家标准只是推荐的标准,那么行业社团可以根据行业的实际情况自行规定相应的标准。对于法律优先适用原则,还有一点需要注意的是优先适用的效力问题。尽管国家法律的效力等级优于社团规章,但是并不代表在社团自治的领域就一律适用国家法律,这不是法律优先适用原则的基本内涵,法律优先原则只是在涉及相关规范的效力冲突或者存在矛盾时才会有适用的余地。所谓社团自治,就是要能够具有一定的社团管理的自主权和内在秩序的规整权,从而才能提高社团的自治水平,进而加快整个社会的自治进程。国家法律在社会治理中只是宏观的一种调整和规范,不可能支配社会的每一个领域,更不可能深入社会组织内部去进行那种权利和义务均衡式的评判和裁决。因此,大量的社会事务治理仍然要交给社会规范自身去处理,这样才能促进国家权力和社会权力的互动,真正地实现还权于社会。社团规章作为社团内在活动的规范依据,是社团成员集体缔约权的体现,对于社团内部的事务自然具有对内最高的“决定权”,只要不与国家法律的强制性规定相违背,也不发生效力上的冲突,就理应优先适用社团规章。

二、法律保留原则

所谓法律保留原则,简单地讲就是指行政行为必须有法律的依据,也即

---

[1] [德]奥托·迈耶:《德国行政法》,刘飞译,商务印书馆2002年版,第70页。

行政机关只有在法律有明确规定的情况下才能作出积极的行政行为,否则就构成违法。[1] 法律保留原则是行政法原则里面一个比较重要的法治原则,它是民主法治原则在行政法领域里的重要体现和重要理论基础,这一原则要求关于公民基本权利的相关事项只能由法律进行规定,行政机关或者其他主体只有在取得法律授权的情况下,才能实施相关的行为,否则这一越权行为就是无效的。随着社会权力的不断增长,社团日益成为提供社会公共产品的公共服务组织,承担着行政机关原来的一些职能和任务,履行一定的公务管理职能。社团虽然具有相对自治的领域,但行政上的基本原则并没有被放弃,在社团行政领域还是存在基本的行政法治原则的,比如,法律保留原则,它对自治团体的公务行政或者社团行政还是会产生相应的影响的。按照法律保留原则的基本精神,这一原则自然也会延伸到社团自治领域,对社团的相关管理行为也会产生行政法的一些规制。对于社团规章来说,自然不能设置涉及社团成员重大权益的事项或者规范,它可以在其自治范围内进行一定程度的规制或者规整,进而促进社团自生秩序的形成,但是这种规范或者规制是有限度的,如果超过宪法或者法律所赋予的限度,自然就是不合法的或者无效的。那么,具体到社团自治领域,按照法律保留原则的精神,我们必然要追问:究竟哪些事项必须由法律来规定或者调整?哪些事项完全可以由社团规章来制定或者实施?根据法律保留原则中的"重大事项说",[2] 社团自治中的重大事项主要是对社团成员的权益产生重大影响的一些内容,凡是涉及社团成员基本权利的行使和实现,以及严重影响社会公共利益的一些重大决定都应该属于法律保留的范围,诸如社团成员的人身自由权、纠纷诉讼权等基本权利就不能由社团规章随意处置或者剥夺,这些事项只能由法律来规

---

〔1〕 参见黄学贤:《行政法中的法律保留原则研究》,载《中国法学》2004年第5期。

〔2〕 现代法治国家对于公民基本权利的重视是前所未有的,对于涉及公民基本权利的案件,不论是因什么行为引起的,法院都有权而且有义务进行审查。近年来,德国和英国的法院判例很明显地表现出一种趋势,即根据司法审查的内容与性质而采取不同的审查强度,越是关系到公民基本权利的案件,审查的强度就越大、越严格。关于"重大事项说"的相关阐述,可参见[日]盐野宏:《行政法》,杨建顺译,北京大学出版社2008年版,第48~50页;[德]伯阳:《德国公法导论》,北京大学出版社2008年版,第41页。

定或者按照法律的程序来行为。比如,《中国足球协会章程》第 62 条第 1 款规定,“会员协会、注册俱乐部及其成员,应保证不得将他们与本会、其他会员协会、会员俱乐部及其成员的争议提交法院,而只能向本会的仲裁机构诉讼委员会提出申诉”。根据法律保留原则,法律的诉讼权显然属于基本权利范畴,足协章程作为社团自治规章根本无权限制公民的基本诉讼权利,以此规定排除司法介入的规定显然是无效的。对此,20 多位全国人大代表曾经联名向全国人大提交议案,要求对足协这种自行设立“诉讼委员会”限制司法诉讼权的相关规定进行修改。中国足协通过其内部规章制度和独自设立的争议解决机构来排斥“司法介入”的做法显然违背我国相关的法律法规,更违背了法治的原则和精神。因此,我们必须在遵循法律保留原则的基础上,合理划分和调整法律与社团规章各自的领域和任务,实现法律与社团规章之间的衔接与合作,促进国家法律与社团规章的共同治理。当然,由于在合作治理过程中,社团权力实施和运行中的相关主体的法律地位趋向于平等,因此,在社团自治领域适用法律保留原则较公权力行政行为和服务行政行为应更为宽松。

三、正当程序原则

法律优先原则和法律保留原则可以说从立法或者法律授权的角度厘清了法律与社团规章的边界和调整范围,从总体上保障了社团规章的合法化运行。但是,社团自治是一个相对封闭的领域,上述两个法治原则不可能渗透到社团内部的每个角落,因此,这两个原则对社团自治权的制约和限制往往只是形式上的一种法律规制,并不能对社团自治的实质内容进行一定程度的规制。作为一个社团,社团自治权不仅具有自治的因素,随着公共治理职能的不断拓展,社团权力也呈现出不断增长的态势,社团往往在一定的自治领域具有支配性地位,如果这种自治权被滥用,后果将十分严重。社团自治往往具有公共权力的品质和特性,虽然社团的自治权有时不涉及基本权的侵犯,但是,如果对这种权力不加以一定的法律限制,同样也会对社团成员的正当合法权益产生严重的侵犯。同时,社团作为一个社会团体,涉及人员众多,社团自治有时候会超出自治的范围和限度,还会对社团以外的第三人的权益造成影响,因此,需要通过其他的途径来填补上述两个法治原则的规制不足。考虑到对社团自治权的尊重和维护,为了避免因实体法限制可能导致的对社团自治的过度干预,对于社团这种具有公共治理性质的自治权力,可以从程序上进行一定程度的规制和控制,对于实质性的自治内容则不应该过多干预。作为一项程序性原则,它是英国法治的核心,是英国法官控制行政行为及公共行为的根据。[1] 随着我国行政法治程序的不断变革,正当程序原则目前已经成为制约一切公共性权力的有力武器。具体到社团权力的运行和实施上来看,这种程序上的规制不需要像行政权力的规制那么复杂,只需要用正当程序原则的理念和精神去进行一定的限制和约束,就可以将社团自治权的运作控制在正当限度之内,从而防止其权力运行偏离法治轨道。运用正当程序,尤其是一些重要的程序权利,比如社团成员的申辩权、委托代理权以及其他确保基本正义的程序性规定,可以有效防止社团权力的恣意运行。因为正当程序并不仅限于规范权力的行使,更为重要的是要通过正当的行政程序促使我们认真关注程序法未规定甚至未予考虑的问题。这些程序规定虽然没有被写入社团规章,但是在适用和解释时并不意味着不受这些程序正义原则的约束,因此,社团规章不能以任何理由进行限制或者剥夺,否则就是违背了程序公正的基本规定,那么这种规定就是无效的。

第四节　社团规章与法律的内在关系

国家权力向社会的回归必然产生二者之间的分工和协调问题,也就是要通过什么样的治理结构,才能实现社会自治与国家治理的协调与均衡以及国

〔1〕 比如,在英国的“布林诉混合机械工业工会案”中,丹宁勋爵就认为,如果这些社团规章建立了一个内部机构并给予它自由裁量权,这些规章中就应包含这样一种条件,即这一机构必须公正地行使这种裁量权。如果一个人的财产处于危险之中,或他的生计被剥夺,那么就应该说明他为什么被拒绝,并给予他申辩的机会。具体参见[英]丹宁勋爵:《法律的训诫》,丁健译,法律出版社1999年版,第60页。

家法治秩序与社会自治秩序的有机契合,其实质就是国家法律与社会规范的关系问题。社团规章作为社团权力运行的依据和主要载体,如何在确保自治的基础上解决好社团规章与国家法律的分工和协调问题,从而最终形成从国家主导到社会自治的多元治理模式,就成为社团治理能否成功的关键。

一、支持与保障:秩序的共同建构

我国正处于社会多元利益磨合的社会转型时期,各种社会治理的方式和路径不断得到创新,国家与社会的关系进一步重构,社会自治的空间进一步扩大,社会自治可以说已经成为社会治理的一种新常态。在此情况下,社会组织也不断得到发展和成熟,其权力运行的稳定性与民主性也在日益提升。无论是个人的自主权益还是社会的公益,共同体内的强制性权力是非常必要的,这是公共权力和公共管理产生的基础。[1] 作为多元社会治理的重要力量支撑,社团通过其独特的权力运行机制不断彰显着其主体性力量,同时,由于承担的公共治理任务不断增多,社团的公益性和公共性品格也得到提升。社团规章作为社会治理的重要规范群,其自身虽然有着自己的运行逻辑和实施机理,但是仍然离不开国家法律的支持和保障。公共治理的发展带来了社团组织的兴起和壮大,社团在社会治理中的地位和角色日益凸显,社团规章作为社团开展其活动的主要规范依据,引领着社团权力运行的规范化和有序化,促进着社团自治水平的不断提升。

社团规章作为公共治理时代的社会规范群,在社会自治领域发挥着越来越重要的作用,特别是其强调共识认同、协商博弈以及注重商谈的生成与实施机制更切合社会多元利益的融合以及多元秩序的整合,正是这种自主规则的运行构成了社会民主与法治发展的重要推动力量。当然,我国正处在社会转型期,我国的社会自治仍然处于发展阶段,在我国这么一个国家权力比较强大,社会自治水平还不高的社会,社团规章制定程序、运行机制等都需要国

---

〔1〕 参见郑杭生、杨敏:《权益自主与权力规范——对现代社会个人与社会关系的多视角分析》,载《华中师范大学学报》(人文社会科学版)2003年第5期。

家法律的引导和支持,如果没有国家法律的保障,很难想象社会规章如何能够顺利运行。在国家与社会二元融合的现代社会里,各种利益交织在一起,公共治理任务日趋复杂和繁重。可以说,国家法律与社团规章在社会治理中承担着不同的使命和任务,国家法律主要任务在于通过对宏观法治秩序的维护而促进社会公共利益的实现,而社团规章主要谋求社团自治体及其成员的群体利益,推动社会自生秩序的生成与发展,二者相辅相成,共同建构着社会发展的良性秩序,从而实现社会自治与国家治理互动发展的合作治理。

社会治理是在反思政府与市场失灵基础上,对传统统治模式和管理模式的理念超越。治理鼓励提出多种多样的解决问题和资源分配的安排措施,这些种类众多的新的互动模式,带来了回应性更强、灵活性更高的应对策略。然而,治理如同任何其他机制一样,本身也存在结构局限和资源缺乏,从而面临功能失灵的可能。治理本身的特质容易使人淡化或弱化利益分配冲突与斗争,治理网络中不均衡资源与潜在冲突容易被表面的民主、参与及共识所掩盖。〔1〕随着社会关系变得越来越广泛而且变得更为多样化,不断变动的治理环境和日益增多的社会团体,产生了层出不穷的利益需求。除了共同的目标和使命外,各参与者也有自己的目标和利益诉求。因此,如何在多元利益主体之间建立起理解和互动的机制,从而实现社会整体利益的最大化,就成为社团规章治理的一大难题。社团的成员还会利用于己有利的信息的不对称来确立他们自己的有利地位,保护他们自己,反对组织对其施加的诸种控制,面对这样一种趋势,组织变得极易受到损害。〔2〕因此,社团规章的功能性整合作用,也因此在同等程度上遭到削弱。这些团体中的种种问题将会导致社团成员与被代表对象的利益、身份之间的关系日益复杂,特别是当社团成员间存在利益竞争乃至利益冲突关系,则不仅无法达成一致目标,甚至引发腐败。再从治理能力来看,社团治理并不是全能的,解决问题的资源总

---

〔1〕 参见江必新、王红霞:《社会治理的法治依赖及法治的回应》,载《法制与社会发展》2014年第4期。

〔2〕 参见[法]埃塔尔·费埃德伯格:《权力与规则——组织行动的动力》,张月等译,上海人民出版社2005年版,第62页。

是有限的,况且影响社团规章运行的因素是多方面的,无论何种因素的缺失都可能影响社团规章治理的效果。

二、分工与协调:多元治理目标的实现

国家权力向社会回归是多元社会治理时代的权力流变的重要体现,通过国家权力与社会自治力量的相互融合,形塑国家与社会的和谐关系,确保国家与社会关系的理性发展。国家法律的使命就是要对国家权力进行制约,确保国家权力在法治的轨道上运行。国家法律主要是以国家强制力为后盾,将国家意志通过制度化通道输入各个系统,国家法律及其秩序的基本理路在于通过建构的方式确保普遍理性,它调整的社会秩序是在一种整体的、宏大的目标指引下形成的。社团规章作为社团权力行使的基本依据,承载着社团权力的运行与实施,对社团内在的秩序进行着规范和整合。通常对于任何社会活动而言,既有法律规范的调整,又有社会规范的调整,但是在规范调整的层次上却有着不同的分工。如果国家法律对社会干预太多,必然会缩小社会自治的空间,影响社会自治。社团作为一个自治共同体,社团成员之间往往具有较强的身份认同感和关系亲密感,社团规章是社团成员之间最大的契约,凝聚了社团多数成员的共识与认同。

社团规章的生成和实施彰显了社团内部的协商民主性和博弈性,这种成员之间的协商民主实质上是一种平等主体之间沟通、协商的过程,它能使社团成员增强对民主技能和经验的认同,从而增强其自愿服从社团规章的可能性。同时,这种内生性的自治规章更能契合社团成员的内在需求,更能熟知成员的品行与行为选择,有能力对其行为作出准确的评价和判断,从而避免因国家法律调整不足引致的利益冲突和治理困难。因此,社团内部的事务应该主要由社团规章来调整,相比于国家法律而言,这种规范调整更能得到认同和支持。“法律对社会角色虽然也有要求规定,但往往只限于外在行为,而不能深入到内在心灵;只限于硬性行动,而不能深入到软性情感。”[1]因此,

---

〔1〕 吕元礼:《政治文化:传统与现代的会通》,人民出版社2004年版,第83页。

国家法律的权威只能在宏观的层面产生一种外在的强制效应，并不能很好地引导人的心理，因此需要内生的规范来调整，保证社团内部的和谐有序。社团作为社会治理的重要力量，以社团规章的自治方式可以强化国家权力的社会基础，防止国家权威和社会利益的脱节，充分发挥社团规章在公共治理中的功能和作用。

在我国社会宏观治理语境中，国家机关、各人民团体、各类经济组织、社会组织等都是社会治理进程中的主体，他们在日常中为了自身利益的实现或职务目标的达成，开展各自的活动并与社团相互发生关系。社团治理必然要求社团与其他多元主体之间能保持一种良好的关系，相互依赖和相互交换各自资源，共同提供公共产品和公共服务，并围绕多元目标建构出一个共同生长的空间。但是，由于社会结构日益复杂，透明度日益减少，要想对社会的多重目标在一个宽广的空间和时间范围内进行调控，不管是通过市场、国家、伙伴组织或其他组织，这些尝试以失败告终的可能性最大。[1] 再从需求来看，不断变动的治理环境和日益增多的社会团体，产生了层出不穷的公共需求，除了共同的目标和使命外，各参与者也有自己的目标和利益诉求，导致目标协调和利益整合的难度进一步加大。因此，如何均衡和实现社团治理过程中的多元利益和目标，就成了社团治理过程的一大难题。社团规章扎根于多元主体的交互关系，必然承载着多元主体的各自利益诉求和目标，但是，由于社团规章无法容纳现代治理体系中的许多因素，社团规章在涉及这一多元治理系统的诸多方面都应该将其控制和规制职能让渡给其他机制。多元主体的有序参与需要行为框架和互动规则，治理应该以多元主义为基础，而不是由某个系统及其运作规范和社会习俗统治一切。在公共治理语境下，只有普遍适用的法律才能把整个社会整合起来，只有法律才能成为人与人之间有序交往的可靠纽带，只有法治型的国家治理方式，才能实现对国家和社会的有效治理。法治所具有的价值性、具体性、明确性和规范性等多种特征，有助于为

---

〔1〕 参见俞可平主编：《治理与善治》，社会科学文献出版社2000年版，第81页。

社团规章提供一个共通性的规则框架和具有融贯性[1]的行为准则，并为社团治理提供权力规制边界，进而调整现存的多元主体关系结构。因此，社团规章治理需要依托法律才能形成多元性、包容性的社团治理体系，构建起合作治理的规则制度，进而在法律搭建的交往渠道中，形成有序的交往关系，以保证多元治理目标的实现。

三、互动与超越：权力的双向制衡

随着社会治理模式的不断转型，国家权力不断向社会回归，社会自治的领域得到不断的扩大，社会自治的力量也得到显著增强。但是，国家权力在整个权力格局中占据着主动和统治地位，对社会各个系统发挥着强大的影响力和支配力。国家法律作为国家权力运行监督的重要规范力量，主要追求国家权力运行的总体理性秩序，这种秩序往往是维护国家与社会的稳定关系与互动要求，并不能适时、动态地对国家权力进行有效的监控。在国家与社会二元分化的现代社会，单靠国家法律的治理力量显然是不够的，特别是国家法律所要建构的理性秩序也需要社会自治规则的补充，如果社会自治规则得不到充分的发展，社会自治就会成为空话。因此，国家权力除了需要通过体制内的权力格局的设置来进行制约以外，更多地需要外在的社会力量进行影响和遏制，才能保证国家权力的公益性和公共性。同时法律的滞后性、笼统性等弱点也削弱了国家法律进行社会治理的有效性，这需要其他社会制约力量来进行填补和补充。社会必须形成一个相对独立的自主领域，才能形成对国家权力的有效制衡。社团规章作为社团自治的基本规范依据，引领着社团活动的各种目标和行动指向，能够对社团内在秩序发挥行为模式上的规整作用。同时，社团规章承载着社团权力的运行和实施，也能对社团自治领域中发展出的行动系统实现高效整合，形成规范化、民主化的社团权力运行机制，

---

〔1〕 融贯性是德沃金法律哲学的核心范式，其中法律体系的融贯性是德沃金融贯性方法论所要达致的主要目标。按照德沃金的融贯性理论，整个法治系统应呈现原则的整体性和一致性。具体参见雷磊：《融贯性与法律体系的建构——兼论当代中国法律体系的融贯化》，载《法学家》2012 年第 2 期；蔡琳：《法律论证中的融贯论》，载《法制与社会发展》2006 年第 2 期。

从而有效地抗拒来自国家的非理性权力扩张。

任何权力都需要制约,不然就会产生专横与腐败,无论是国家权力还是社会权力,都需要得到有效的制约,这是现代国家建立民主与法治的重要原因,主要目标就是要对权力进行制约,实现社会民主。社团权力作为团体利益的支持和保障,当社团成员权益受到国家权力的侵袭时,维护成员权利与利益就成了社团的责任与义务,这也是社团权力获取成员认同,持续运行的基础。但是,社团权力运行的封闭性以及追求利益的短期性,也会可能损害社会的正常秩序,侵犯社团成员的利益。社团规章作为社团权力行使的基本规范依据,总体上彰显了公益性规范的基本特质,但是这种自治规范所设定的权利和义务主要是社团对其社团成员身份和资格能力的集体控制,而不是主体的自我决定。同时,这种自治性的规范内容有时也会被社团成员所利用,许多社团成员会利用规章本身的不足或其在规章制定中的优势地位来侵害其他成员的权利。正如埃里克森所指出的那样,"许多基本的社会规范显然在内容上中性的。很难理解何以诚实、互惠、信守承诺以及尊重他人身体完整这些共同规范都服务了强者的利益,而且还以弱者为代价"。〔1〕因此,社团规章需要引入法律的监控,社团规章的章程、基本规则、程序设计须加以必要地限制,明确社团自治的基本边界和范围,使之遵循法治精神及公平正义等准则,在确保基本法治的基础上,确保社团权力运行的民主化、科学化。

治理的多元化、弱中心化容易诱发对治理与法治关系的某些误解,特别是非正式规则的流行及国家层面上的附和不仅弱化了自下而上推动法治变革的意愿,也同样阻碍了法治在"顶层设计"的突破,法治因此可能沦为可有可无的选项。〔2〕有目共睹的是,各种形态的社团自治规章在社团治理中发挥重要作用的同时,其理性程度也明显不够,有些规章甚至与法治原则与法治精神相悖。法治是治理的基本要求,社团规章需要法治,需要国家法律引导以实现良性发展,也只有在法治轨道上,社团规章才能充分发挥其于国家

---

〔1〕［美］罗伯特·C. 埃里克森:《无需法律的秩序——邻人如何解决纠纷》,苏力译,中国政法大学出版社2003年版,第187页。

〔2〕参见叶竹盛:《非正式规则与法治:"中国难题的挑战"》,载《法律科学》2013年第3期。

立法的治理填补功效。在迈向治理的过程中,法治的任务并非得以减轻,而是具体对象和工作重心发生了转移。实现治理有效必须仰赖法治的积极建设及其功能的充分释放,在社团治理的论域内,强化社团规章治理实施中的法治依赖,有助于拓展法治原则的适用范围,提高社团规章的理性程度,推动法治目标的全面实现。

第四章 社团规章的治理逻辑

一种以公共利益为目的的合乎理性的法令，它是由负责治理社会的人制定和颁布的。

——托马斯·阿奎那[1]

我国正处于社会转型时期，社会管理与服务也由传统的管制模式向现代治理模式转变。现代社会治理模式尽管在不同的国家有着不同的表现，但是它们共同分享着一些核心的价值原则：参与、协商与合作。“近年来，世界各国日益感受到一股非常重要的社会力量在逼近”，[2]在这股力量中，社团逐渐拥有众多的关注，当今的社会、经济、文化生活与社团产生着越来越紧密的联系，在这个过程中，社团已经成为社会公共治理中的重要力量。社团着眼于公共治理事务的处理，要想妥善地处理好社团事务并实现社团治理的目标，显然不能单纯依赖政府机构的单方行动，还需要社团治理各参与主体的充分参与和积极合作，当然也包括在社团规章的创制与实施过程中的参与和合作。中共十八届四中全会决定更是强调了行业规章和团体章程在社会治

---

[1] [美]博登海默：《法理学：法律哲学与法律方法》，邓正来译，中国政法大学出版社2004年版，第32页。

[2] [美]莱斯特·M.萨拉蒙等：《全球公民社会——非营利部门视界》，贾西津、魏玉等译，社会科学文献出版社2002年版，第1页。

理中的作用。该决定明确指出，“深入开展多层次多形式法治创建活动，深化基层组织和部门、行业依法治理，支持各类社会主体自我约束、自我管理。发挥市民公约、乡规民约、行业规章、团体章程等社会规范在社会治理中的积极作用”。因此，跟随“社会治理”的足迹，研究社团规章的治理逻辑，就成为必须予以解决的重要理论问题。

第一节　通过社团规章治理的正当性分析

作为治理的重要力量，各种社会团体因为国家向社会转移部分公权力而获得国家治理权，进而成为公共治理主体。作为社会公权力的重要分支，社团公权力的运行与组织建构等，均与其他公权力有着不同的内在规律或发生机理。作为社团内部的自治规范，社团规章承载着社团公权力的运行和实施，发挥着社会法对国家法在社团治理领域的立法补缺价值和功能增强作用，其主要借助沟通协商、凝聚共识，强调社团及其成员和其他治理主体在平等基础上的对话和合作，而成为社团自我立法、民主协商、社会资本积累等多元价值实现的重要治理动力。

一、促进社团自我立法，减少国家立法消耗

“伴随着多中心、交互性的公共治理模式的兴起，行政法似乎理所当然地规避正当性批评的豁免权已经不复存在。之所以如此，主要在于公共治理意味着国家不能再去垄断公域之治规则的创制和实施，不能再去关门立法和单向度实施规则。”〔1〕治理目标的达成，单靠国家立法的力量是无法奏效的，民间立法在经济发展之后，蕴含无穷的潜力，如能适当地引入与运用，可以有效弥补国家立法能力不足的问题。在我们所处的这个时代，团体生活在社会活动每一个领域中所取得的巨大发展显得如此普遍、如此具有自发性和如此具

〔1〕 罗豪才、宋功德：《行政法的治理逻辑》，载《中国法学》2011年第2期。

有典型性,以至于有必要承认它包括了未来社会组织制度中的各个要素。我们的法律已经不再是建立于一个统一和不可分割主权的观念基础之上。它是,而且将来也仍然是一种政府的客观法;但却是那种并不发号施令的法律。它是一个满足公共需求,并确保现代的团体生活能够协调进行的政府的法律。[1] 社团的规则之所以是真正的法律,还因为它们确立了该社团的目标;并且,这些规则通过确立社团的目标,还确定了它在法律上的权利能力。[2] 国家如能将社团规章导入立法运作过程中,将可能发挥扬长避短的作用。换个角度讲,国家若能在社团规章的运作过程中,积极培育社团成员对规章的协商和商议能力,并与社团紧密合作,则可能形成网络间的多元信息共享机制,将有助于社团成员凝聚共识。

对于社会来说,某项社团规章的通过事实上对未来的社团治理实践和治理立法具有实验性作用,这种先行实验可以发挥信息收集机制的作用,旨在给未来的立法提供信息,今后国家在对有关社团治理进行立法调整时可以参照社团规章的有关原则或内容。因此,这些实验可以作为立法者的关键资源,而不是对国家立法权力的威胁。国家机关必须舍弃以往无助于效能、效率提升的消极立法措施,取而代之的是在互信、互重的基础上,提供足够的诱因来保障社团规章的良性运作,并通过相关社团政策的修改,进而可以积极鼓励社团自我立法。公民的自我立法观念,要求那些作为法律之承受者而从属于法律的人,同时也能够被理解为法的创制者。[3] 此种融合自我创制的立法理念以及由下而上的回馈修正,并不会削弱立法的正当性,反而会增加其正当性。由于社会自我立法理念的导入,且与国家机关共同承担公共福祉的提供与传送,这种社团内生性的自治规章既可以达成公私合作的治理目标,使公共利益得以付诸实现,又可以减少立法目标和执行能力之间的落差,从而减少国家的立法消耗。

---

〔1〕 参见[法]狄冀:《公法的变迁》,郑戈译,中国法制出版社2010年版,第99~100页。

〔2〕 同上书,第97页。

〔3〕 参见[德]哈贝马斯:《在事实与规范之间——关于法律和民主法治国的商谈理论》,童世骏译,生活·读书·新知三联书店2003年版,第147页。

二、增强社团内生规则的博弈性，提升社团民主协商水平

国家的立法规则难以表达和分配所有分殊的权利和利益，更不可能渗透到社会生活的每一个角落。事实一再表明，仅仅依靠外在的、普适性的、单一的国家意志式的立法规则并不足以建立起有效的法治秩序，尤其在利益关系复杂、权利日趋分化、社会问题严重的全球化时代。而事实上，国家权力不能包罗一切，特别是立法不能拘泥于形式化的官僚政治，国家不得不将权力分散和移交并依靠人们去自行组合，很多情况下社会规范都是通过理性的谈判和协商自发产生的。由于社会运动的发生，在各种各样由这些社会运动催生或者重新创造秩序的社会组织中产生了大量新的规范，这不仅包括法律规范，而且也包括伦理、习俗、荣誉、礼仪、社交规范。〔1〕 这些社团内部的规范并不是外生给定的，相反，它们是通过多元的重复商谈和协商而形成的，是由社团成员之间的策略互动内生的，存在于参与人的意识中，并且是可自我实施的，具有自我调整和修复功能的社会博弈规则。〔2〕 社会治理是一种依规则的治理，作为治理依据的规范应该是多元的。现代社会的治理是一项复杂而艰巨的综合工程，治理目标的达成，国家权力不能包罗一切，特别是不能拘泥于国家机关的关门立法，立法权力有必要向社会分散和部分移交。

"每一个政治团体都是一个对它自身及其成员行使某种立法权的自治团体，因此，它的纪律性文件就可能是它的惩戒性规章，它的各项规则也就会成为它的组织法。并且，作为一个自治的组织，它就会像在我在前面曾经谈到过的那些公共服务部门一样，拥有自己的特别法律。"〔3〕社团作为一个自治组织，社团规章实质上就是社团内在化的规则和行为规范，是社团自己的特别法律，也是社团参与治理活动的规则依据。社团规章的内容除部分原则性规定外，大部分是一些较为具体的行为规则和程序性规则，即要求社团治理

---

〔1〕 参见[奥]欧根·埃利希：《法社会学原理》，舒国滢译，中国大百科全书出版社2009年版，第124页。

〔2〕 参见马长山：《全球社团革命与当代法治秩序变革》，载《法学研究》2003年第4期。

〔3〕 [法]狄冀：《公法的变迁》，郑戈译，中国法制出版社2010年版，第94页。

过程中有关主体应该如何行事,此类规则尤其会对社团及其工作人员的工作及行为产生相应的约束。另外,社团规章还能够为社团治理确立方向或目标,如具体工作制度的建立、工作目标的制定以及服务承诺的作出等。在社团内部规范中,既有赋予社团成员以权利方面的规范,也有授予社团以权力的规范,还会有对行政机关相关立法和政策内容进行确定的规范。这些规范特别强调成员间的理性协商与沟通,并且以承认原则作为规范效力的基础,因此,这些规则承载的权利和义务关系更具有均衡性和互惠性,更容易被接受和认可。同时,社团成员往往具有共同的信念和价值观,成员间也有着直接的和多方面的关系纽带,协商和对话有助于社团成员对规章合法性的理解与承认,并在规章所期待的行为模式上达成共识与合作,从而更容易彰显多元群体间的参与、合作和主动精神,并能体现包容性、公开性和平等性的现代协商民主的基本价值。

三、积累社会资本,促进社团治理关系网络的形成

社会资本是理解治理的一个重要概念,也是一个非常有用的概念,现代社会科学越来越重视社会资本的概念以及它对解决集体行动困境的功能。治理成功的关键不仅取决于各参与者的权力和资源,亦取决于游戏规则以及社会资本的积累。社会资本的益处是显而易见的:“在一个拥有大量社会资本储备的社会里,生活是相对轻松的。首先,公民参与的网络形成了健全的普遍互惠的规范,并促进了社会信任的出现。这种网络有利于进行协作与交流,扩大声望,并使集体行动困境得以解决。”〔1〕社会资本可以由各种不同方式构成,它是有利于个人和组织达成集体行动的可用资源,它主要包括行为主体在运转过程中的期望和可信任度,可获得的信息渠道的质量以及规范关系的规则和有效的保障措施等。〔2〕与实物资本或人力资本不同,社会资本不是个人或机构的财产,社会资本只存在于主体间的关系中,是促进各种合

---

〔1〕［美］乔恩·威特:《社会学的邀请》,林聚任等译,北京大学出版社2014年版,第93页。

〔2〕参见［英］杰瑞·斯托克:《地方治理研究:范式、理论与启示》,楼苏萍译,载《浙江大学学报》(人文社会科学版)2007年第3期。

作行为的来源,正是共享的知识、规范和信任感使行为更有可能取得成功。

从社团的角度来看,社会资本其实是关于社团组织的特质,诸如网络、规范和社会信任,这些特质有助于协商与合作,并能达成互惠的目的。社团规范并不是随着任何一个新团体的产生而重新产生,这些规范在很久以前即已产生的团体内逐渐演化,并被那些联合成为一个新团体的人们通过继承和学习而带给新的团体。[1] 正是因为这种内部信任关系的演化和延续,使社团规章往往与诚实、遵守诺言、履行义务及互惠之类的传统美德存在联系,社团范围内的自治规范有时更有效,某种程度上就是因为社团内部存在某种信任。这使信任和认同不但具有社会资本特质,而且体现了社团内部规则发展的稳定性和继承性,因而更容易使社团成员成为工作伙伴,分享政策资源,对社团行动目标的达成具有极大的裨益。同时,社会资本往往具有生产性功能,这对特定目标的形成极为重要,一旦缺少此项资本,治理目标就无法达成。可以说,发展忠诚和信任的纽带是治理实现的社会基础,社团治理迫切需要在更大范围、更强效能上构筑起信任和合作的社会资本网络。社团规章作为一种内生性规则,既展现了柔性制度安排的取向,更是累积了社会资本的规范群。这就有利于化解多元利益的矛盾冲突,推进当代社会的有机整合,为法治秩序提供必要的保障。

第二节　社团规章的治理特征

社团规章实施的主基调是自由平等基础上的互动和协同,其强调社团成员间自愿的互惠合作和共同参与、共同发展,以确立公共精神和拓展民主自治空间。社团规章的制定与实施过程更加开放,更加注重商谈、合作与多元关系的交涉,更加注重对话与沟通,更加强调共识与认同。结合公共治理的

---

[1] [奥]欧根·埃利希:《法社会学原理》,舒国滢译,中国大百科全书出版社2000年版,第124页。

基本内涵和社团公权力的运作规律，可以发现社团规章治理所蕴含的基本特征至少包括如下四方面。

一、规章治理关系的多维度性

“在一定意义上，法律发展的过程是法律主体日益增加、权利观念不断丰富、法律疆域逐渐拓展、法治类型适时变迁的历史进程。社会组织的自我规制、自我约束和自我治理在社会根基上推动了法治秩序的生成。”[1]同时，社会组织为社会自治提供了主体性基础和组织化依托，多向度的社会组织发展体现了多样化的社会治理形态。多元利益主体的参与并相互发生作用，是治理不同于统治和管理的鲜明特点。大量的非政府主体，包括公司、公共利益组织、私人标准设定组织、行业协会与非营利组织都会以各种方式参与社会治理。公民以及社会组织的参与权既包括行政参与，也包括立法参与，其参与路径主要是通过行政参与将社会组织的权力渗入行政权力，通过立法参与确立社会组织的资格与地位。由于社团组织结构和权力关系的特殊性，社团治理就成了当前社会治理领域颇受关注的问题之一。社团规章扎根于社团成员之中旨在凸显互相影响、互相作用的参与者逻辑，设立一个努力关照各方的平等公正、弹性灵活、协调均衡的机会性、程序性、包容性的规则框架，为广大社团成员自觉遵循执行。认真考察社团规章在治理中的作用，不仅可以揭示其普遍性，还可以揭示其能在多大程度上发挥作用。任何一种力量均无法被简单压制或忽略，社团治理中的利益多元化主体，往往基于知识、信息、资源、能力等分别掌握一定的权力，并且在社团权力运行中相互发生实质性的作用。社团治理中的各权力主体同为治理和善治机制中的重要治理力量，它们以社团自治规章为中轴而展开自治与他治、自律与他律等多维度的博弈，形成了既有制约又有合作、既有监督又有依存、既有协调又有规制的良性互动关系，孕育了弹性发展、多元协作、程序互动的秩序结构。可见，由于多元参与者之间的相互作用，社团规章的有效实施可以充分释放社团运作中的

---

〔1〕 马金芳：《社会组织多元社会治理中的自治与法治》，载《法学》2014 年第 11 期。

各种力量,发挥多种权力和力量的积极性、创造性促进多方利益关系的和谐。

二、规章实施程序的多元性

随着社会的发展,社团组织在社会结构中的地位不断上升,同时,社团内部规章日益完善与发达,无论是在目标具体化还是结构形式化方面,社团组织的规范化程度不断得到加强,社团的组织行动能力也日益得到提升。但是,社团组织的规范化维度只是冰山一角,仅是社团规章等规则机制的可见部分,组织行为的实际规则始终来源于正式规定与非正式过程的相互结合。组织的效能,抑或组织卓有成效地引导其成员的行为服务于组织目标的能力,在很大程度上,可能完完全全要取决于根植于行动者系统之中规则的非正式机制,行动者系统要远远大于一个具体的组织。[1] 因此,社团组织的各种规则植根于正式化的社团规章,更是植根于交换和协商谈判的非正式过程,而且正式结构框架反过来又为非正式过程提供诸种依据和资源。组织规范化过程超出必要限度,往往和个体的需求和个性产生背离,社团规章制定得再完美,也不可能把每个组织成员的目标、需要、兴趣都包容进去。组织成员不能或未被社团规章包容的部分或有差异的部分,仍然是客观存在,会寻求正式化机制之外的表达或实现途径,这也正是非正式机制形成的组织根源之一。因此,“章程的实践往往会偏离章程性规则,与此同时,章程性规则又会维护章程的实践,在某些方面对其加以削弱,而在另外一些方面又对其进行强化,反过来也是如此”。[2] 社团作为一种典型的组织形式,在最为变化多样的自治区域里,塑造和界定许多团体行动领域的是正式的与非正式的、显在的与暗含的规则、设计、机制、惯例与契约的一种结合。在所有这些因素中,在每一个地方,正式规则与非正式规则、规范性规则和自主性规则都保持着同样的创造性的张力,有时构成相互结合性的力量,有时则构成彼此制约的力量,正是这些力量之间的自主平衡、此消彼长,促生了互动内生、自我维

---

〔1〕 参见[法]埃哈尔·费埃德伯格:《权力与规制——组织行动的动力》,张月等译,上海人民出版社2005年版,第150~151页。

〔2〕 同上。

系和自我调整修复的社团自治规则。

三、规章治理内容的深层次性

行政法成为关于公共行政的法,不仅包括国家行政,更包括社会公行政。社团规章是自治行政或者称社会公行政的依托,在社会行政中更具直接效用。[1] 面对复杂而多元化的社会治理状况,立法部门在个案的应变思维,是行政法发展的重要指标。国家立法对其所处理议题的回应方式,反映出了整个社会的实际发展需求,这种立法取向是否能够满足或者调和社会多元主体的需求,跟立法权制度本身的设计取向有关。在国家权力占据主导位置的时候,国家立法往往无法自由地选择议题,这种公权主导下的立法取向主要将事后救济作为主要的制度功能。因此,在回应社会现实需求的层面,国家立法存在时间与空间上的限制。社团不仅对于实现那些具有某种共同利益的人的特定目的来说是重要的,甚至对于实现真正意义上的公共目的来说也是极为重要的。[2] 社团权力是社会权力的一种,具有公共治理权力的特性,针对社会治理过程中的复杂问题,社团权力往往比国家权力的回应性更强,更有助于社团及其成员的利益表达。"正式的法律对秩序的维护作用比不上非正式的冲突解决途径,这些非正式规范存在于关系紧密的成员之间,因为他们为集体福利的最大化服务。"[3]社团规章主要是通过社团内部的协调以及协商机制来发挥社团的所有功能,并通过多元主体之间的互动关系来达成治理目标。可以说,社团规章比国家立法更具有弹性,内容也更加丰富、广泛,在回应社团的内部需求方面也更具灵活性和针对性。社团规章作为社团内部的自治规范,旨在促进社团的集体福利,特别强调社会成员间自愿的互惠合作和共同参与、共同发展,更加注重社团成员间的理性谈判与协商,因此,治理目标和调整对象会更加明确和深入。同时,社团结构主要是以集体组织

〔1〕 参见方洁:《社团罚则与合作治理》,载《浙江社会科学》2007年第7期。

〔2〕 参见[英]弗里德利希·冯.哈耶克:《法律、立法与自由》(第2、3卷),邓正来、张守东、李静冰译,中国大百科全书出版社2002年版,第256~257页。

〔3〕 [美]马修·戴弗雷姆:《法社会学讲义——学术脉络与理论体系》,郭星华等译,北京大学出版社2010年版,第132页。

的方式存在，社团会利用自己的资源影响政策制定和治理，从而更容易让这些意见进入公共政治结构中以引起政策制定者和公共治理者的注意，并在社团自治规章的制定和实施中不断得到反馈和修正，最终使其利益在政策与治理中得以体现。

四、规章治理实施的共识性

治理作为一种集体行动，治理强调的乃是使冲突或不同的利益得以协调并采取联合行动的持续过程，由此在规则基础上的多元互动、协调与合作的过程才是治理的核心所在。[1] 现代化带来了社会日益多元化、分化和冲突裂变，在这样一种变动的社会结构中，治理的核心是克服"零和博弈"思维而确立国家与社会的互动模式，既要保障和弘扬人们的民主参与主张、自由权利诉求，又要确立人们的义务意识、责任感和公共精神。公共精神、责任感已不能仅靠国家法来培育和营造。国家法往往源于某个固定范式或理想模式，体现了法治的一般性机理和运行逻辑，然而这种建构模式往往是图景式和宏观式的，并没有提出解决实际问题的具体对策和实践方略。同时，由于这种建构和布局都是少数立法精英、管理者的意志及由此决定的路径方案，其正当性缺乏必要的民主基础和充分的协商讨论，因此认同度较差，或至少需要进行复杂的认同转化，或需要强制性的认同强化。"正式的法律对秩序的维护作用比不上非正式的冲突解决途径，这些非正式规范存在于关系紧密的成员之间，因为他们为集体福利的最大化服务。"[2]社团规章从本质上说是人民保留的社会立法权，直接来源于各类社会成员基于维护共同群体利益之需要而达成的合意。社团规章作为社团内部的自治规范，旨在促进社团的集体福利，若社团规章发展充沛，由于资讯分享的结果，社团成员之间彼此具有高度的信任感，且拥有多元渠道进行信息沟通，将有助于社团内部意见的整合。一旦凝聚共识，制定出社团成员皆能接受的方案，尽管无法达到完全的客观，

---

〔1〕 参见魏治勋：《"善治"视野中的国家治理能力及其现代化》，载《法学论坛》2014年第2期。

〔2〕 [美]马修·戴弗雷姆：《法社会学讲义——学术脉络与理论体系》，郭星华、刑朝国、梁坤等译，北京大学出版社2010年版，第132页。

但多数成员仍会遵守行为规范,支持规章目标,不至于出现投机行为者甘冒风险,违背既有共识招致社会舆论的谴责。因此,社团规章治理可以超越传统统治模式和管理模式的单一理念,在多元主体参与和相互作用共同发展的治理格局中,发展目标和互动规则或由主体间对话协商达成,有利于探索和设定更具包容性的目标。社团成员通过程序协商性和内容兼顾性的自治规章,社团成员之间对目标和规则具有更高的共识性和更强的认同感,从而使社团治理运行得更为顺畅,这也正是社团治理较之于管理等控制模式往往更为有效的重要原因之一。

第三节 社团规章的治理机理

社团自治规章承载着社团公权力的运行和实施,既封闭自治又对外开放,分担着社团自治系统内的治理任务,在社团内外沟通网络中完成有规则的自我治理,从而实现各多元主体行为和关系的不断调适,以促进社团内部自生秩序的形成。随着社团自治规章的丰富和完善,社团成员越来越多地参与自治规章的创制和实施过程,支撑社团治理合法性和有效性的不再是社团权力的控制与调适,而是一种围绕着社团自治规章展开的互动博弈和协商认同。

一、平衡社团治理中交织的权利和利益

经过 30 多年的改革开放,中国社会正从同质的单一性社会向异质的多样性社会转型。在社会转型过程中,整个社会的利益结构发生了分化与重组,原有的社会利益格局被打破,新的利益群体和利益阶层逐步形成。这些利益群体和利益阶层,正逐步形成特定的"利益集团",并不同程度地对地方政府的决策施加影响。在激烈的市场竞争中,社会利益分化不断加剧,这使具有共同利益要求的人们产生了结成利益团体的强烈冲动,以便借助团体的力量维护和实现自身利益。党的十八大以来,中央明确提出改革社会组织管

理制度,有关社会组织改革的主体内容在中共十八届二中全会公报、中共十八届三中全会决定和其他有关的中央文件中已经逐步予以明确,特别是党的十八届四中全会通过的《中共中央关于全面推进依法治国若干重大问题的决定》明确指出:“发挥人民团体和社会组织在法治社会建设中的积极作用。发挥行业规章、团体章程在社会治理中的积极作用。”可见,社会组织和人民团体将会在我国的政治经济生活中扮演越来越重要的角色。随着各项社会改革的推进,特别是政治改革和政府改革的逐步推进,政府也在不断调整自身的运行边界和权能,政府不再垄断整个社会的利益分配,政府原有的相关职能也在不断向社会组织转移,社会资源可以在不同群体之间自由流动,公开竞争。而且,政府越来越多地采取公共政策对利益进行分配,从理论上说,公共政策应该为公共利益服务,但不论是政府官僚还是社会个体或社会团体都会在政策制定的过程中进行博弈,那些掌握更多资源如权力、信息、关系网络的团体在公共政策竞争过程中就会处于有利地位,能够对政策施加更大影响,从而使利益分配偏向自身。“社会组织化程度的高低,是市场经济和公民社会成熟程度的一个重要标志,也是现代民主政治能否健康发展的关键。原子化的个人利益表达,只能导致社会失序和政治不稳,而不能促进社会的健康有序运转。当代中国利益表达机制的构建,在利益表达主体方面,即‘谁来表达’方面,只能是社会化组织而不能定位在原子化的个人。”[1]在日益组织化的社会尤其如此,所以需要组织各自的团体来代表和表达各自的利益。因而,伴随着中国社会结构的变化,各类社会利益团体开始出现。在整体性利益结构发生根本改变的前提下,“利益”原则在社会中得到普遍承认,为了维护和争取自己的利益,人们开始转向公权力寻求帮助。

实践证明,公权力不一定都必须由国家、政府垄断,有些社会公共事务由社会组织或人民团体管理可能比政府管理更好、更有效。对公民利益的保障,不仅是国家公权力的责任,也是社会公权力的义务,社团公权力在公民利益保障体系中已经占据着重要位置。社会公权力组织体外部的公民尽管不

---

[1] 王中汝:《利益表达与当代中国政治发展》,载《科学社会主义》2004年版第5期。

是组织体的组成部分,但因该权力行使以及对公共利益的追求、准公共产品的提供不可避免地将与组织体外部的主体发生公法或私法上的关联。[1] 这种社会公权力组织内外部关系的各种关联性,决定了社团组织内外部利益关系的交织性,也决定了社团权力运作中各种公私利益实现的复杂性。人们往往将行政法的利益基础归结为公益或者私益,其实行政法的难题不是在公私益之间作出非此即彼的选择,因为其生命力源自公私益的交融。因此,如何合理平衡社团权力运作中交织的权利和利益,就成为社团治理过程中需要面对的一大难题。作为承载并运行社团自治权的规范性文件,社团规章可以通过将现实中存在的私益冲突转化为公益与私益的辩证统一,为正当私益诉求的满足提供制度化保障。在不同团体之间的关系上,不同的社团代表着不同群体最真实、最及时、最亟须的利益和权利要求,需要灵活多样、合理有效地进行横向、自主的沟通与协调,以化解矛盾冲突,达致不同利益、权利的均衡。[2] 社团规章还赐予了社团生命,确立了一个与成员理性能力相适应的利益调整范围,与社团融为一体并成为社团多元利益的重要体现。对于公共利益与个人的权利和特殊利益,社团规章可以通过规范化的制度文件对多元利益进行承认和确认,并在成员之间通过商议进行观念沟通,消除彼此的疑虑,建立最终的利益共识。社团规章对于社团利益的规划和目标更有针对性和具体性,它赋予社员权利义务使其具备行为的理性,通过利益诱导等方式,在法律强制力之外把规则和秩序引入社团生活并尽力在公益和私益之间维持一种平衡,进而促进多元利益的实现。

二、提升社团治理主体关系的交涉性

所有社会都是由一系列特定事实构成的,这些事实来源于社会成员之间结成的持久而又积极的联系。因此,社会生活所构成单位之间的有机联系越多,它的凝聚强度就越大。正是这种有机性的强化作用构成了现代文明。社

---

〔1〕 参见徐靖:《论法律视域下社会公权力的内涵、构成及价值》,载《中国法学》2014 年第 1 期。

〔2〕 参见马长山:《全球社团革命与当代法治秩序变革》,载《法学研究》2003 年第 4 期。

会的有机性不仅表现在社会系统内部的整体性、有序性和层次性，以及它作为有机体的进化趋势，更重要的是它内部各系统要素的相互作用，形成一个不可分割的统一体。[1] 因此，保持社会秩序的基本途径就是维持和加强社会各系统要素的合理分化和不断联系，从而实现社会分化与社会整合的统一、社会分化与社会进化的统一。法治秩序是法治的结果，法律成为构建社会基础性秩序的关键力量。法治秩序既是基本的全人类价值，也是社会秩序的基础和核心，现代法治所勉力创造的是一种民主、和平、理性与文明的秩序，是现代政治秩序的奠基石。法治秩序下的各种规则具有普遍性和一般性的优势，但这种优势解决了一些问题却又衍生了新的问题，而其问题在制度达到刚性、僵化的时期变得更为突出。它建立了统一的秩序，却使社会逐渐丧失了活力，使个人在近代赢得的虽非普遍却已成为生活类型的自由失去了发挥的社会空间。法团主义认为，传统法治实践存在的主要问题在于，它不能解决社会个体权利的众多冲突，它造成了社会的分裂，带来了社会的无序。因此，需要新的治理模式来应对社团治理中的一些问题：利益团体内外的各种社会关系资源如何？它如何在具有不同组织能力和影响力的团体和个体间达到平衡？它如何化解政府、组织以及成员间的冲突？它如何代表那些被竞争排除在参与渠道之外的人们？如何解除他们的不满？它如何保证利益团体的影响是负责的、建设性的？传统的法治模式正逐渐让位于公共和私人部门互动交涉的新模式，这种新模式支持在更多相关组织和个人中的协商和解和意向调查，以更好地体现具有包容性、公开性和平等性的现代协商民主的基本价值。

“无论公法还是私法都产生交涉性关系，但行政法治理中主要源于法定的、非均质性交涉关系显然不同于私法治理中主要源于约定的、基本均质的

---

〔1〕 整体主义是涂尔干所倡导的主要方法论之一，在他看来，社会学的研究对象就是社会事实。涂尔干开创的整体主义既有助于我们了解客观的社会结构和社会变化，也有利于从客观层面出发去解释和理解社会以及社会中的个体。具体参见[法]埃米尔·涂尔干：《社会分工论》，渠东译，三联书店出版社2000年版，第297页；[法]埃米尔·涂尔干：《社会学方法的规则》，华夏出版社1999年版，第79页；[美]斯温杰伍德：《社会学思想简史》，陈玮、冯克利译，社会科学文献出版社1988年版，第115页。

交涉性关系。"[1]所谓社团关系的交涉性,是指社团权力关系的形成、变更和消灭并非取决于社团的单方性意愿,而是社团主体与行政机关、社团成员等其他主体共同作用的结果,是行政机关支配性、社团自治性与社团成员自主性等多种因素交互影响的产物。在公私法交织的社团治理中,除社团与社团成员两个主角外,还存在诸如行政机关、行政机构、公务人员、其他社会团体等诸多主体形态,扮演着参与者或者旁观者、委托者或者代理人等角色,各类主体不同方向的行为选择交织成复杂的交涉关系。每一个团体都构成了一个具有自身生存法则的社会组织,因此,现代国家理论不得不使自己与这些实力强大的团体的存在相适应。"它必须要确定某种对这些团体进行调和的方法,它也必须确立这些团体与行使公共权力的政府之间的关系。"[2]社团治理中的交涉关系既包含了对行为的要求,也包括主体关系的行为规范,社团规章既是组织中相应任务、职责、等级地位、报酬、权力关系等相关特征的规范表述,也折射出了各主体交涉关系的远近和疏密程度。社团规章可以凸显和提升社团、社团成员以及相关主体的交涉关系,并通过各主体之间的协商性交涉建立一种常态化的社团权力关系。社团规章作为社团各类主体行动的规范依据,可以为社团及其成员内外的活动提供解释依据,这种解释往往与正式法律规则的规范内容发生关联,从而可以保障各类主体持续不断地、甚至在各个相关领域或环节循环往复地进行沟通。简言之,正是由于社团规章与正式法律规则之间存在广泛的、紧密的、多面向的特殊关系,社团规章可以对这种各类主体之间的交涉关系进行约束和协调,并促使各主体通过利用和修改社团规章来维护和扩大自身的利益。同时,社团治理各参与主体尤其是非政府机构或公民在参与社团规章的创制和实施过程中,将不可避免地会对行政部门、社团、成员等主体关系进行重新思考与定位,这在客观上能够对政府职能转变及服务型治理模式的建立产生相应的压力或推动力,从而有助于推动一种新的社会治理模式或公共治理模式的形成。

---

〔1〕 罗豪才、宋功德:《行政法的治理逻辑》,载《中国法学》2011年第2期。
〔2〕 狄骥:《公法的变迁》,郑戈译,中国法制出版社2010年版,第99页。

三、促进社团治理秩序的形成

现代社会建构社会秩序的基本方式将法律秩序的建构建立在国家和社会二元分立的基础之上，并采用国家法律为主导手段的"管理"范式，国家作为秩序建构或者"统治"的单一主体对作为"客体"的社会予以规范化调整，个人与组织作为构成社会的原子则必须遵从国家单向的立法调整并按照其内在的逻辑获得行动自由的保障。[1] 可见，法治建构的理性化一方面为这种普遍性的秩序调整提供了基础性支撑，代表了国家秩序构筑的基本方向；另一方面则催生出社会秩序管理制度的高度技术化及其导致的"碎片化"特征，在一定程度上成为现代法治的障碍。于是，传统法治所遵从的这种单向度的统治范式在当今社会遭遇到了普遍的问题，甚至在许多国家正面临失败的厄运。二十多年的改革开放落实在社会生活的人群结合方式上，正在使中国成为一种新型的有机团结的社会。社会作为一个有机的系统，其内部要素和结构能够随着时代的发展变化调适自身的有效性和适应性，具有主动性、创造性和改造性的活跃力量，这种创造性和改造性的活跃力量会促使社会有机系统向功能更完善的系统演化。当前各种社会思潮的多元涌动与激烈碰撞已经达到一个高潮，国家建构的某些价值体系已明显滞后于社会转型和改革进程，难以有效吸纳、整合新兴诉求并引导社会前行，它不仅侵蚀着社会有机性的基础，也会加剧道德失范、信仰迷失。特别是随着个体工具主义的快速扩张，个人主义把经济利益、权力、权威作为人的价值的核心，导致社会资本不断流失，以"有机团结"为基本要件的社会不断遭受着成员间的碎裂。[2] 只有保持社会秩序的聚合化运行，维持和加强社会和自然的有序发展，才能真正实现社会的和谐。

涂尔干认为，个人自主性、独立性，即人与人之间的个性差异，是社会有

---

〔1〕 参见魏治勋：《善治视野中的国家治理能力及其现代化》，《法学论坛》2014 年第 3 期。

〔2〕 参见江必新、王红霞：《法治社会建设论纲》，《中国社会科学》2014 年第 1 期。

机团结的精神前提,社会团结的根源是社会内在的,而不是外部强加的。[1]这种社会有机体内部的团结正是社会充满生机和活力的源泉。国家对社会的干预是必要的,但过多依赖国家的强制力去构筑社会秩序,尽管可能呈现出有序,但这种秩序是国家公权力保证的,与社会缺乏内在的亲和性,往往无法激发社会成员运用自身的力量采取有效行动、寻求相互合作,进而形成、发展更为人们所向往的、更契合日常生活的、充满生机和活力的社会秩序。社会治理就是在某种程度上分解社会传统的强制性权力,在国家和社会关系之间建立起一种具有亲和性的缓冲地带,从而形成一种合作的社会秩序。现代法治的冲突主要源于现代法的内在冲突,消除冲突的方式是建立各种以信任为基础和以价值共享为纽带的社会共同体。社会共同体作为一种社会组合形式,具有较强的内聚力和天然的亲和性。人们可以借助这种组合形式,进行互助合作、互动参与以及互惠交流,可以进行平等协商、及时沟通以及自由讨论。通过这种合作、参与、交流、协商、沟通和讨论,共同体成员能够获得集体协作的团结感、相互依赖的归属感、特定价值的认同感以及真实自我的实现感。而我们在现代社会中面临的挑战在于,恰当地认识我们的相互依赖性。虽然也有些共同体、公司及组织非常努力地去确立我们之间的相互联系,但是对当代社会的共同体纽带的研究却表明,我们尚未成功确立起我们彼此之间的相互依赖性。[2]因此,国家的基本任务应该转向为多种多样的社会治理组织提供这种“相互依赖”“合作治理”的法治环境,并通过规划、引导、商谈、协调和服务等方式为直接从事社会治理的各类组织提供支持,从而形成社会治理的合力。在这种背景下,社团规章作为社团内部的自生规则,主要通过有关程序、组织和能力规范来保障主体间的平等对话、自主协商、互动回应关系的确立,并通过社团成员的自觉行动来型塑社团法律秩序的基础,从而推进社会系统实现民主的自我组织和自我规制。随着国家与社会分

---

〔1〕 参见葛洪义:《社会团结中的法律——略论涂尔干社会理论中的法律思想》,载《现代法学》2000年第8期。

〔2〕 参见[美]乔恩·威特:《社会学的邀请》,林聚任等译,北京大学出版社2008年版,第73页。

离和普遍个体化的趋向越来越明显，人们就越倾向于自由多样的生活方式，因而结社的愿望和需求就越高，民间社会组织的自发动力就越足，也就越能远离行政依附性。同时，人们为了实现单个人所无法达到的利益、愿望和要求，也必然要去寻找自己的利益代表组织，从而极大提高社会成员的志愿参与热情和信心，民间社会组织也就有了强大的社会基础和动员能力，从而推进社会聚合性秩序的形成。

"人类联合体的内部秩序不但在最初是法律的基本形式，而且到目前为止也是如此。法律命题不但是在稍后的时期才形成，而且也主要来源于联合体的内部秩序。"〔1〕因此，国家和社会中的生活更多地依赖团体内部的秩序，而不是依赖由国家和整个社会创制的秩序。如果从实现秩序的规则角度考虑，法律显然也不是唯一可以带来秩序的规则，"法律制定者如果对那些会促成非正式合作的社会条件缺乏眼力，他们就可能造成一个法律更多但秩序更少的世界"。〔2〕尽管随着社会的发展，法律具有多种截然不同的表现形式，诸如国家法、审判规范、法学家法，而且国家法也在形式上获得了最高的权威，但是它们都不是法律的基本形式。真正支配生活本身的，是那些在日常生活中通常为各社会共同体成员所认可并在实际上支配成员之行动的规范，包括生成和维持团体内在秩序的习惯和惯例。〔3〕社团组织正是这种规则和开放性权威产生的有机土壤，在这种关系网络中，社团成员之间的关系既不是独立的，也不是依附性的，而是相互依赖的，权威就融化在这种互赖关系之中。社团主要借助其内在的自组织性，通过谈判、协商、博弈等方式，把个人编织成关系网络，再把网络中通过协商产生的规则和"关系秩序"作为社团有效治理的基础，甚至组合到法律秩序之中。正是这类自愿性规则在压力方面所具有的弹性，使逐渐进化和自生自发的发展在道德规则领域中成为可能，

---

〔1〕［奥］尤根·埃利希：《法律社会学基本原理》，叶名怡、袁震译，九州出版社2007年版，第77页。

〔2〕［美］罗伯特·C. 埃里克森：《无需法律的秩序——邻人如何解决纠纷》，苏力译，中国政法大学出版社2003年版，第354页。

〔3〕参见杜健荣：《卢曼法社会学理论研究——以法律与社会的关系问题为中心》，法律出版社2012年版，第93页。

而这种可能性的存在又容许此后的经验趋向于对先前的规则进行修正和完善。[1] 这种盛行于社团内部的社会规范反映了社团自治的内在要求,是满足社团成员在文明社会合理诉求的重要载体,也是社团共同体一种理所当然的生活方式,它不是公共机构强加于社团的一种外来规范,而是一种内生于社团生活的"活"的规范。因此,社会治理所要创造的结构或秩序不能有外部强加,社团的自治秩序源于共同体成员对惯例和约定的自觉行动,它要在成员之间建立起更注重过程性的、动力性的良性互动关系,进而致力于社团成员自由状态的改善。这些内生性规章维持和强化着社团组织的存在和发展,并在社团成员之间建立起互动合作性的关系,最终形成以自我协调和合作为基础的和谐秩序。

四、增强社团治理的民主合法性

对于许多国家来说,之所以建立现代民主制度,在很大程度上是因为现代化将其卷进了现代化和民主化的潮流,建构现代民主制度已成为这个时代的历史性选择。但在具体的实践中,一旦触及民主的建构和运作,马上就面临如何跨越"建造民主"制度与"运用民主"制度之间存在的峡谷这一难题。[2] 一般地,民主被定义为"人民的权力",即在任何一个组织内,隶属于"人民"范畴的成员都享有对组织的终极控制权力。事实上,从公共组织角度来看,"人民"随着组织的扩大而难以认定;再者,分散的单个成员对组织的影响力微乎其微,很多人开始放弃这些权力。因此,"建造"的民主正当性在实践中经常会出现悖论。一方面,政治民主被组织化的既得利益集团所束缚,而分散的社会大众却游离在民主制度之外;另一方面,当政治试图更广泛地权衡各种不同的利益时,少数利益集团也就获得了争讼式的否决权以及决定性的投票权。[3] 其结果是,各种建制化的民主实践及改革运作起来又变得

---

〔1〕［英］弗里德利希・冯・哈耶克:《自由秩序原理》(上册),邓正来译,生活・读书・新知三联书店1997年版,第72~73页。

〔2〕参见林尚立:《现代国家认同建构的政治逻辑》,载《中国社会科学》2013年第8期。

〔3〕参见季卫东:《宪政新论》,北京大学出版社2005年版,第11页。

十分艰难。组织的目标能力,“在很大程度上,而且可能完完全全要取决于根植于行动者系统之中的规则的非正式机制,行动者系统要远远大于一个具体的组织”。[1] 这样,在建制化的立法程序和司法程序之外,建立由市民社会作为核心和组织载体并扎根于生活世界的公民表达政治意见的民主空间实属必要。正如哈贝马斯所言,这样的公共空间是“观点、意见得以交流的网络和沟通活动中所形成的社会空间,在地域上包括社区的、地区的、全国的及至国际的社会空间”。[2] 这种非建制化的公共自主,通过弥补民主程序利益协调机制的不足,促使建制化的民主程序走出实践的悖论,从而实现社会公共民主问题的有效治理。

哈贝马斯指出,现代公民社会形成的关键在于形成一种社团的网络,对公共领域中人们所普遍感兴趣的问题形成一种解决问题的理性商谈式话语机制。[3] 民主社会是一个不间断地进行协商谈判的社会,协商谈判应该成为人们的生活方式,成为一种惯例。因为,作为社会关系调整手段的协商,就是基于主体的能动参与,程序上更多地通过协商、沟通等非强制性的软规则达成社会共识,从而实现主体间关系的有序与和谐。立法的民主程序是各种矛盾和权利冲突的过滤阀,民主的程序为人与人之间的相互认可和合作提供了一个场域,这个场域为每个公民通过平等参与的方式解决权利冲突提供了可能。然而,这种通过民主的立法程序达成共识的法律规范,由于主体认知上的局限性和言者语境的多变化,看似形式上确定无疑的法律规则在法律适用时往往表现出极大的模糊性,民主权利的冲突仍不可避免。如果说民主程序通过法治或强制性的立法形式为民主的制度化配置提供了场域,并使其具有了正当性的内涵,一定程度上使民主的合法性问题得到了解决,那么非制度化的民主实践,无论是公共自治领域还是纯粹私人自治领域,契约道德和

---

〔1〕 参见[法]埃哈尔·费埃德伯格:《权力与规制——组织行动的动力》,张月等译,上海人民出版社2005年版,第150~151页。

〔2〕 [德]哈贝马斯:《在事实与规范之间——关于法律和民主法治国的商谈理论》,童世骏译,三联书店2003年版,第108页。

〔3〕 参见[德]哈贝马斯:《在事实与规范之间——关于法律和民主法治国的商谈理论》,童世骏译,三联书店2003年版,第459页。

协商性规范作为解决民主合法性问题的非制度化机制，就成了解决民主合法性问题的根本出路。

在成熟的民主环境下，健全社会团体对民主的持续发展、强化及巩固有着极其深远的影响。事实上，社会团体的参与能够跨越国家与社会之间的分歧，培养民主治理所需的技能和知识，更重要的是能够建立基于共同利益的共识。一旦社团成员之间存在命运共同体的关系，他们往往会超越以自我利益为中心的想法，进而紧密团结并主动关心或积极参与公共事务。社团规章所关注的焦点不仅仅是如何设计和构建作为治理主体的社团权力结构，以及作为治理对象的社团及其成员本身的权力和能力，还应包括社团主体自身的民主性运作。法律若无法得到法律受众的基本认同，即使可以主要依靠外在他律或激励，也会遇到其效力无法实现的难题。尤其是在面对信息社会中不断涌现的新问题时，如果共同体内部以及与共同体有着密切关联的其他共同体不能借助商谈沟通和对话形成广泛共识，那么就无法缓解社会压力以及培育普遍的情感。社团规章作为社团的内生性规则，往往符合共同体成员普遍的情感、信仰和价值观，并在长期沟通中得到内心认同，因而有助于强化社团内部的团结关系，也能间接促进成员对社团组织所持的共享价值产生认同感和归属感。社团规章体现了社团内部的契约关系，其生成和实施更加注重协商机制、论证、多方博弈，以及基于“说服”产生共识或合意，以保证这种内生性规则具有高度的自主性和可接受性。社团规章源于“自我立法”的观念，这种立法观念对于个人意志来说，它的意思是道德自主，对于集体意志形成来说，则具有政治自主的意义。〔1〕 这种社团内部的“自我立法”，体现了共同体内部规章与成员个人意志之间存在的某种相互渗透的关系，也展现了社团对其内部事务进行自我整理、自我服务、自我发展的自治权能。对于社团内部规章，社团成员并非是经过理性反思认为它是正当的而加以接受，其服从动力主要来自一种从众的习惯。由于遵守规范的习惯而带给个人的社会压力

---

〔1〕 参见[德]哈贝马斯：《在事实与规范之间：关于法律和民主法治国的商谈理论》，童世骏译，三联书店2003年版，第192页。

在塑造了个人的性格之后,成员的价值观已经内化和渗入每个成员主体中,其他任何的社会影响都已经无法再有效地抵消它。社团成员在社团公共事务的处理过程中可以学习自我尊重、团体认同,进而培养他们休戚与共的意识,扩大社团民主正当性的基础。

第五章　社团规章在合作治理中的行政法治效应

随着“小政府、大社会”理念和共识的深化与推广，政府职能的转移以及公共治理事务的增多使社会团体成为最可以依赖的托付对象，并使社团规章自然就成了凝聚社会共识、促进社会自治比较有效的治理方式。对于行政立法尚留空白或者公共管理传统手段收效甚微的情况，社团规章能够替代行政立法实现公共治理，政府可以享受一定的社团规章治理成果。在迫切需要社会自治的领域，政府通常会以明示或默示的方式承认和支持社团规章在实践中的作用和效力。社团规章作为一种社会自治规范，在社会治理实践中形式多样，同时其在学理上也备受关于合理性甚至合法性的追问。随着社会治理成果的不断展示，政府会与社团在某个领域达成越来越多的默契，从而为社团规章的进一步运作提供动能和支持，并在获得合法性方面获得越来越多的认可和共识。笔者认为，社团规章以下几个方面的行政法治效应值得充分认识。

第一节　社团规章对行政法治理念的促进

在法治建设进程中，依法行政是法治运行的基本要求，首要的就是建立国家法治,这就使法治建设须以立法为先导。立法作为关键的结构性制度要素,法治建构的立法模式在为适应社会发展而进行的法律制度改革中所发挥的作用及其意义是不容忽视的。虽然建构理性主义历来由于过分夸大建构者之理性而为强调法律以文化和社会为立足基础的学者所批判,但我国法治现代化模式下的政府建构却有其自身的逻辑。其必然性主要表现在:首先,从广义上说,任何立法规范均为建构的结果。这是因为社会交往中的各种风俗习惯并不能自发地上升为国家法律,法律相比于习惯、风俗而言,需要运用专业的立法技术加以整合,同时也需要通过特定的程序化运作使之具备形式合理性。其次,法治建设在中国的推行从一开始便出现"依规治国"的强势劲头,政府推进型法治现代化模式决定了政府在立法规范性法律的建构上居于主导地位。除此之外,政府所占有的各种资源,也使其在法治现代化进程中成为建构的主体。几十年的法治建设实践证明,法治建设在整体上取得了巨大进步,完整的中国特色社会主义法律体系得以构建,并在正式制度间具有内部自洽性,经济在其保障下也获得了长足发展,虽然在具体制度和规范上仍有缺失,但社会主义法治的整体价值立场、基本原则以及各法域的核心理念已经成为全社会的基本共识。

但是,传统的行政法治理论基于这样的假设,行政机关能够代表国家与民众的利益,而行政官员则具有专业素养,两者的结合能够建立一个符合理性发展的公益社会。法律规则作为具有规范性质的客观事物,它能够给予行政官员、行政相对人以及其他社会大众以主观意志上的指引。但是这种传统的治理模式及其行政法治观在认识层面上,是假定行政法律具有规范性和合法性,其意义可以具有普遍的客观性内涵,因此可以达到约束相关人员之意志、控制相关人的行为的效果,以实现"依法行政"。[1] 但是"依法行政"真的必然会实现公民权利,真的能够实现法治目标吗?在形式合法的表象下,我们经常在法治实践中迷失,在执行法律的同时忘记或者选择性地忘记行政的

---

〔1〕 参见廖义铭:《从理性到反思——行政学与行政法基本理论于后现代时期之整合与转型》,载《人文与社会科学辑刊》2000 年第 4 期。

方向是什么。作为社会自治的重要规范,社团自治规章可以说是行政法治在社会权力运行领域的一种重要宣示和补充,体现了公共行政向社会行政和社会治理的转变,体现了传统消极行政模式向社会积极行政模式的转变。行政法治应该采取一种更为积极的姿态,跳出规则形式主义的窠臼,主动更新行政法治的理念,转而去面向更富生命力的行政法治。

一、社团规章对依法行政观念的深化

人们在思考和讨论现代社会转型问题时,[1]使用频率极高的相关词汇是制度创新、法治社会和和谐社会,创建法治社会已经成为当代国人的基本共识。现代国家区别传统国家的一个重要特征是其强大的权力渗透能力,权力中心能够领导和批准在自己领土范围内发生的各种各样的社会活动,根据自己制定的、灵活多变的命令管理整个国家。[2] 现代社会之所以会出现这样的国家建构逻辑,关键在于国家实际上都是在对现实社会的重新组织和安排基础上形成的,国家对社会的组织安排就是通过国家制度来完成的,国家权威下形成的国家制度,成为维护和保障个体与社会发展的有效力量。同时,人们更加理性地认识到,无论是市场经济的健康发展,还是社会秩序的良好运行,都需要规范体系的建构和制度的有效实施。在一个传统的文化中国,人治高于法治,制度缺失成为中国在近代落后的重要原因,只有着眼于完成国家的制度化建设,才能增强国家行动的能力和行动的正当性。因而,在我国法治国家的建构过程中,制度建设同样是推动法治进程的巨大外在动力。

中国是一个具有浓重儒法道德伦理传统的国家,公民缺少对法律权威性的认同和对法律至上性的信仰,民主与法治精神先天不足。加之现今正处于社会转型期,社会变革中出现的价值震荡的真空状态,极易造成社会成员价值选择的迷茫和失范,法治进程受到阻碍。从“救亡图存”中走出来的中国在

---

〔1〕 关于社会转型的详细论述,参见韩庆翔:《当代中国的社会转型》,载《现代哲学》2002 年第 3 期。

〔2〕 参见[意]波齐:《国家:本质、发展与前景》,陈尧译,上海人民出版社 2007 年版,第 135 页。

迈向现代国家的道路上,对外要完成主权的完整统一,对内要实现对巨型社会转型的有效治理。要实现这种“后发赶超式发展”,现代国家的制度化构建显得尤为重要。因此,我国的法治发展道路不是一个自生自发的过程,而是一个由政府主导的建构型进路。法治的建构模式能够在实践中增强公民对法律的认识,促使公民意识到法律及司法活动的社会价值,培养公民的法律意识,从而将公民对法律权威性、至上性的信仰渗透到法律体系的各个环节及其运行中,使公民的法律理念与法律制度性价值相吻合。中国正处于社会转型期,社会生活变动不居、纷繁复杂,法治建设也处在转型过程中,而成文法的局限性不足以适应转型期社会、法治发展的需要,因此要求法律具有足够的灵活性,以适应不断变化的社会状况和转型中的法治建设,这种客观事实为法治建构活动提供了相当广阔的空间。

依法行政观念的产生和深化是社会主义市场经济发展的必然要求,也是我国当代行政法治变迁最为持久、强大的动力。[1] 传统的行政法一向以规范和控制行政权为目的,促进行政权运行的合法性与合理性是所有行政法律规范的首要使命和任务。为展现国家的权威和管理地位,国家习惯于直接以法律或者透过法律授权行政机关以命令、禁止等高权性手段课以规范对象作为、不作为或者容忍之义务,并以国家强制力作为后盾来践行“依法管理”或者“依法行政”的目的。传统的行政法律规范作为一种主要管制手段因其具有可强制执行的优势,始终为国家发展时期的立法者用以贯彻国家任务与目的的“最爱”。但是这种高权立法因欠缺公共治理领域的相关专业知识,尤其是随着现代信息技术的发展,社会治理的广度和深度都得到了拓展,传统的行政法律规范因缺乏对社会治理需求的合理判断纷纷出现了相应的“管制失灵”。传统治理模式认定法律因其具有客观性之规范作用,并期望原有法律体系得以维持相当程度的聚合力,因此能够作为达成社会共识的主要治理工具。但是,新的治理模式不再认定正式法律法规具有唯一权威的地位,新治

---

〔1〕 参见崔俊杰:《我国当代行政法治变迁的特色、反思与前瞻》,载《行政法学研究》2016年第1期。

理模式的核心理念是合作治理,合作治理强调要重新界定国家与社会之间的互动关系,鼓励更加多元的利害关系人参与社会治理,并共同分担治理的责任。

从规制走向治理的大背景下,政府规制机构更多考虑的是如何实现对规制模式与公众需求之间的互动并形成有效的利益表达和利益协调机制。[1]合作治理模式与传统治理模式在规制模式上最主要的差别,便在于合作治理模式期望建立具有弹性的决策环境,从而产生较为软性的法律规范,以取代和补充传统管制模式下的硬性法律法规。在传统管制模式下,国家为了对社会进行由上而下的规制,将社会问题区隔为许多不同的层级领域。同时,行政法律本身也区分为不同的部门及领域,并且强调立法、执行与裁决三个阶段的分开以达到国家对社会的全面规制,同时又达到免于滥权的效果。而软性法律则强调通过决策程序的弹性,来使不同领域及不同阶段的利害关系人,能够有更为紧密的互动。这种自我规制的主要法律就是社会组织内部的"软性法律",软性法律的主要要素就是由各种社会组织或部门来制定,或者由政府部门与社会组织通过比较开放的程序来共同形成,这种软性的治理方法,通常是行政机关准许社会组织自行提出某些自我规制的规范或办法,并说明如何通过这些规范达到公共治理的目的。因此,这种软性法律不同于传统治理模式下的行政法律法规,而必须将其概念扩大到各种实际运作中的其他社会规范,尤其是各种社会组织和团体所制定的自治规范。例如,近年来,诸如各领域行业协会、经济组织以及相关产业部门内部的自律规范,包括社会标准、自治规章以及由各种组织所进行的认证规定等。这种通过自我立法的社会自我规制,并不会损害传统行政法的管制功能,作为一种秩序工具,社团规章通过与行政立法的衔接,也会展现出社团对相关领域的责任和担当,但是在这种柔性的作用方式无法适当权衡所有相关利益,或问题变得日益复杂时,那么便需要有采用秩序性工具的国家立法给予保障。

---

〔1〕 参见邢鸿飞:《软法治理的迷失与归位:对政府规制中软法治理理论与实践的思考》,载《南京大学学报》(哲学·人文科学·社会科学版)2007年第5期。

公共治理强调治理的目的,应在于让公私部门得以共同实践公共政策之价值,以克服政府失灵和市场失灵的问题。随着公共治理与公法互动关系的日益凸显,"公共治理"概念已成为公法学的一个基本范畴。在一个奉行法治的国家,公共治理无疑只能依法进行。"公共部分的治理应该以规则为定位,公法尤其行政法是公共治理的合法性来源。"[1]在规范层面上,行政法律法规不再是实现行政法治、保障相对人合法权益的主要规范依据。随着公共治理关系网络的形成、各种社会组织的发展以及各领域自治或者自律规范的发展,传统上界定公共利益的标准,日渐模糊。公共治理是依规则的治理,公共治理的依据不仅包括各个层次的行政法律规范,还应当包括符合社会自治精神的社会自治规范。现代国家的立法政策应该放弃完全依靠公权力主体自行直接向管制对象进行命令或者禁止的合理手段,而应该采取"合作治理"的新思维,将部分国家的立法权向社会转移,特别是发挥好众多社会自治组织的优势,促进这些社会组织自我规制,并在一定范围内进行"自我立法",从而促进社团规章等社会规范与行政法律规范的互动与合作。从这个意义上,社团规章等社会自治规范既丰富深化了"依法行政"的内涵,又体现了"合作治理"的理念,对于未来行政法治体系的建构具有很重要的借鉴意义。

二、社团规章对行政责任观念的更新

随着国家权力向社会的不断回归,政府的公共角色、公共性能被越来越重新认识和挖掘,"社会责任"以及"自我负责"也越来越成为公共治理领域为人们深切关注的一个关键语汇。社会行政的基本任务在于通过社会自我责任来确保社会自治的独立性,这既是对传统行政责任在概念上的拓展,也是对社会自治权力认识的一个新视角。在传统的行政法规体系中,社会自治以及社会自我负责理念并不能从中获得和强调,传统的行政给付往往是建立在对社会自治能力不足的分析基础之上的,因此,依照传统行政责任标准,那些非正式的、仅仅属于附加功能的而不被重视的部分,可以在社会自治领域

---

〔1〕 李瑞昌:《论公共治理的技术与价值的矛盾》,载《社会科学》2003 年第 3 期。

得到拓展和补充。国家提供社会给付主动干预的同时却往往限制了个人的自由,国家确保了个人行动的可能性,但却形成新的依赖性、新的公平问题,并使个人行动受到国家行动理性的影响,尤其是官僚化以及专业化的影响。除了国家的行政给付以外,通过社团等第三人向社会提供公共产品已经成为公共治理的一个新的亮点,将社团组织等第三方纳入社会给付体系中,使得社会给付体系的制度特征不断趋向公共性和服务性。[1] 同时,通过社团等第三方进行社会行政,可以使行政与公民之间产生一种符合法治原则所要求的距离,社会公众就更有兴趣参与合作。社团规章是社团分享治理权力、分担治理任务的规范依据。任何治理活动都涉及责任的追究和落实,公共治理的责任体系应当力求全面,无论是国家机关还是社会自治组织滥用权力或者违法行使职权都应当依法承担责任。可以说,治理责任的法定化是公共治理的生命。合作治理主体的多元化必然意味着治理责任机制的分散性,这种分散处理责任的思维有助于分散公共治理的风险,只有变无限责任为有限责任才能保证法律责任的真正兑现。

行政实践复杂万分,任何法律规范在规定行政义务时都不可能囊括行政主体全部的具体责任形式,如果仅仅从相对简单的权力研究视角去分析行政责任的实现形式,不仅不利于行政义务的履行,而且会导致某种行政义务履行方式失去行政责任保障的危险。[2] "在立法的支持下,社会团体的监督和控制功能扩大了,它有能力获得信息,有能力满足成员的要求,也有能力对违规者实施处罚。"[3] 社团规章作为社团自治的重要规范依据,承载着社会治理的规范和规制功能,社团组织不仅是社会行政的重要主体,也是整个公法资源的重要组成部分。同时,随着治理责任形式的多元化,公共服务职能将不断回归社会团体以及私人部门,越来越多的社团组织将投入政府的决策过

〔1〕 给付行政中虽然很多活动不具有明显的权力性,而更多地体现行政活动的公共服务性。该种权力性并不是指在特定管理关系中行政主体和相对人之间的上令下从乃至行政强制,而是基于行政服务于公共利益而具有的一种可以采用柔性手段的优势地位。具体参见闫尔宝:《关于给付行政的若干思考——以德日行政法为中心》,载《行政法学研究》2010 年第 3 期。

〔2〕 参见赫然、亓晓鹏:《论行政责任的理论基础》,载《当代法学》2010 年第 2 期。

〔3〕 张静:《法团主义》,中国社会科学出版社 1998 年版,第 124 页。

程。合作治理的基础在于互动及信息的公开,社会自治规范通常比传统的行政法管制规范更为深入。随着社团规章本身在规范性和明确性方面的加强,社团规章越来越符合“法”的一般性和民主性要求,行政法律规范与社团自治规章的合作治理有利于形成一种高度结合的合作性规范架构。这种合作性的规范架构可以进一步促进行政法体系的建构,对行政责任的概念和内涵也将起到补充和拓展的作用。同时,如何根据不同治理主体的治理能力,科学设计更全面的问责机制和分散责任体系,特别是超越公私之分的责任性,实现国家法与社团自治规章在权利和义务上的有效对接和均衡设置,将成为社团规章合作治理能否成功的重要基础条件。

三、社团规章对自我规制观念的助成

长久以来,社会自我规制的概念被看作国家对社会发展进程中管理式调控的不足之补充。所谓自我规制是国家利用社会私人主体的自律性行为间接达成规制目的的手段,用以协助国家完成公共任务。[1] 从 19 世纪初现代立宪国家建立以后,法律一直是最典型也是最主要的国家统治工具。为了实现其统治权力,国家习惯于运用命令性管制手段,如直接通过制定法律来规定权利和义务,从而实现国家的管理任务和管制目的。这种直接命令性管制手段在社会结构单一、国家任务有限的国家类型中,国家能够充分掌握社会资源,并且可以将整个行政运作体系投入某个特定的任务中去,因而可以有效发挥其管制效能,顺利达成管制的目的。然而,随着公共治理的不断发展,现代国家的治理任务日益扩张与细化,从传统的公共安全秩序的维护,到民众的生存照顾,国家的经济发展以及环境保护等生活领域,这些都成了现代国家治理面对的重要课题。国家任务的不断扩张,势必将直接导致立法的大幅度增加与行政资源的更大需求。但是面对日益繁重的国家治理任务,单靠国家立法的力量显然是不够的。随着现代资讯、新媒体、环保等领域的迅猛发展,国家立法者往往缺乏这些新兴生活领域的必要专业知识,因此立法机

---

〔1〕 参见高秦伟:《社会自我规制与行政法的任务》,载《中国法学》2015 年第 5 期。

关并不能适时并且完善地制定出相关领域的管制法律，从而导致国家传统立法管制手段失灵现象的出现。

随着大量社会组织的出现，社会自我规制在中国多以“自律者”“行业自律”的术语得以表现。当前，中国社会正在经历着一场深刻的社会革命，社会逐渐从二元结构转变为三元结构，社会公共事务共治局面逐步形成，并使中国社会治理结构开启了从“一元治理”向“政府、市场、社会”三元治理体系演进的过程。如何在国家立法不能解决所有管制任务的情况下，将部分国家治理任务向社会转移，尤其是转变以往的立法手段，实现国家与社会的合作治理，就成了现代法治国家当前最重要的课题之一。近年来，随着社会组织等第三部门的蓬勃发展，社会自我规制成为当前社会治理最重要的实践模式，并借助正当性程序的塑造，使社团规章获得一般法意义上的规范基础，从而成为国家治理的重要手段和方法。社会治理的基本条件是自由的市场交易和权力运行的透明化，政府立法存在的理由是，政府通过垄断立法进行公共管理的成本，通常要低于社会成员在完全市场化之下从事公共事务的交易成本。而如果国家过度介入社会与经济生活，社会治理便会失去效率，从而使本来应当低于完全市场化状态下进行社会治理的成本，变得高不可攀，因此也就失去了规制本来的意义。

行政法治的目标，就是要让公共行政的权力，如匀速行进的火车，在一个基本划定的轨道上运行，对公共行政实施的规制，仅仅依靠行政体系自身显然是不够的，有时需要借助外部力量，才能公正而有效。[1] 随着社会事务日益增多，单靠国家立法的力量已经难以满足政府行政的积极性、主动性以及社会发展需求。特别是20世纪二三十年代经济危机的冲击，传统的行政立法的理论与实践都面临巨大的挑战。“社会自我规制是立法者利用社会组织力量来完成公共任务，相较于政府规制，私人的优势在于能够及时、更有弹性、更合于事物本质地采取行动或反应。”[2]社会自治的发展提供了自我规

---

〔1〕 参见沈岿：《行政自我规制与行政法治：一个初步考察》，载《行政法学研究》2011年第3期。

〔2〕 高秦伟：《社会自我规制与行政法的任务》，载《中国法学》2015年第5期。

制生长的广阔空间，即国家立法在涉及社会管理的一般事务时，可以通过社会组织的自我规制来实现，以体现行政的效率性，特别是对于社会治理中利益影响广泛深远的重大事项已超政府的立法能力时，则应当交由更能体现自治和民主价值的社会自治立法来决定。社团规章等社会自治规范的制度实践无疑会扩大社会自治制度的效应，增强公共治理政策的民主性与科学性，政府可以将有限资源投入如何提供更好的法律框架，进而切实提高规制效率。

第二节　社团规章对行政法治功能的强化

传统行政法治模式主要契合了自由主义的基本立场，促进依法行政以及保障公民权利是行政法治的主要目标，行政法在判断目标行政行为的合法性上有一套规范的标准，这个规范标准就是由不同层次的行政法律法规所构成的规范体系，通过这个规范体系，主体合法性、内容合法性、程序合法性、责任合法性等一般很容易得到论证。但是，各种层级不同的行政立法之间也会出现矛盾与冲突，行政立法上的各种冲突必然会造成民众对行政立法品质和质量产生严重的不信任，这种不信任将会造成立法权的弱化，必然影响到行政法治功能的实现。随着国家权力向社会的回归，大量的社团组织承载着社会公权力的运行和实施，社团自身所制定的自治规章，往往具有自律功能，并承载了相当重要的公共治理目标与价值，对于强化行政法治功能意义重大。

一、为行政立法提供参考和素材

立法并不是万能的，立法调整毕竟是外在的、强制的，它所调整的领域不可能覆盖社会进行秩序化安排的所有范围。这些因素限制了立法的社会变革功能的发挥。[1] 长期以来，行政法主要习惯于围绕行政行为的合法性和

---

〔1〕 参见杜月秋：《论立法的社会变革功能》，载《学习与探索》2007年第2期。

合理性进行判断和考量,并对各种行政行为的法律界限进行规制,并通过行政执法和司法适用为我们描绘出一种法律之治的社会形态。这种通过严格授权来保障行政立法的科学性和合法性的举措无疑有十足的必要,但是传统的行政立法和执法活动通常是机械式的和被动式的,由于资讯方面的不足和立法能力的缺乏,加上各种复杂而多变的专业行为的存在,行政机关面对真实的社会生活有时会显得力不从心。美国法学家坎贝莱特说过,任何活生生的原则、制度或价值都不能脱离历史和社会中变幻着的具体情形。[1] 立法和执法活动只有面向社会生活,在各种参与主体的交互性对话和交流中,才能把握社会问题产生的规律性,才能更好地实现社会和立法的勾连和互动。随着社会治理形式的不断丰富,将行政立法规范与社会自治规范相结合的合作模式将成为合作治理的新常态。在涉及社团规章的形式问题时,可以通过合作式的法律型塑工具,如自愿履行、契约、协定或相互协力,拓展社团规章的实践范围,从而鼓励更多的社团自治规范融入社会法体系。只要由国家通过法律将框架界限定好,许多事情可以交给社会自治规范体系来做,从而发挥好社团组织的自我规制作用。

立法的制定、修改是克服法的滞后性与社会发展之间不和谐的一种制度形式,尽管立法对法律的制定、修改以及权限都有着明确的限制,但是并没有领域和事由上的限制。社会的发展离不开立法,但从法律秩序的稳定性和包容性上看,立法的制定应该遵循一定的谦抑原则,频繁的立法制定和修改会有损法律体系的稳定性和权威性。"只有在人们对立法价值产生真正的认同感和共鸣的时候,法律的规范才有可能转化为人的内在需求,遵守法律,按照法律而生活,才有可能成为社会的一种自觉和习惯。"[2] 立法作为社会秩序的一种治理工具,应该考虑到社会成本以及社会效果等因素,以免陷入技术供需的"瓶颈"和资源缺乏的困境。因此,立法的制定或者修改应该经过科学的论证,而不宜过于频繁。对于社会来说,某项社团规章的通过事实上对未

---

〔1〕 Mauro Cappelletti and Bry aut G. Garth, *International Ency clopedia of Comparative Law Givil Procedure*. 1986, p. 43.

〔2〕 江国华:《论立法价值——从"禁鞭尴尬"说起》,载《法学评论》2005 年第 6 期。

来的社团治理实践和治理立法具有实验性作用,这种先行实验可以发挥信息收集机制的作用,旨在给未来的立法提供信息。今后,国家在对有关社团治理进行立法调整时,可以参照社团规章的有关原则或内容。因此,这些实验可以作为立法者的关键资源,而不是对国家立法的威胁。国家机关必须舍弃以往无助于效能、效率提升的消极立法措施,取而代之的是在互信、互重的基础上,提供足够的诱因来保障社团规章的良性运作,并通过相关社团政策的修改,进而可以积极鼓励社团自我立法。因此,同立法的地方试点一样,在现行法律范围内通过社团规章等自治规范在某些领域内现行实施,发挥其现行实验性立法的作用,从而为日后的正式立法积累经验。同时也可发挥社团规章在社会回应力、透明化、民主化以及公共参与性等方面的优势,灵活设置相关内容,进而试探社会反应,从而缓解新的立法产生的唐突性和突兀性,降低立法因未经充分民主协商可能带来的社会风险。近年来,社团公益资金所暴露出来的社会监督与监管形式的问题成为社会关注的焦点,特别是公益性社团对受赠资金的管理、受赠资金是否全部投入公益事业的质疑声也是此起彼伏,对社团资金来源和使用的社会监管与第三方的设计监督等问题呼之欲出。这些问题首先通过社团自身的章程或者规定来解决,社团通过积极回应社会的期待和要求,适时完善相关章程和规定,将公益资金的来源和使用规定向社会公开,既能营造必要的社会氛围,也更容易被社会所理解和接受。这样的社团规章经过了社会的实践和考验,对未来相关领域的社团立法可以发挥一定的试验和铺垫作用。

法治现在已经成为国家的治国方略,权利话语已经成为最普遍的法治语言,法治能够为社会带来正能量这一观念可以说已经深入人心,社会也普遍认可了依照法律进行社会治理的模式,立法成为了社会普遍认可的基本治理模式。但是,社会治理目标的达成,单靠国家立法的力量显然是不能奏效的。此外,由于立法通常具有迫切性,如果让民间力量参与进来,往往会需要花费较多的时间与人力在相关事项的协调上,甚至会错过问题处理的最佳时间。因此,立法机关往往会忽视民间的立法力量,社会治理面临的各种问题通常不是立法机关能够单独解决的,也不是国家立法的力量单独能完成的,实现治理目标也并非通过行政立法就可以一劳永逸,行政立法既要注重整个行政法体系的完整性和协调性,也要考虑立法的可操作性和可行性,更要认识到立法本身的局限性。在现代公共行政条件下,对依法行政的理解应当从形式意义上的严格依法条行政过渡到形式意义与实质意义并存的样态,从而解决行政法治实施机制的不健全问题。[1] 社团规章作为社会自治的规整依据,可以在公共治理领域发挥实验性立法的作用,以弥补这种立法主导的行政法治动力发生机制的不足。社团在社会治理过程中面临着各种社会自治中的问题和矛盾,社团置身于各种治理关系的交织网络中,社团的自主性和公益性品格可以为行政机关和相对人之间搭建更多的对话平台,从而拉近国家与社会的距离,并为社团规章的制定和实施提供着源源不断的信息和素材,从而为未来的行政立法提供一种视角和参考,进而有效化解立法机关的压力。

随着社会分工的精细化和多元化,行政的专业性也会越来越强,社会治理各种信息的不断交汇必然会给立法机关带来情势判断上的困难,这些都远远超出了立法机关可以把握和理解的范畴。“将规章制定权授予这种自治团体的积极意义在于,调动社会力量,将有关群体能够在所熟悉的领域做出最专业判断并且将只涉及自己的事务移交给社会群体本身,从而缩短规范制定机关与规范相对人之间的距离。国家立法机关也可以从充分考虑专业和行业特殊性的沉重负担中解脱出来。”[2] 同时,社团作为社会治理的重要社会力量,面对各种复杂的治理问题,通常更容易拿出切实有效的方案,并能赢得相对人的信任和合作。社团规章作为社团自治的主要依据,社团治理问题的解决必然要通过社团规章才能完成。与严谨的行政立法相比,社团规章具有较强的适应性和灵活性,社团规章往往也是社团治理方案不断积累和调整的结果,社团规章的很多内容往往被日后的行政立法所吸纳。可以说,社团规章等自治规范的完善与发达程度与以后相关领域行政立法制定的好坏有着密切的关系,社团规章既能为立法机关减轻负担,节约立法成本,也能为以后

---

〔1〕 参见崔俊杰:《我国当代行政法治变迁的特色、反思与前瞻》,载《行政法学研究》2016 年第 1 期。

〔2〕 [德]汉斯·J. 沃尔夫等:《行政法》(第 3 卷),高家伟译,商务印书馆 2007 年版,第 599 页。

的行政立法提供参考和发挥实验性立法作用。

社会治理问题的解决往往需要立足社会的实际以及需要借助社会自身的力量才能解决,社团规章生成的民主性往往可以让更多的社会民众参与合作与进行交流,从而成为社会立法力量的重要源泉。一个具体的例子是,随着慈善公益事业的不断发展,如何提升慈善公益事业的公信力,成为当前慈善领域的一个重要热点问题。但就相关制度的现状而言,慈善事业的发展主要是依托中国红十字会和中国慈善总会这两个社团组织来推动的。《中国红十字会章程》和《基金会管理条例》是目前开展慈善公益事业的主要规范性文件。在立法的修订过程中,关于慈善资金的管理和使用将以更加规范有效的形式被纳入立法已经成为立法机关及社会的普遍认识。第十一届全国人大常委会将慈善立法列入立法规划,慈善资金保障的相关立法不断推进,目前《慈善法律纲要》已经正式公布。中国红十字会是慈善事业的重要主体,《中国红十字会章程》是红十字会慈善资金管理和使用的重要规章制度,在相关立法缺位的情况下,《中国红十字会章程》有助于明确公益资金的性质和相关运行规则,有助于慈善事业的发展。以慈善法律的制定为契机,将已经相对稳定的《中国红十字会章程》所涉及的公益资金管理规定转化为立法内容已经成为立法机关的基本思路。这类社团章程或规章被转化为法律,意味着慈善公益基金的使用不仅仅是提高慈善公益基金公信力的需要,更是法定权利在社会公益资金使用上的表现,同时意味着政府和相关社团组织都具有保障公益资金科学合理使用的法定责任。

二、对行政法治目标的提示和纠正

由于行政权在诸国家权力形态中的特殊性质及其与公民社会的紧密联系,所以以行政权为中心考察对象的行政法治成为现代法治的核心部分。[1]权力与权利往往是行政法关注的焦点,行政权力受到行政法治体系的监督,促进行政权力行使的合法化,是行政法治的主要落脚点。权力行使的限制往

---

〔1〕 参见肖明:《论行政权及行政法治的发展与定位》,载《求索》2005年第5期。

往与公民权利体系的不断延展有着密切的关系，权力监督的主要目的就是凸显公民权利种类和范围的不断丰富和扩大。随着国家权力向社会的不断回归，传统的行政法管制模式越来越走向社会治理模式，行政机关是众多社会治理角色中的一种角色，不再是唯一和主宰的角色，其他社会组织以及公私部门的多元主体承担着越来越复杂的社会治理任务，这种治理模式的转变必然会对原有的行政法治目标产生提示和纠正的作用。但事实上，需要重申的是，传统上的行政法治模式时常有意或者无意地背离法治的价值目标，社团的自治规章往往具有强烈的社会问题导向性，这些问题往往来自社会治理中的信息反馈，社团往往对社会治理的公共问题具有先天性的敏感，每一项社团规章的生成都有着明确的社会治理目标，而这些目标往往是单靠传统的行政立法行为无法解决的，这些目标的实现需要多元社会主体的合作治理才能形成。行政法治目标的实现往往需要分解成不同的行政行为，并通过一连串的行政行为或者事实行为的动态链接，才能实现行政法治效益的最大化。行政机关通过与社团的合作将产生相互依赖的关系，并通过行政规章与社团内部规章的相互衔接，形成一个合作性的规范网络，使行政法规范的法治目标与社团规章所承载的价值功能紧密相连，达到权力关系主体双方利益最大程度的一致，从而最终形成一个健康、良好且充满活力的行政法治生态。

“徒法不足以自行”，但是，法律的手段往往是滞后的，特别是对于行政立法，由于程序方面的复杂性，想在短期内依靠行政立法的手段来解决有关社会问题显然是不现实的。追求秩序当然是法治精神的表现，但是过于追求秩序和稳定而忽视法治的柔性目标，则使国家法治系统过于刚硬而缺少人性关怀。随着社团规章本身在规范性和明确性方面的加强，社团规章越来越符合“法”的民主化和科学性标准，行政法律规范与社团自治规章的合作治理积极顺应了公共治理兴起所提出的法律规范的多元化需求，有利于形成一种高度结合的合作性规范架构，呈现出行政法具体领域各种各样与丰富的形式态样，进而促进公法领域的柔性之治。特别是社团规章独有的协商对话机制以及生成模式，还可以为行政法治目标的优化和调适发挥事实上的说服作用，促进行政法治目标的实现。行政活动具有许多丰富的选项，行政机关完全可以通过私法自治或者与私部门的合作行为来促进公共目的的实现。社团规章作为社会治理的重要规范依据,可以增强其对行政行为在目标指向上的引导和优化,补充以单一的行政行为为考察点的模式的不足,形成国家立法与社会立法之间的合作性规范框架,改善行政法的整体治理结构,这也是社团规章对行政法治的一种贡献。

由于治理环境以及治理结构的复杂性、动态性与多元性,公共治理领域的外部界限和内在构成也在不断变化,不少原本封闭的国家权力领域,因国家权力的社会化而被纳入社会自治视野。[1] 为了达成社会治理目标,国家与社会、政府与公民必须舍弃以往那种相互分离的单边关系,转而强调互动的双边关系,并且需要通过合作的治理规范进行自我管制以及相互协调,并通过有效的集体行动,共同解决社会治理问题。随着社会多元化发展,社会问题也与日俱增。问题如果不能及时排入公共审议议程,将会日益恶化。"法律必须与不断发展的文明状况相适应,而社会的义务就是不断地制定出与新的情势相适应的法律。"[2] 由于社会期望以及对政府回应力的要求逐渐增加,政府机关已经无力单独承担相关的社会治理责任,而公民社会又有许多重要资源,正好可以弥补国家能力的不足。社团组织承担着社会权力的运行和实施,随着社会权力的不断增长,大量的公共社团承担着更多的社会治理任务,无论是公共危机管控、社会公益资金管理,还是社会资格认证等,社团在社会治理中的作用和地位日益凸显。在行政立法缺位的地方,大量的社团规章在公共治理领域中发挥着价值填补以及功能增强作用。社团规章作为社团参与社会治理的主要规范依据,扎根于社会多元主体的交涉和互动,成为维系社会成员合作、促进社会自治以及增强社会信任的重要纽带。社团成员之间运用协商的方式取得共识,在协商过程中,通过对社团规章内容和目标的调整,可以找到一些具有前瞻性的解决办法。

---

〔1〕 参见罗豪才、宋功德:《公域之治的转型——对公共治理与公法互动关系的一种透视》,载《中国法学》2005 年第 5 期。

〔2〕 [美]博登海默:《法理学——法律哲学和方法》,邓正来、姬敬武译,华夏出版社 1987 年版,第 133 ~134 页。

三、对行政法治内容的充实

当前社会治理问题日益复杂,尤其是在全球化发展下,这种复杂性更加凸显。在这种高度复杂的社会中,任何特定的、单向的或者具有确定效果的社会问题解决办法,都是不可能的。在合作治理的语境下,新的治理模式期望社会问题的解决需要在法律规范上赋予相关行为人更大的空间来对相关问题的解决办法进行试验与修正,行政法律法规由于其在相关行为人的权利和义务规定上,往往过于严格和形式化,缺少试验与修正的空间,因此往往难以应对各种不确定的复杂问题。因此,在这种需求下,单靠国家立法的力量显然是不够的,社会治理的主体不仅是多元的,社会治理的依据也应该是多层次的和多渊源的,行政法律法规不再是社会治理的唯一权威依据,包括社团章程在内的社会自治规范都应该是参与社会治理的规范依据。随着公共治理的兴起,社团从市场、社会和国家分别汲取了部分资源,社会影响力不断增强,这种影响力通过参与社会服务与公共管理予以展现,在规范上则以共同体法律主体资格的名义,并以职能的形态逐渐确认其权力地位。[1] 社团规章作为社团权力的主要依据,往往采用较为软性的方式来表达社团及其成员的意志,并容许更大的弹性,以期能够更加有效地去影响人们的行为。在操作层面上,社团规章主要通过协商程序的弹性来促使社团成员以及相关利害关系人进行更为紧密的互动。同时,在立法权逐渐弱化的态势下,运用较为软性的社团自治规章来作为公共政策的执行工具,可以在某种程度上得到社会大众的支持,并可以采用较为宽松而弹性的行为设定方式来促进行政法治目标的实现。

近年来,随着我国社会格局的不断变化和社会和谐化程度的不断提高,有关社会问题的行政法治也在不断进步,特别是给付行政的问题也逐渐进入学界的视野。给付行政过程既是行政权力不断下放、优化的过程,同时也是找准自身定位,作为社会给付的重要提供者和资源配置者,强化相关权力的

---

〔1〕 参见方洁:《社团权力的重置》,载《浙江社会科学》2012 年第 12 期。

过程。[1] 行政机关在回应公民权利与社会需求的过程中不断发掘出应当承担的职责,并将原本不属于行政机关的职责纳入新的行政法治体系中,并以法律的形式加以明确。随着行政法治模式的不断变迁,给付行政逐渐成为公共治理领域的重要治理手段。行政给付不仅仅意味着由行政机关单独提供给付,随着社会治理任务的不断增多,公共治理领域的公共产品的社会给付不断被转交给社团组织等社会部门来进行,从而打破了原来只能由国家管理模式主导的行政给付体系,社会治理也从国家管理模式转变成国家与社会的合作治理。正是这种合作治理关系的不断丰富和深化,推动着公共治理领域的理念和模式的变革。国家与社会在合作治理中的任务分配,特别是相关给付和福利性的任务分配,并不能从行政法律法规上找到所有的依据,许多事项都是基于社会治理领域的传统惯例延续下来的。社团参与社会公共治理所依据的自治规章等相关规范可以说表现出了较强的自治特质,社团作为社会自治的重要主体,社团规章发挥着国家法在社会治理领域的补充和辅助功能,并在行政法律法规空白的领域发挥着法秩序的形成和维护功能。

法治的深层意蕴,并非仅仅在于限制权利、要求人民守法,而是着重限制政府权力、要求政府守法。随着国家权力向社会的回归,国家的立法权也有向社会转移的趋势,制定管制法规的权力不断转移到其他部门和组织,从而造成界定公共利益的标准不断模糊和流失。现代社会是一个高度自治的公民社会,又是充满协商、对话和妥协的多元共治社会。社团作为自治主体,是以公民为主体、独立于国家和市场体系的自治共同体,更是诸多社会治理事务的参与者和实现社会共治的治理主体之一,具有公共责任和社会责任。在公共服务和职能执行方面,独立的公益性、职业性社团组织的作用日益凸显。通过公益合同,社团提供如健康照顾、家庭护理、垃圾清理、道路维护等方面的公共物品,甚至还履行着一些传统上专属于政府的职能。[2] 社团规章作为社团治理的重要依据,承载着社会权力的运行,也分担着部分社会立法权

---

[1] 从这个意义上讲,给付行政产生过程以及发展程度与国家行政权对社会的调适能力存在直接关系。参见张淑芳:《社会行政法的范畴及规制模式研究》,载《中国法学》2009 年第 6 期。

[2] 参见李海平:《社团自治与宪法变迁》,载《当代法学》2010 年第 6 期。

的使命。因此,国家立法权也会在社团自治的层面得到转移,社团在其自治范围内会制定出更多具有可操作性和针对性的自治规范。相对于行政行为的实质方法与品质,这种自治规章比行政部门制定的行政规章会产生更大的影响和更实用的效果。就广义的行政法治而言,社团的自治规章显然也是实践行政法治的工具,这种自治规章源于社团内在的协商和契约,往往对社团成员产生更直接的约束力。相对而言,社团规章远比行政立法更能反映社会问题的多寡、性质,因为社团规章对社会问题的回应性更为灵活和快捷。这些社团规章的作用主要是基于社会问题的现实性和发展规律性,推进自治规章在特定领域中的适用,强化社团规章对行政法治目标的落实与实现。

第三节　社团规章对行政诉讼理论的丰富

社团规章作为社团成员之间的内部契约,也是社团成员进行博弈的产物,是社团行使权力的基本依据。社团规章承载着一定社会权力的运行和实施,行使着一定范围内的自治权,不可避免地会对成员利益以及社会公共利益产生一定的影响。任何权力的行使都要受到法治的调控。但如果法律对社团规章的控制过于严格,将影响社团自治权的行使,损害社会自治。在保证社会基本法治和公共秩序要求的前提下,应将对社团自治的干涉降到最低。那么,应如何控制社团规章以防止社团自治权的滥用呢?在迈向通过行政诉讼进行司法审查的道路上,我们如何去挖掘社团规章对行政诉讼的理论价值,将成为往后学说和实务思考的重要焦点。

一、社团规章与行政争议法律关系的拓展

德国早期观点认为,社团规章是成员之间的协定,内部事务应该由社团自主决定,自主负责,法律不予干涉,因为一旦予以干预,社团的自治权就会受到损害。然而,随着国家职能的扩张和权力的社会化,社团承接了越来越多的社会公共职能,并逐步取得了公法人的行政法地位,并逐渐掌握了对社

会事务的支配性权力，于是，德国法学界选择了司法审查作为控制社团自治的路径。从德国有关行政组织法的宪法规定来看，德国国家法对社团自治行政概念的最低要求是独立人格的法律主体对自属事务的自主决定权。作为关系社会自治的一种方式，团体自治逐步特殊化并具有以下特征：(1)被赋予民主参与权；(2)具有集体合法性保障的人民联合体；(3)自负其责地执行内外部的自属事务；(4)享有需要承担最后责任的自主决定空间；(5)受国家法律监督的制约。从以上可以看出，社团法人在德国具有完全的独立公务权和自治决定权，在行政法理论上，社团法人是被纳入公法主体来对待的，同时，根据德国《联邦行政法院法》的规定，行政法院的审查对象也包括社团法人制定的自治规章。[1] 社团规章作为一种公法规章，公法社团的会员地位创设相互间的权利义务法律关系，可以作为联邦行政法院行政诉讼的对象，法院可以从不同的角度对其进行多维性的司法审查。如在有关水土联合体和工商业协会的强制成员身份之合宪性判决中，联邦宪法法院就认为，“这种公法社团的机构设置和成员法律地位设定应当符合它所管理的生活和经济关系的特殊性和所消除的共同体危险”。[2] 同时，法院还对社团法人接受司法审查的必要性进行了阐述，“赋予这种联合以合法性，不同利益的成员借此团结起来，除非利益的有效协调显然不可能以这种方式实现。但是，社团成员的利益也不能因此受到任意的侵害，社团机关的自由裁量权必须受到充分的法律限制，并且可能受到司法审查”。[3] 同样，在英国，行业协会对内部成员的侵权行为早已纳入法院司法审查的范围，不但其实施的行为，而且其制定的规章本身也要接受法院的司法审查。[4]

作为一种制度性安排，行政诉讼首先是以权力监督的面相出现的。按照

---

〔1〕 参见于安：《德国行政法》，清华大学出版社1999年版，第92页。

〔2〕 [德]汉斯·J.沃尔夫等：《行政法》(第3卷)，高家伟译，商务印书馆2007年版，第598页。

〔3〕 同上。

〔4〕 英国当代最为著名的法官丹宁勋爵在相关案件中进行了较为具体的阐述。比如，他在“恩德拜城足球俱乐部诉足球协会案”等案件中就如何处理社团的自治规章与法律之间的冲突也发表过类似的见解。他认为，足球协会规则就是一套由管理机构制定的所有协会会员都要遵守的法规，这些法规虽然带有契约性质，但也是受法院控制的。具体参见[英]丹宁：《法律的训诫》，丁健译，法律出版社1999年版，第163~195页。

古典行政诉讼理解,行政争议的解决寄寓于权力监督之中,因为“于依法行政原则下,行政系对法律的执行,其本身即具有分配社会资源、调整利益冲突的功能,可单方依法解决社会纷争,行政诉讼制度设置之目的只要确保行政活动之适法性即可”。[1] 我国行政诉讼制度秉承这一理念,明确规定法院审理行政案件对具体行政行为是否合法进行审查。在行政诉讼的具体运作中,法院通过审查行政行为的合法性,监督和维护行政机关依法行政,保护行政相对人的合法权益。这种制度设计,在国家行政和撤销之诉占绝大部分的情况下尚能有效运作,但随着行政行为调整的社会领域不断拓展,行政行为的类型不断增加,尤其是社会行政、给付行政、服务型政府的兴起,使行政法律关系日趋多样化,使那种以传统行政行为审查为核心的司法模式在纠纷化解方面的不足日益凸显。

我国行政诉讼法在制定时,便注意到行政权力的行使主体除行政机关外,还有其他组织,这些组织包括名目繁多的社会组织或者行业组织。在这些组织中,有一个重要的类型,就是社团组织,社团是社会自发产生的,是主要依靠行业内部成员自律管理的社团法人。社团法人自治范围内的事务,主要是社团内部的技术性和专业性事项,以及符合行业规律的组织活动等事项。社团规章包括社团内部的纪律规范、章程以及相关技术性规定等,其中社团章程是规范其内部成员的主要规则,也是社团行使社团权力的主要依据。社团法人与政府部门一般都有着千丝万缕的联系,社团权力有的是来自法律法规的授权,有的是来自行政部门的委托,还有的是来源于社团成员之间的权利让渡。不管社团的权力来源如何,社团的权力都必须在法律的范围内运行,而不能违背法律的规定。行政诉讼对社团的相关争议,同样具有终审的权力和资格,这是现代国家法治原则的要求。传统行政法治下,争议主要是行政主体与公民之间的争议;合作治理背景下,争议的类型除行政主体与公民之间的争议外,还包括行政主体与社会组织之间的争议、社会组织与组织成员之间的争议。随着国家权力向社会的回归,更多的社会公共组织参

---

〔1〕 翁岳生:《行政法》,中国政法大学出版社2009年版,第1472页。

与行政任务的履行,行政法律关系变得复杂起来,不再局限于行政主体与公民之间,行政法律关系争议的类型发生变化。这种发展并非停留在双元法律关系中以一种单纯的、点状式的法律关系表现出来,而是发展出持续性、多元性的法律关系。鉴于司法实践中行政争议形态的复杂性、多样性,司法权的界限也应是具体的、情境的,应区分不同情形予以讨论。笔者认为,司法审查中确定处于争议的法律关系时,应充分考虑多重因素,在合法性审查原则的缝隙中能动地行使司法审查权,不同程度地确定处于争议状态的法律关系。

按照党的十八大和十八届三中全会、十八届四中全会有关精神,公共治理改革要求进一步简政放权,充分释放社会组织的活力,越来越多的社会组织承接了原来只能由政府办理的任务和事项。可以说,随着公域治理的不断推进,社会组织将承担更多的公共治理和公共服务职能。在此背景下,新的《行政诉讼法》将依照规章授权的组织所作出行政行为的侵权行为也纳入了可诉范围,也就是说,其行为侵犯公民、法人或者其他组织合法权益的,也应当纳入行政诉讼救济范畴。可见,行政诉讼的范围将随着公共治理的发展而呈现不断扩大的趋势。由于在这种公共治理改革中,原有行政机关的诸多行政管理职能交给了社团法人,自然使这些社团法人具有了行政管理的职能,从而在社团组织与其成员间,便形成了管理与被管理的不对等关系,与行政法律关系的特征基本相同。同时,这些管理职能主要通过社团章程等社团内部规章加以规定。因此,社团规章除了社会自治或者自律外,又多了外部行政性,带有更多的行政管理特色,而且这些外部行政职能主要是通过社团规章的形式加以发布和固定。我国社团法人的上述特征,决定了必须对其相关的行政管理职能进行司法制约。同时,由于我国社团组织发展的不成熟性以及社团权力运行的特殊性,通过行政诉讼的司法监督就更为必要。

二、社团规章与行政诉讼功能的变迁

行政诉讼功能的理论基础是个人主义和自由主义,其传统理念是建立在控制行政权的滥用,保护公民的合法权益上面,行政诉讼属于主观公权利保护模式。[1] 行政诉讼的根本目的是防止行政自由裁量权的滥用和各种越权行为的发生,公民基本权利主要体现为自由权,防御公权力是宪法所赋予的公民基本权利的基本功能,当公民的合法权益受到来自国家行政权的侵害时,行政诉讼的目的被定位为权利救济法,主要发挥对公权力的主观防御功能。在此理念下,行政案件的程序设计和运作机制主要围绕当事人的权利损害与救济展开。“在行政诉讼审理过程中,行政行为合法性问题并非审理的核心,只是给予当事人救济的手段。因此,相应的主观公权利保护模式下行政诉讼受案范围较为狭窄。”[2] 作为权利保护和争议解决机制的行政诉讼制度,为适应公私合作背景下行政法治解决纠纷的需要,必须促进功能变迁,从单纯的主观公权利保护功能转变到兼顾主观公权利保护功能与维护客观法秩序的功能,既要保护公民合法利益的实现或不受侵害,又要保障形成常态化的合作治理秩序。

合作行政不再满足于形式合法的规则模式要求,合作行政行为不再仅是执行法律的规则模式,而是开展以行政目标为导向的公私合作治理,以实现“善治”。[3] 随着合作行政的扩张,权利保护观念有所转变,公民基本权利不仅具有面对公权力的主观防御功能,还具有客观法秩序维护功能,国家有义务保护公民基本权利的实现。同时,合作行政不但是国家或者行政机关的职责和任务,也包括自治团体的社会行政以及其他辅助性质的行政活动。合作治理背景下,行政法不再仅仅表现为控权,而是更多地强调合作,传统行政法所建构的以行政行为为中心的行政行为形式无法满足合作行政实践的现实需要。随着积极行政扩张,传统国家消极防止公民权利不受行政侵害的观念也在发生重大转变,司法审查的主要功能从侧重保护私人权利,开始转向促进行政良好运作以及为公民和社会谋求更大的福祉。

近年来,随着公共治理的深入发展,“软法治理”“合作共治”以及“自我

---

〔1〕 参见邓刚宏:《论我国行政诉讼功能模式及其理论价值》,载《中国法学》2009年第5期。

〔2〕 侯继虎:《客观法秩序维护模式:行政诉讼受案范围扩大的理论基础及其制度建构》,载《政治与法律》2011年第12期。

〔3〕 参见陈军:《公私合作背景下行政法发展动向分析》,载《河北法学》2013年第3期。

规制”等词汇成为我国公共治理的主流用语，这些概念都凸显出行政任务的不断变化及其相关的行政法上的规范需求，社团规章作为软法或者社会规范也逐渐进入人们的视线，这与人们对法治的认识深化有直接关联。在合作治理过程中，行政行为的依据并非仅仅是国家立法机关制定的法律法规，还包括社会组织的自治规章。在许多领域中，行政行为的结果不是对既有法律规则采取强制执行的结果，而是行政法律与社会规范相互合作、协同治理的结果。对于社会治理而言，社会组织或者社会团体承担的社会治理任务也会越来越多，随着社会权力的不断发展，有限治理资源的公平分享、治理提供的稳定性与治理的品质等问题都是今日很重要的规范利益。传统行政法理论因其日益脱离实际而无法全面解释行政法实践，故而面临着来自实践与理论的严峻挑战。只有在新型的行政诉讼机制下，各方当事人的利益和诉求才有可能得到充分表达，才有助于协调、整合公共利益和个人利益，从而实现各方利益的动态平衡。因此，行政诉讼客观法秩序的维护、社会自治原则之确定、社会权力的授益处分及其存续力等内容都将在行政诉讼领域得到体现。因为在这种诉讼类型中，解决纠纷只是一方面的任务，更重要的是要通过司法的介入来推进社团治理秩序的形成，从而形成社会治理的合力，以引导、促进社团等第三部门组织的良性生长。

三、社团规章与行政诉讼审查标准的调整

传统行政法治模式及其法治观，就其目的性价值而言，乃假定国家立法部门和行政部门，可以制定出许多符合公共利益的行政法律法规，以指引和约束大众之社会行为，并且作为司法部门在解决政府与公民之间争端时价值判断的主要依据。也就是说，传统行政法治观认为只有立法部门制定明确而严格的规范，并以此作为行政官员、司法人员和民众在行为与价值上的判断依据，才可以实现行政法治。因此，传统的法治论所采取的是“基础论”。所谓“基础论”，是指没有人可以从法律当中或者法律之外，找到某些具有绝对客观性的“基础”来作为任何法律案件或争议进行决策的

指引。[1] 在这个基础上诞生的行政诉讼救济制度的审查对象主要是具体的行政行为,行政法律关系也仅限于行政主体与公民之间的双边法律关系,其权利和义务及救济方式明确、简单。以“行政行为”为核心命题的行政诉讼基础观念,却因为公私合作方法的运用、民营化的推行以及第三部门的发展,而使其基础遭致严重破坏。

社团规章作为社团治理的重要规范群,不但构成了公共治理和公共服务规范制度的核心内容,还建立并确保了社团参与公共服务活动的特殊性。社团参与社会公共服务的基本依据是社团的内部规则,这些规则本身的形式和内容可以成为公共性、重要性程度的指标,并能为我们有效地辨识法律关系的性质提供帮助。社团公共服务活动,不论是公法人还是私法人管理性质的,都要服从于这些社团内部共同的法则。这些法则是公共服务运作的基本依据,可以被视作“公共服务之律法”。依据法的价值的分析,这些律法蕴含着平等、多元以及合作的内涵,这些社团的法则不但对社团而言是一种保障,而且会在公共职能的运作中衍生出各类新型权利和义务。因此,在社团活动满足公共服务的一般标准条件下,依据社团公共服务职能所制定的自治规章自然可以成为司法救济的重要对象。在合作行政的环境下,所有的领域都存在参与分享的利益状况,行政机关也不再是专门行使公权力的工具,而是更多地使用引导与推荐、先行协商与谅解等方式来参与社会治理。制度的创设是为了解决实际问题,制度的变革也是出于解决问题的需要。因此,作为权利保护和争议解决机制的行政诉讼制度必须适时作出调整,以适应新形势下行政法治的发展需要。

社团成员与社团之间的管理与被管理的纠纷,除了其内部自治层面的事项如对成员实施社团处罚、限制相关权利等以外,都应该属于社团履行公共职能的部分。于是,公共服务标准开始成为行政诉讼案件审查的重要考量标准。如在英国,法院主要从决定者的行为功能的角度来区分该行为是否需要

---

〔1〕 参见廖义铭:《新治理模式下应有之法治观与法治教育——以“软性法律”之发展与运用为例之考察》,载《政大法学评论》2011 年第 124 期。

接受司法审查,而判断该行为功能以及性质的关键要素就是该行为的公共职能性。[1] 在法国,自19世纪末,公共服务观念开始被视为行政制度的基础,且容许设定其适用范围,进而决定行政法院的权限领域。依据新的公共服务理念,公共服务代替行政权威成为行政法特别法则和理论的新基础,从公共职能视角分析某一主体的行为是否应受司法审查,能够有效地发展行政诉讼审查标准的相关理论。如法国行政法院和权限争议法院的一系列判决就认可了这一观点,公务服务行为取代管理行为和权威行为,作为统一行政法和行政诉讼的标准。其中,最著名的判决就是法国行政诉讼领域有名的 Blanco 判决。[2] 公务学说扩大了行政法的适用范围,反映了国家公共服务的增加和行政活动的扩张,此后产生的新公共权力说等进一步扩大了行政法的适用范围,使依法行政领域不断扩张。[3]

因此,西方国家以公务标准确立的公务法人制度,对我国行政体制改革和行政组织法的完善具有重要的借鉴意义。我们在修改行政诉讼法的过程中,应将一些代表公共利益、行使公共权力的事业单位、社会团体、行业协会等组织明确地纳入行政主体中来,以便确立其行政诉讼的被告资格,扫清司法实践中的障碍,进一步扩大行政诉讼的受案范围。我国的司法实践中目前只审理过少许案子,而且也只涉及社团处罚等一些秩序行政问题,关于社团的公共权力属性、社团诉讼主体资格以及审查标准等法律问题还没有形成完

---

〔1〕 英国法院经过判例积累,建构了许多标准以便概括公共职能的含义,具体包括:(1)如果这些非法定机构不存在,那么政府自己将不可避免地去管理这些活动。(2)政府是否默许或鼓励这些主体的活动,给它们的工作提供支持,从而已经使这些主体进入公共管理领域。(3)这些主体是否拥有广泛的和垄断的权力,如强大的规范交易和体育活动的准入权力。(4)受侵害者是否同意受决定者的约束。See de Smith, Woolf & Jowell, Jeffrey Jowell, *Principles of Judicial Review*, London Sweet & Maxwell, 1999, p. 60.

〔2〕 在该案中,权限争议法院针对因烟草制造工厂的运作所造成的事故宣告如下:"国家基于其在公共服务中雇用之人员的行为对个人造成的伤害,得负起责任,不得受到民法典中有关个人对个人关系所建立的原则的支配。这种责任既不是通常的责任,也不是绝对责任,这种责任有其固有的特殊规则,依公务的需要和调整国家权力与私权利关系的必要而不同于民法上的责任。"该案在作成判决时并未受到重视,随着公共治理的崛起和行政诉讼理论的发展,该案变成首度肯定以公共服务作为权限标准的象征性裁判。参见皮纯协、何寿生:《比较国家赔偿法》,中国法制出版社1998年版,第27页。

〔3〕 参见王名扬:《法国行政法》,中国政法大学出版社1988年版,第25~28页。

善的理论体系，因此，有必要深化社团类案件的理论研究。随着公共治理的不断发展，行政诉讼的相关理论将面临许多概念的重构与新解。一方面，行政诉讼需要为新型行政争议构建新规则，如对合作契约、行业规章的审查，进而拓展行政诉讼的案件类型，促进行政诉讼被告资格范式的重构；另一方面，行政诉讼需要寻找新标准，为将社团权力行为纳入司法审查提供新依据。随着行政诉讼功能的变迁与转型，法院将超越传统行政诉讼的审查标准，通过对"事务性质"、[1]"重要性程度"以及"权力属性"等多重因素进行综合权衡，形成优势互补的体系化行政诉讼的审查标准，从而促进行政诉讼理论的健康发展。同时，对这些因素的分析，旨在说明行政案件涉及问题的多样性，以及司法审查不能拘泥于对被诉行政行为的合法性审查。司法实践更是具体的，需要结合个案，具体分析。这些新型权力的发展或多元行政法律关系的确定，需要对行政诉讼运作基本规律作出深入挖掘的汇总、提升和系统化，需要司法实践的摸索与实践。

---

〔1〕 如何界定"自治事务"，在理论上还无法给予一个固定标准。但原则上讲，协会为成员提供服务、福利的行为一般不带有权力色彩，更宜归入私法范畴；而协会对成员进行的自律性、管理性行为，带有一定的强制性的权力色彩，应该纳入公法范畴。具体参见黎军：《论司法对行业自治的介入》，载《中国法学》2006年第4期。

第六章　社团规章参与合作治理的制度建构

第一节　社团规章参与合作治理的主要障碍

社团规章治理作为合作治理中的重要环节,显示出与传统法律治理不一样的特点,诸如强调平等、调适、自由选择和结果导向,注重规章运作的实效,重视社团内部自发秩序的形成,以及依靠社团组织的外部声誉机制来保证规章的实施等。尽管社团规章治理能帮助政府提高效率,更好地解决公众需求,并有形式灵活、参与民主等诸多优点。然而,由于社团规章在合作治理中的合法性地位还不明确,社团主体的责任界限也很模糊,加之在实现多元利益以及纠纷解决机制上存在的障碍,也会使社团自治规章陷入法律上的困境。

一、社团规章的合法性问题

法治所要回应的是社会的需要,而不是国家的需要,因此,法治的内涵及外延的扩展与社会发展的细致化、多样化相辅相成,互相促进。合作治理必然要求国家法律与社会法之间能保持一种良好的互动关系,要通过两者的交错实施,使二者相互兼容、相互补充、有机结合,并通过加强对话与合作,建构融合的通道与空间。特别是在公共治理模式下推行法治，既有必要将国家意志上升为国家法，同时也应当将社会组织的公共意志转化为一定意义上的“法”。在我国，作为不成文法源的一种类型，社团规章的兴起显然是近些年实践的需要。不过，在公共自治组织的公共意志能否转化为法这个问题上，换言之，诸如社团组织的章程之类的公共制度能否被称为“法”，这仍然是一个充满争议的问题。特别是在法律没有作出明确规定的领域，社团规章的合作治理是否能够大力推行呢？就社团规章而言，也就是说合作治理将在多大范围和程度上接受法律保留、法律优先等公法原则的约束呢？如果是法律法规明确表示保留而排斥任何其他立法主体予以规定的事项，可以视为这是社团规章不可以逾越的限度，若不遵守即构成越权而当然无效。〔1〕因此，社团规章在立法规范体系中如果找不到合理的空间，其合法性当然是受质疑的。

国家法的约束与整体社会的法治要求之间存在一种自身无法完全填补的空隙，某些领域的自治规章的实践事实上对未来的社团治理实践和治理立法具有实验性作用。在社团规章这个“实验机制”中，虽然可以发挥立法信息收集机制的作用，但有些超越现行法律法规的现象是否可以被“认同”，特别是有些“保留”的规定过于模糊，法律法规之间存在矛盾解释时，社团规章在适用中起到多大的说服效力？再从社团规章的实施过程来看，社团规章作为一种规范性的制度，它与正式的法律制度可以说在诸多方面都是相等同的。但是，它在组织内部对可为之事项提供了机会的同时，也相应地设置了一定的限制，导致社团规章的功能性整合也遭到了一定程度的削弱。比如，社团规章一般要求保持一定的封闭性，控制社团成员，但这会排除一些潜在的成员丧失新的合作机会；社团规章要求成员遵守共同的内部规则，形成稳定的互动关系，但日益增长的相互依赖关系则会随时改变成员之间的互动方式，甚至有时会破坏内部规则。在某些情形下，社团规章可能还会触及第三人的利益，如社团成员可能通过社团本身的篡夺和滥用影响力等手段，常常会将

---

〔1〕参见方洁、周兴：《社团规章的行政法法源性论说》，载《行政法学研究》2006年第1期。

对某种秩序的妥当性的承认强行加在非成员身上。[1] 另外，社团相对于政府的地位依附性、社团规章制定和实施中的民主参与性不足，以及违背社会公德或是侵害到社会公共利益的现象比较突出，所有这些都会将社团规章推入更深的合法性困境。

二、社团规章的程序整合问题

社会性权力发端于社会内部治理，是国家权力向社会的拓展。在此背景下，许多新型社会组织作用凸显，它们不仅将行为拓展到社会公共治理领域，也会在其组织内部之间进行各种交互行为。但是，在这种稠密的关系网络结构中，存在人与人之间互动、选择以及达成妥协的偶然性、复杂性，也必然会形成自组织化非正式秩序的生产装置，导致法制及其他公共措施的作用遭到有力的抵制和排斥。社团作为社会性权力的重要组织载体，其组织的效能，"在很大程度上，而且可能完完全全要取决于根植于行动者系统之中的规则的非正式机制，行动者系统要远远大于一个具体的组织"。[2] 因此，社团组织的各种规则既是植根于正式化的社团规章，更是植根于交换和协商谈判的非正式过程，而且正式结构框架反过来又为非正式过程提供诸种依据和资源。组织规范化过程超出必要限度，往往和个体的需求和个性产生背离，组织规章制定得再完美，也不可能把每个组织成员的目标、需要、兴趣都包容进去。组织成员不能，或未被规章制度包容的部分，或有差异的部分，仍然是客观存在，因而会寻求正式化机制之外的表达或实现途径，这也正是非正式机制形成的组织根源之一。

在这种非正式机制成为社团秩序的一般存在方式时，就会呈现出成员之间互惠关系的市场化以及讨价还价状态的泛化，使社团公共选择的决定难以作出，使法治的要求无从落实。在这些非正式机制中，如果国家完全放弃对

---

〔1〕 参见[德]马克斯·韦伯：《法律社会学》，康乐、简惠美译，广西师范大学出版社2011年版，第93~94页。

〔2〕 [法]埃哈尔·费埃德伯格：《权力与规制——组织行动的动力》，张月等译，上海人民出版社2005年版，第150~151页。

私人领域的监控，这种讨价还价式的机会主义就会破坏社团内部的自控型秩序。因此，应该把社团关系网络中的交涉和妥协限定在适当的范围、程度之内，并把这种非正式的讨价还价纳入正式的制度框架中并加以适当的程序性整合，而不能让非正式机制成为制度化的基本装置，更不能把特殊性互惠关系本身当成一般规范。[1] 非正式机制得以规范运行的基础在于国家法律与社会规范之间的合作，只有把国家的法律和社团的内部规范组合起来，发挥好法律规范以及有关制度构件的程序性“媒介”作用，重构社团规章运行中的程序交涉机制，才能确保法律与社团规章在一个统一的系统中彼此契合，从而不断改善社团规章治理实施的规范结构。因此，有必要对社团关系网络中的互动以及由此产生的非正式性交涉进行限制和诱导，从而促成社团及其成员在多元格局和利益磨合之中进行合理的公共选择，提高社团成员抵制腐败的自觉性。

三、社团规章承载的公私利益问题

制度是权益的载体，权利是利益的化身，行政法只有植根于可靠的利益基础才不会成为无本之木。[2] 对公民利益的保障，不仅是国家公权力的责任，也是社会公权力的义务，可以说，社团公权力在社会权力体系中已经占据着重要位置。社会公权力组织体外部的公民尽管不是组织体的组成部分，但因该权力行使以及对公共利益的追求、准公共产品的提供，不可避免地将与组织体外部的主体发生公法或私法上的关联。[3] 这种社会公权力组织内外部关系的关联性，决定了社团组织内外部利益关系的交织性，也决定了社团权力运作中各种公私利益实现的复杂性。由于合作治理是一种由寻求公共利益最大化的公共机构与寻求私人或部门利益最大化的权利主体间的共同行动，因此，合作治理的主要问题是公共利益与其他利益之间的公平分配以

---

〔1〕 参见季卫东：《通往法治的道路——社会的多元化与权威体系》，法律出版社2014年版，第66～67页。

〔2〕 罗豪才、宋功德：《行政法的治理逻辑》，载《中国法学》2011年第2期。

〔3〕 参见徐靖：《论法律视域下社会公权力的内涵、构成及价值》，载《中国法学》2014年第1期。

及不同群体、私人利益的均衡协调。作为社会公权力"公共品质"的主要体现,社团组织可能在运作权力过程中为了达到本团体内部的利益也会对其他社会利益给予关注和产生影响。

"随着社会关系变得越来越广泛而且变得更为多样化,那种被认为是相互信赖的公共善,就不能用小型且封闭的社会模式所鼓励的那些方法来寻求;这是因为在这种情形中,小型且封闭的这种社会模式只会把人导入根本的歧途之中。"〔1〕这是因为团体内的封闭性可能包含了各种变异的利益实现形式,如"可能允许其成员彼此自由竞争所有的利益机会;或者可能会严格地指派某一成员享有特定的利益",〔2〕等等。因此,社会政治经济的发展越来越要求这些团体超越本组织视野的局限,在争取自身利益最大化的同时,更多地关注社会普遍利益。但是,组织的目标无力宣称具有一种总体的、普遍的价值,它们始终是被相对化的目标,将其相对化的是其演进中的利益、价值以及合法性论证系统,它们是局部的、区域的,甚至是公开引起"内讧"的。〔3〕因此,在矛盾、分歧和冲突日益剧烈的时代,如果把一切利益性问题的解决都寄托于共同利益观和普世价值观的确立,显然是不切实际的。所以,关键的问题不在于是否有着共同的利益观和价值观,而是应当在不同愿景和不同利益观的持有者之间,建立起理解和互动机制,从而实现社会整体利益的最大化。合作治理是一项以不同主体之间的相互依赖为特征的工作,各种公私合作形式不可能被简单地划分为纯粹公的与纯粹私的作用。"在私人追求各自利益的领域与'共同善之实现'的公领域之间划出界限,就像在这种私法上确定的领域之内划出私密领域的边界一样,都不是一劳永逸的事情。"〔4〕面对多元公私利益关系和复杂的利益矛盾,在合作治理中如何合理平衡社团规章

〔1〕[英]弗里德利希·冯.哈耶克:《法律、立法与自由》(第2、3卷),邓正来、张守东、李静冰译,中国大百科全书出版社2002年版,第178页。

〔2〕[德]马克斯·韦伯:《社会学的基本概念》,康乐、简惠美译,广西师范大学出版社2011年版,第82~83页。

〔3〕参见[法]埃塔尔·费埃德伯格:《权力与规则——组织行动的动力》,张月等译,上海人民出版社2005年版,第104页。

〔4〕[德]哈贝马斯:《在事实与规范之间——关于法律和民主法治国的商谈理论》,童世骏译,生活·读书·新知三联书店2003年版,第389页。

承载的公私利益,从而建构起能够公平分配和有效保护正当权益的制度平台,就成为社团规章治理过程中需要面对的一大难题。

四、社团规章的责任分担问题

合作治理背景下,行政机关越来越多地将其承担的行政任务转为与私人合作履行,这种行政行为方式的变迁导致行政责任在国家与私人部门之间重新分配。传统行政法所建构的以行政机关为责任承担主体的责任承担方式已无法满足现今合作行政实践活动的需要,私营部门、非营利性的志愿组织以及众多的社团组织开始承担行政任务的部分责任。问题的关键是其他组织或部门应该承担多大的责任,以及如果当参与合作治理的其他主体没有能力承担责任时,行政机关是否应该承担责任,并且需要在多大范围内承担责任。由于合作治理建立在政府部门与非政府部门共享权力、分担责任的机制上,公私界限的模糊性以及治理结构的复杂性致使公共行动者可能互相推诿、转嫁责任,同时,由于参与者众多和各类资源的汇聚容易稀释参与者的责任,容易形成"多重责任失序"。[1] 特别是在寻求公共事务解决方案的过程中,因治理责任的模糊而出现的困难是,制定政策的人和公众在这种情况下并不清楚有关的事务到底由谁负责,这就可能导致行政机关每逢发生问题便把责任推卸给其他组织或部门,尤其使寻找替罪羊的可能性大大增加。

传统的行政法律规则是通过确定特定主体的职权职责,并规定违背此规定的责任来建构法律秩序的,而合作治理是根据治理的内在过程,而不是根据人为的职能划分来处理各种问题。因此,如何厘清政府与社会之间、公共部门与私部门之间的界限和职责变得更为困难。社团规章是社团分享治理权力、分担治理任务的规范依据,因此,如何在社团规章中确定合作治理中的责任,是一个棘手的问题。在不依职能划分的情况下,由哪个主体来承担责任,是合作的政府机构,还是某一个社团。如果是合作的所有机构承担责任,那么应当如何承担。因此,每个人应当对谁承担责任,应当或能对什么承担

---

〔1〕 参见龙宁丽:《非政府组织治理中的问责研究》,载《国外理论动态》2013年第4期。

责任,没有固定的模式,也没有明确划分。任何治理活动都涉及责任的追究和落实,公共治理的责任体系应当力求全面,无论是国家机关还是社会自治组织滥用权力或者违法行使职权,都应当依法承担责任。可以说,治理责任的法定化是公共治理的生命。合作治理主体的多元化必然意味着治理责任机制的分散性,这种分散处理责任的思维有助于分散公共治理的风险,只有变无限责任为有限责任才能保证法律责任的真正兑现。[1] 因此,如何根据不同治理主体的治理能力,科学设计更全面的问责机制和分散责任体系,特别是超越公私之分的责任性,实现国家法与社团自治规章在权利和义务上的有效对接和均衡设置,将成为社团规章合作治理能否成功的重要基础条件。

五、社团规章的争议解决机制问题

社团规章合作治理实施中的争议既有政府与社团组织因公共管理任务的承担和履行引起的争议,也有社团与其成员在社团事务管理过程中发生的争议;既有公法性质的争议,也有私法性质的争议。对行为性质的判断几乎存在于所有合作治理引发的争议之中,这也是决定合作双方选择何种争议解决途径的前提性问题。尽管这类争议超越了传统行政法的研究范围,但是,由于司法"惯习"的概念化和普遍化,以及司法审查姿态在实践中呈现不断加强之势,使司法解决途径有着无法抵制的诱惑力。就我国而言,社会治理中的社团规章本身便具复合性、复杂性,社团规章的效力主要源于社团内部的自治力,法律强制力也不是判断社团规章实际约束力的唯一标准。按照软法治理的基本机制,社团治理下的社会成员一般只能在社团自治体系内寻求救济,因此,司法的救济途径不能也不适合作为一个必经程序。实践中,当有社团成员权利及与成员权利紧密联系的公民权利被侵犯而引起争议时,我国现行法律框架中也找不到确切的争议解决机制,法院即使受理此类争议也会面

---

〔1〕 参见罗豪才、宋功德:《公域之治的转型——对公共治理与公法互动关系的一种透视》,载《中国法学》2005 年第 5 期。

临性质判断上的困难。司法不是一种取之不尽、用之拿来的治理工具，过分依赖司法，往往会使我们不能对司法确立客观的角色期待，这其实是与法治精神相背离的。

正如哈耶克所言，“将司法程序的形式和规则置于它们不应当归属的地方，实不可能拯救社会。在缺乏司法审判之基本条件的地方，却用司法形式作为装饰，或者赋予法官以权力去审判那些并不能够通过适用规则加以审判的问题，根本不可能有助益于维续法治观念和司法程序信念，相反，只能摧毁人们对它们的尊重，甚至在应当尊重它们的场合亦无例外”。[1] 因此，要摆正对司法的角色期待，理性认识司法的限度，以免付出法律的代价。同时，司法诉讼的纠纷解决方式是建立在双方对立的基础上，而合作治理是建立在各方相互信任、利益相关的伙伴关系基础上，因此，不能再以司法诉讼作为实践法律政策及保障个人权益的最后手段。随着合作治理行为方式的不断变化，原有的纠纷处理方式也应有所改变，以诉讼为主导的解决方式不仅不利于合作，而且作为一种事后补救机制，其与快速回应公众需求的初衷也是相违背的。因此，在合作治理背景下，司法诉讼不应成为纠纷解决的垄断者和当事人的首要选择，寻求和建构多元的纠纷解决机制势在必行。为了更好地发挥社团规章的秩序保障和利益整合价值，有必要对社团规章的争议解决机制作出理论及制度回应，以寻找更有利于解决合作争议的途径。

第二节　社团规章治理实施的法治依赖

治理的多元化、弱中心化容易诱发对于治理与法治关系的某些误解，特别是非正式规则的流行及国家层面上的附和不仅弱化了自下而上推动法治变革的意愿，也同样阻碍了法治在“顶层设计”的突破，法治因此可能沦为可

---

〔1〕［英］弗里德利希·冯.哈耶克:《自由秩序原理》(上册)，邓正来译，生活·读书·新知三联书店1997年版，第278页。

有可无的选项。[1] 有目共睹的是,各种形态的社团自治规章在社团治理中发挥重要作用的同时,其理性程度也经常明显不够,有些规章甚至与法治原则及法治精神相悖。法治是治理的基本要求,社团规章需要法治,需要国家法律引导实现良性发展,也只有在法治轨道上,社团规章才能充分发挥其于国家立法的治理填补功效。在迈向治理的过程中,法治的任务并非得以减轻,而是具体对象和工作重心发生了转移。实现有效治理必须仰赖法治的积极建设及其功能的充分释放,在社团治理的论域内,强化社团规章治理实施中的法治依赖,有助于拓展法治原则的适用范围,提高社团规章的理性程度,推动法治目标的全面实现。

一、法治可以为社团规章注入公法原则

社会秩序治理过程中的各种规则构成一个整体性的规则体系,社会秩序治理的重要方面就是规则系统之间通过相互交往实现社会的有序化。社会治理认可并鼓励社会成员在互动协商中建立自治规则,并与国家法一道形成整体性法律规则体系,但多规则的社会系统容易存在规则间的重叠、模糊或漏洞。法治具有系统性,它透过价值确立原则,经由原则规划制度,进而建构具体规范,再透过适用与解释来调整社会生活,以确保其内在的自洽性。法治应积极回应这些社会治理的变化及其带来的新需求,充分发挥其系统调节与整合功能,首要的就是要为各规则系统的建构提供最基本的公法框架与原则,确保不同治理机制和规制的融贯性,使法治基本理念和原则引领社会发展和运行。[2] 行政法的一般原则是正义原则和法治原则在行政法上的体现,具有超越法域、超越文化的性质,可以作为各种法律规范制度融贯共通的最低道德标准和规范基础。在治理主体多元化成为趋势的背景下,行政机关

---

〔1〕 参见叶竹盛:《非正式规则与法治:“中国难题的挑战”》,载《法律科学》2013 年第 3 期。

〔2〕 按照德沃金的融贯性理论,整个法治系统应呈现原则的整体性和一致性。德沃金依据法治的不同环节将融贯性划分为两部分:作为立法原则,要求立法者制定的法律在体系是融贯的;作为裁判原则,则要求将法律视为由一组融贯的原则所构成的整体。具体参见 Ronald Dworkin, *Laws Empire*, Cambridge, Mass: Belknap Press, 1986, pp. 176, 218;蔡琳:《法律论证中的融贯论》,载《法制与社会发展》2006 年第 2 期。

角色得以重新定位，政府机关可以从很多直接履行的活动中释放出来，专注于监管职能。但是，行政机关所应当遵循的公法原则并未因此松懈，不仅如此，核心的行政法原则还扩展至其他治理主体，担当治理角色的社会组织，承担公共职能的企业、个人等私方主体亦须遵循行政法原则和正当程序。[1] 社团规章必须建立在普遍认同的基础上，同时又不悖行政法治原则，方可获得正当性。社团规章在设定时，应在法治含义下遵循一定的公法原则，如法律优先、法律保留以及行政保留原则[2]等。

二、法治有助于社团规章实现多元治理目标

在我国社会宏观治理语境中，国家机关、各人民团体、各类经济组织、社会组织等都是社会治理进程中的主体，他们在日常中为了自身利益的实现或职务目标的达成开展各自的活动并与社团相互发生关系。社团治理必然要求社团与其他多元主体之间能保持一种良好的关系，相互依赖和相互交换各自资源，共同提供公共产品和公共服务，并围绕多元目标建构出一个共同生长的空间。但是，由于社会结构日益复杂，透明度日益减少，要想对治理目标在一个宽广的空间和时间范围内进行调控，不管是通过市场、国家、伙伴组织或其他组织，这些尝试以失败告终的可能性最大。[3] 再从需求来看，不断变化的治理环境和日益增多的社会团体，产生了层出不穷的公共需求，除了共同的目标和使命外，各参与者也有自己的目标和利益诉求，导致目标协调和利益整合的难度进一步加大。“随着社会关系变得越来越广泛而且变得更为多样化，那种被认为是相互信赖的公共善，就不能用小型且封闭的社会模式所鼓励的那些方法来寻求；这是因为在这种情形中，小型且封闭的这种社会

[1] 参见王瑞雪：《治理语境下的多元行政法》，载《行政法学研究》2014年第4期。

[2] 行政保留是在法律保留原则的基础之上，基于行政事务的特殊性而划定专属于行政自身规范和调整的特定领域，其领域内之事项只能由行政系统内部自行决定，体现为行政最终的决断权，这里面涉及社团自主立法权、行政立法权以及委任立法权的区分。具体参见[德]哈特穆特·毛雷尔：《行政法学总论》，高家伟译，法律出版社2000年版，168～169页；[德]汉斯·J.沃尔夫、奥托·巴霍夫、罗尔夫·施托贝尔：《行政法》（第1卷），高家伟译，商务印书馆出版社2002年版，第277页。

[3] 参见俞可平主编：《治理与善治》，社会科学文献出版社2000年版，第81页。

模式只会把人导入根本的歧途之中。"[1]在这种小型的"共同体"中,参与者的目标与治理目标并不总是一致,差异越大,治理系统内部的复杂程度越高,多元治理目标的实现难度就越大。因此,如何均衡和实现社团治理过程中的多元利益和目标,就成了社团治理过程的一大难题。社团规章扎根于多元主体的交互关系,必然承载着多元主体的各自利益诉求和目标。但是,由于社团规章无法容纳现代治理体系中的许多因素,社团规章在涉及这一多元治理系统的诸多方面都应该将其控制和规制职能让渡给其他机制。多元主体的有序参与需要行为框架和互动规则,治理应该以多元主义为基础,而不是由某个系统及其运作规范和社会习俗统治一切。在公共治理语境下,只有普遍适用的法律,才能把整个社会整合起来;只有法律,才能成为人与人之间有序交往的可靠纽带;只有法治型的国家治理方式,才能实现对国家和社会的有效治理。法治所具有的价值性、具体性、明确性和规范性等多种特征,有助于为社团规章提供一个具有共通性的规则框架和具有融贯性[2]的行为准则,并为社团治理提供权力规制边界,进而调整现存多元主体的关系结构。因此,社团规章治理需要依托法治才能形成多元性、包容性的社团治理体系,构建起合作治理的规则制度,进而在法律搭建的交往渠道中,形成有序的交往关系,以保证多元治理目标的实现。

三、法治能为社团规章科学设计责任分摊体系

由于治理建立在政府部门与非政府部门共享权力、分担责任的机制上,公私界限的模糊性以及治理结构的复杂性致使公共行动者可能互相推诿、转嫁责任,同时,由于参与者众多和各类资源的汇聚容易稀释参与者的责任,容易形成"多重责任失序"。[3] 同时,原先由政府独自承担的职责部分乃至全

---

〔1〕 参见俞可平主编:《治理与善治》,社会科学文献出版社2000年版,第178页。

〔2〕 融贯性是德沃金法律哲学的核心范式,其中法律体系的融贯性是德沃金融贯性方法论所要达致的主要目标。按照德沃金的融贯性理论,整个法治系统应呈现原则的整体性和一致性。具体参见雷磊:《融贯性与法律体系的建构——兼论当代中国法律体系的融贯化》,载《法学家》2012年第2期;蔡琳:《法律论证中的融贯论》,载《法制与社会发展》2006年第2期。

〔3〕 参见龙宁丽:《非政府组织治理中的问责研究》,载《国外理论动态》2013年第4期。

部转移给各种私人部门和公民团体，促使如何厘清政府与社会之间、公共部门与私部门之间的界限和职责变得困难。“组织体意味着团体中的规则，这些规则为团体成员分派相应的职位和职责。”〔1〕因此，任何一种组织都需要责任制度来确定其相互之间的权利义务和责任的安排，在一定意义上，组织社会责任就是将组织内外的利益关系与管理关系上升为法律关系，组织内外角色塑造及相应的权益设置和权益制衡的某种法律关系或制度组织应以一种清晰、准确和完整的方式，合理和充分地披露它对之负责的政策、决策和活动，包括已知的和可能的对社会及环境的影响。〔2〕对于社团组织而言，社团责任体现了社团组织关系中的角色分工、利益与责任相一致的思想，社团责任侧重于社团内外关系的法律调整，注重不同主体间的权责划分与分工合作。既然多元治理网络的形成源于政府单方之力难以承担日益复杂的治理任务，那么其他社会组织或私人部门也很难独自承担起公共任务，因此以协商与合作为基础的“共担”机制便更显重要。〔3〕该机制的核心就是要克服责任边界模糊导致的负向激励，使公众有更多的机会与责任者直接对话。社团规章可发挥其在程序设置、责任激励等方面的灵活性优势，通过与国家法的多层次衔接和对公共责任的回应，将责任共担制度落到实处。

四、法治有助于防范社团规章治理失灵

社会治理是在反思政府与市场失灵的基础上，对传统统治模式和管理模式的变革。社会治理鼓励提出多种多样的问题解决途径和资源分配的安排，这些种类众多的新的互动模式，带来了回应性更强、灵活性更高的策略应对。然而，治理如同任何其他机制一样，本身也存在结构局限和资源的缺乏，从而面临功能失灵的可能。治理本身的特质容易使人淡化或弱化利益分配冲突与斗争，治理网络中不均衡资源与潜在冲突容易被表面的民主、参与及共识

---

〔1〕［奥］欧根·埃利希：《法社会学原理》，舒国滢译，中国大百科全书出版社2009年版，第44页。

〔2〕参见王辉霞：《组织的社会责任研究》，载《当代法学》2012年第4期。

〔3〕参见王瑞雪：《治理语境下的多元行政法》，载《行政法学研究》2014年第4期。

所掩盖。[1] 随着社会关系变得日益广泛而多样化,不断变动的治理环境和日益增多的社会团体,产生了层出不穷的利益需求,除了共同的目标和使命外,各参与者也有自己的目标和利益诉求。因此,如何在多元利益主体之间建立起理解和互动机制,从而实现社会整体利益的最大化,就成为了社团规章治理的一大难题。社团作为一个联合体,社团规章构成了其内部秩序的主要支柱,也是社团实现自治的最强有力的支撑。社团规章作为一种规范性的制度,它与正式的法律制度可以说在诸多方面都是相等同的,但是,它在社团组织内部对于可为之事项提供了机会的同时,也相应地设置了一定的限制。[2] 同时,社团的成员还会利用于己有利的信息的不对称,来确立他们自己的有利地位,保护他们自己,反对组织对其加以施加的诸种控制,面对这样一种趋势,组织变得极易受到损害。[3] 因此,社团规章的功能性整合,也因此在同等程度上遭到削弱。这些团体之内的种种问题将会导致社团成员与被代表对象的利益、身份之间的关系日益复杂,特别是当社团成员间存在利益竞争乃至利益冲突关系,则不仅无法达成一致目标,还将导致腐败。再从治理能力来看,社团治理并不是全能的,解决问题的资源总是有限的,况且影响社团规章运行的因素是多方面的,哪一方面条件的缺失都可能影响社团规章治理的效果。因此,通过社团规章来治理本身是高度复杂的,必须透过法治建设科学规划治理机制,方能防范治理失灵,引导协调和保障治理释放其预设效果。

---

〔1〕 参见江必新、王红霞:《社会治理的法治依赖及法治的回应》,载《法制与社会发展》2014 年第 4 期。

〔2〕 参见[美]马修·戴弗雷姆:《法社会学讲义——学术脉络与理论体系》,郭星华、刑朝国、梁坤等译,北京大学出版社 2010 年版,第 139 页。

〔3〕 参见[法]埃塔尔·费埃德伯格:《权力与规则——组织行动的动力》,张月等译,上海人民出版社 2005 年版,第 62 页。

第三节　社团规章法治建构的基本要求

“最复杂的治理形式之出现，是由于不同的机构序列谋求促进相互理解与共同发展，以期实现一致同意的宏观社会目标。”[1]因此，合作治理应该以多元主义为基础，而不是由某个系统及其运作规范统治一切。由于社团规章无法容纳现代治理体系中的许多因素，社团规章在涉及这一多元治理系统的诸多方面都应该将其一定的控制和规制职能让渡给其他机制，法治是治理的基本要求，社团规章需要法治，只有投入法治框架内的治理网络中，社团规章才能充分发挥其于国家立法的治理填补功效。从善治路径上看，社团规章需要纳入整个公法体系之中，在按照法治原则制约社团规章的同时让它与国家性法律之间达成适当的均衡，并通过参与协商以及责任共享等合作治理机制的建构，才能形成合作共赢、互惠互赖的治理新格局。

一、以立法体系为基础，增强社团规章的行政法法源性

国家的法律规则难以表达和调整所有领域的权利和利益，更不可能渗透社会生活的每一个方面。治理目标的达成，单靠国家立法的力量是无法奏效的。事实一再表明，在利益关系复杂、权利日趋分化、社会问题严重的公共治理时代，仅仅依靠单一的国家意志式的立法规则并不足以建立起和谐的法治秩序。国家必须舍弃以往无助于效能、效率提升的消极立法措施，取而代之的是在互信、互重的基础上，提供足够的诱因来鼓励社会立法。在合作治理模式下，法未必总是由国家制定或者直接认可的，法律既有可能是“国家意志”的体现，也有可能反映国家之外的特定共同体的意志，如社会自治立法，因此法的本质应当从反映“国家意志”扩展为反映包括国家意志在内的“公共意志”。因此，调整社会关系的规则体系不应是单一的国家立法，也可以是

[1] 参见俞可平：《治理与善治》，社会科学文献出版社2000年版，第67页。

社会自治组织创制的自治章程和规范。[1] 在我国,国家法与法治的那段空隙以及行政法传统渊源的应对能力的不足,使获取新的渊源材料毫无悬念地成为行政法发展中的客观需要。如果我们不再坚持“法”的来源只限于国家机关依法定程序“制定”或“认可”的规范,那么,在现代行政法的法源中,社会自治立法便具有了它可以生存与成长的空间。

法律渊源作为法学理论的基础性概念和公权力机关法律判断的根据,也应积极回应社会变迁事实和时代的需求,并应从社会的源头上去寻找法律行为的依据,从而促进法律的多元性和法源的多样性。正如卡多佐所言,“我们已经没有必要再从理性推演的法律文本或者规则体系中,而是应当从社会效用中,从某些后果一定会追随某些假说而来的必然性中,去寻找法律的渊源”。[2] 因此,突破传统的国家主义法源观,通过将法源的内涵从国家向社会扩张,将社会自治立法纳入法律渊源,不仅是社会现实的法治需求,也是现代行政法理论研究不可避开的任务。合作行政的模式改变了行政法的管制手段,合作的概念在所有关系领域中都具有扩散和渗透效力。同时,“法规的内容由上位阶决定下位阶模式转变为协商模式,其意味着高权通过说服、劝说的方式来补充,甚至取代执行法律,同样,法律的拘束力也透过社会的规范力加以补充,甚至取而代之”。[3] 基于功能主义的视角,社团规章主要是通过其内在的强制力与说服力,在成文法缺漏的地方发挥着它的社会规范作用。社团规章平时潜行于社团内部,内化为社团成员日常行为的准则,正是这种社会内部自治的力量,为社会提供了一个可以延续的规范基础。社团规章的强制力与说服力在行政法渊源体系中还是相当实质性的,只不过它对于社团管理机构来讲具有行政法渊源的强制力,而对于外部行政主体及至法院

---

〔1〕 参见罗豪才、宋功德:《公域之治的转型——对公共治理与公法互动关系的一种透视》,载《中国法学》2005 年第 5 期。

〔2〕 [美]卡多佐:《司法过程的性质及法律的成长》,张维编译,北京出版社 2012 年版,第 58 页。

〔3〕 [德]施密特·阿斯曼:《行政法总论作为秩序理念——行政法体系建构的基础与任务》,林明锵等译,台北,元照出版公司 2009 年版,第 193 页。

来讲,说服力的成分更多些。[1]

近年来,第三部门的兴起突破了所谓的法律中心主义,进一步推动了法律多元化进程,使社团自治规范进入法律渊源的视域。社团规章体现出的国家法与社会法的离合、公共权力与私人权利的交融、公法与私法的交织,使社团规章在行政法渊源体系建构中的作用显得格外明显。我国的法源形式主要是国家法或者制定法,虽然有的社团规章由于构成形式的特殊性,往往具有特定的法源性质和效力,[2]但在我国整个法源体系中,社团规章还不能获得总体性的法源地位。随着国家权力与社会权力的分工日益细致、合作日趋密切,由各种社会自治组织行使自治立法权所形成的自治规范,在公法体系中的比例会越来越大。除了法律、法规、规章,我们的行政法体系是否可以容纳社团规章等不成文法源,并置于它适当的效力位阶?以实践面向而言,该问题的确是很有意义的。就当前而言,有关社团组织的产生、运行、监督、责任、绩效评估方面的公法规范明显不足,这就尤其需要打破国家传统立法模式下的僵化格局,强化社会立法,特别是要充分利用社团在灵活性、专业性、民主协商性等方面的立法优势,授权社团组织在宪法与法律设定的框架下创制更多自治规则。

二、以公法原则为核心,提升社团规章的规则融贯性

在合作治理的过程中,无论是国家的立法规则还是社会自治领域的自治规则,都是社会秩序建构的重要规范力量,多种类型的规则构成了一个完整的规则体系,合作治理的形成主要就是依靠治理规则的有序互动和交往,从而通过相互沟通实现社会秩序。合作治理是多种主体的协作互动,这种合作互动的治理框架不仅需要国家的法律规则体系来维持,更需要通过博弈和协商来达成自治性的社会规则,而这种通过协商和交流达成的规则更能得到社

---

〔1〕 参见方洁、周兴:《社团规章的行政法法源性论说》,载《行政法学研究》2006年第1期。

〔2〕 如有的"自主性立法"只属于社团内部的自治事项,自然不能获得法源地位,而"授权性立法"因为源于国家的立法意志,自然就有了法源的性质和效力。具体参见薛刚凌、王文英:《社会自治规则探讨——兼论社会自治规则与国家法律的关系》,载《行政法学研究》2006年第1期。

会的认可和支持,并能在国家法律规则空缺的地方促进合作治理秩序的形成。但是各种规则由于其运行的机理和路径不同,容易导致多类型规则存在一定的冲突和重叠,从而会损害各种规则的有序运行。“不同的规范,如果它们主张的有效性覆盖相同范围的承受者,就不可以是相互矛盾的;它们必须处于一个融贯的整体之中,也就是形成一个体系。”〔1〕法治作为一个整体的规则系统,可以通过原则与具体制度的双向调适来确保整体性社会秩序的形成,从而促进规则自洽性与社会多样性的统一。因此,法治应该适应合作治理带来的新变化,特别是要面对多渊源的规则体系,充分发挥其系统调节与整合功能,为各渊源规则系统的运行和实施提供最基本的原则和框架,确保不同治理机制和规制的融贯性。行政法原则是正义原则和法治原则在行政法上的体现,可以作为各种法律规范制度融贯共通的最低道德标准和规范基础。

合作治理改变了传统的以一个权力为中心的社会管理模式,而是注重多元主体之间协作与沟通,在治理主体多元化趋势越来越明显的背景下,行政机关不能再包揽一切公共事务,而是要重新定位,注重监督和监管职能的发挥,并通过倡导行动、规则的多样化来达到共存共赢。〔2〕社团规章承载着社会公权力的运行,是社团行政行为基础之法规范的载体,社团规章作为社会法的代表,虽然有着公私法边界不清的模糊领域,但其公法属性更为突出。在社团规章的宗旨理念、程序设置等方面,自然不得有违背正当程序等基本法治原则的内容,如果有此规定,那该规定就不具备法律意义而无效。在合作治理的过程中,为了取得更好的治理效果,实际上有意识地模糊了公共领域和私人领域的界限,通常以结果的实现作为判断手段有效性的依据。合作治理认可并鼓励社会成员在互动合作中建立自治性规则,并与国家法一道形成一整套规则体系。但是,从法治的视角出发,这只是强调了问题的一个方面,另外应当看到的是社团规章在司法实践领域中的适当性问题,即规范层

〔1〕[德]哈贝马斯:《在事实与规范之间——关于法律和民主法治国的商谈理论》,童世骏译,三联书店2014年版,第315页。

〔2〕参见王瑞雪:《治理语境下的多元行政法》,载《行政法学研究》2014年第4期。

面的社团规章与法治是否存在冲突,特别是与法治的基本原则是否相冲突。在国外,要求程序公正等法治原则的社团法规可以说为我们提供了充足的先例。如在美国,法院对社团的规章制度规定了不得专断的要求,即使在缺少相关规章制度的情况下也蕴含着程序公正的要求。〔1〕 在英国,自然公正原则是社团规章制定和适用应该遵循的基本原则之一,并通过法院的判例累积,构建了许多认定规章适用的标准。〔2〕

我国法律没有明确承认行政法的一般原则可以作为认定社团规章合法性的依据,但是在司法实践中已经出现了相关的案例。〔3〕 对于在缺乏正当程序传统的社会中成长起来的社团组织,要求其制定的社团规章体现正当程序精神,并形成完备的制度规定,如公开制度、协商制度、听证制度等,可能并不现实。但这并不意味着对不完善的社团规章进行解释或适用时,可以不受正当程序原则的约束。当然,这种约束必须在不破坏社团自治的前提下审慎地进行,以保持社团自治和他律的适度平衡。社团规章所规范的事项是有关社团公共事务的一般事项,社团规章在设定和实施时,应在法治含义下遵循一定的公法原则,对涉及成员重要事务或权利的事项则应由国家法律予以规定。同时,根据自治规章的不同类别和性质,在自治规章的制定和适用中,既要将行政法的价值和理念等实质性内核融入其中,又应该将公法上的程序控制扩展至私法主体,特别要在社团规章内容中注入正当程序、信息公开、权利救济等公法核心原则,从而使社团规章获得与国家法相一致的内在品质,并

---

〔1〕 在美国,法院在很多情形下已经扩展了普通法的正当程序要求,即便私人性的契约关系亦要服从程序性正当程序的基本要求,包括公告和独立裁判机构的听证。此外,关于成员身份的决定在实体方面必须合理而不得专断与反复无常,而这些通常是行政法对公共行政机构的要求。具体参见[美]朱迪·弗里曼:《合作治理与新行政法》,毕洪海译,商务印书馆2010年版,第377~378页。

〔2〕 著名的丹宁勋爵法官在“恩德拜城足球俱乐部诉足球协会案”等案件中就如何处理社团的自治规章与法律之间冲突问题也发表过类似的见解。他认为,足球协会规则就是一套由管理机构制定的所有协会会员都要遵守的法规,这些法规虽然带有契约性质,但也是受法院控制的。如果它们是违背了自然公正原则的程序,它们就是无效的。具体参见[英]丹宁:《法律的训诫》,丁健译,法律出版社1999年版,第169页。

〔3〕 如长春亚泰足球俱乐部诉中国足协案就引起了学术界对社团自治规章适用的正当程序等问题的广泛关注。具体参见岑剑梅:《反思法在现代社团治理中的意义——兼评长春亚泰足球俱乐部诉中国足协案》,载《浙江社会科学》2004年第1期。

与其共同构成具有融贯性的规则体系。

三、以参与合作为纽带，促进社团规章的程序协商性

在合作治理背景下，社会治理的成功需要社会共同参与、齐心协力才能实现，参与者如果能建立和谐平等的关系，在休戚与共的环境下，彼此开诚布公，不再坚持本位主义，而愿意承担分内的责任，那么彼此间将形成合力，达成共同目标。多元化的治理结构使政府以及社会、公民之间不再是传统的命令与服从关系，协商性立法将成为规章或者规则制定的主要形式。真诚和理性地沟通或者协商，被广泛认为是合作治理的重要组成部分。如美国颁布的《协商制定行政规章法》就是经多方充分协商而制定的规章，〔1〕该规章明确了协商的主体以及相关的具体程序，堪称规章协商立法的典范。我国目前还没有相关的规章制定的协商立法程序的具体规定，但是，社团或者行业组织通过协商制定内部规章已经成为社会自治的普遍现象。因此，美国协商制定规章的一些程序和做法可以作为我国社团规章协商立法的有益借鉴。“在合作模式下，参与可以改进规则的信息基础从而提升决定的质量，并因而增加成功实施的可能性并且就规则在实践中的效果提供重要的反馈。”〔2〕由于社团规章的生成过程本身包含了平等的、协商后的自我共同合作，因参与方不断的相互作用，可以发展出一套规则实施的问题评估和信息反馈系统。作为社团集体意志的主要体现，社团规章往往是基于平等主体间的协商与博弈，通过一定的民主程序创制出来的，并得到团体内部广泛认同和支持的内在规范体系，这种规范生成与实施的协商性、回应性以及说服性契合了合作治理的核心理念。

---

〔1〕 该法规定，协商程序既可以由行政机关启动，也可以应相对人的申请启动。协商委员会的组成一般包括相应规章的团体机关，相应规章所调整、规制的企业、工会、行业协会、公益组织、州和地方政府的代表等，协商制定规章的要点和协商委员会的组成须在美国《联邦登记》上公布，以便社会公众的参与。参加协商制定规章程序的各方如果不能就规章的内容和争议点最终达成一致，规章制定可以恢复传统程序。如果各方最终能就规章的内容和争议点达成一致，即可形成规章正式草案，经过通告评论程序后正式发布生效。具体参见沈岿：《关于美国协商制定规章程序的分析》，载《法商研究》1999年第2期。

〔2〕 [美]朱迪·弗里曼：《合作治理与新行政法》，毕洪海译，商务印书馆2010年版，第41页。

任何组织都含有一定的规则系统，这些规则系统，从来也不会以某种方式存在于那些行动者之外。作为系统中的行动者，他们时刻都置身于这一规则之中。这些规则通过建构所有行动者的关系而将他们紧紧联系在一起，从而产生一种内在的身份认同和权威。[1] 因此，规则的形成总是与一定秩序中的权威密切相关的，权威的生成模式决定了所在组织的价值体系和行为规则的主要特征。当规则的形成并不仅仅依靠国家强制力时，权威就必须是开放性、参与性的，鼓励协商，说明理由，欢迎批评，将同意当作对合理性的一种检验。[2] 社团组织正是这种规则和开放性权威产生的有机土壤，在这种关系网络中，社团成员之间的关系既非独立的，也非依附性的，而是相互依赖的，权威就融化在这种互赖关系之中。社团主要借助其内在的自组织性，通过谈判、协商、博弈等方式，把个人编织成关系网络，再把网络中通过协商产生的规则和"关系秩序"作为社团有效治理的基础，甚至组合到法律秩序之中。社团治理活动中，每个参与者对治理目标和有效集体行动的产生往往持有不同的看法，容易产生意见的分歧，因此，团体共识的建立对于有效集体行动的产生显得尤为重要，协商与沟通将有利于对社团活动进行协调，再综合多数人的意见，从而可以拟定各方都能接受的方案。

"正式的法律对秩序的维护作用比不上非正式的冲突解决途径，这些非正式规范存在于关系紧密的成员之间，因为他们为集体福利的最大化服务。"[3] 合作治理强调国家与社会之间的互动关系，鼓励合作性的网络建构，形成互惠共赢关系，从而增强相互的依赖。"在合作网络与法制之间可以发现一种反比例的互动，关系距离越短、网络化程度越高，法制介入的余地就越

---

〔1〕 在该系统中，参与者通常是组织、成员、利益相关者或者伙伴，他们不是"规则系统的外在代理人"，而是系统中的行动者和积极参与者。他们都置身于同一规则之中，所有参与者拥有一种必要的、最低限度的自主性，同时也与相关的规则保持最低限度的距离，并通过规则来确定自己的身份。具体参见[法]埃塔尔·费埃德伯格：《权力与规则——组织行动的动力》，张月等译，上海人民出版社2005年版，第234页。

〔2〕 参见[美]P. 诺内特、P. 塞尔兹尼克：《转变中的法律与社会》，张志铭译，中国政法大学出版社1994年版，第111~112页。

〔3〕 [美]马修·戴弗雷姆：《法社会学讲义——学术脉络与理论体系》，郭星华等译，北京大学出版社2010年版，第132页。

窄,诉讼的可能性就越小。"[1]对于合作治理中的社团内部纠纷或矛盾,往往对抗性弱,互惠性较强,可容许对相关法定内容进行比较和选择,从而增加替代性解决方案,也使法律决定相对化。因此,司法诉讼不应成为社团有效治理的主导方式。为了促进合作、解决难题、化解冲突,减少拖延和诉讼成本,在社团自治规章中建立协商、调解、听证、仲裁以及复议等非司法性争端解决机制尤为必要。对于专业性、复杂性的治理问题和争议,还可以尝试通过其他权威进入调处、和解的协商过程来促使达成合意,比如通过一个独立的、不具有利害关系的专家委员会或第三方鉴证会作出决定或裁决。

四、以公私合作为机制,提高社团规章的责任互赖性

当前,公共治理问题变得日益复杂,这不是碎片化的组织有能力处置的,而是需要跨部门的合作和采取协作性的策略,尤其要通过共享的目标结果、合作机制和激励规则来解决责任不明确问题,从而达致一种相互依赖、资源共享、责任共担的整体性治理状态。[2] "由于私人组织内部存在强有力的独立专业人员,或者因为行政机关管制的威胁,为非政府主体进行有效且可靠的自我管制提供了必要的动力,故而公私安排可以更加负责任。"[3]因此,公私合作机制的建立是合作治理的重要环节,即通过合作治理过程中的分工与功能互补的方式,形成合作共荣的责任互赖关系。随着公共职能由政府向私营机构、社团以及其他组织的部分转移,社团履行国家委托或者移交的任务日益增多。因此,社团与公共事务之间必然存在内容上的关联,公私合作自然成了社团公共治理的主要方式。跟传统的立法、科层管理和行政的手段相

---

〔1〕 季卫东:《通往法治的道路——社会的多元化与权威体系》,法律出版社2014年版,第63页。

〔2〕 整体性治理试图通过对合作、整合和协调等核心理念的强调来克服碎片化、部门主义、各自为政、强制性变革导致的阳奉阴违和执行失败等新公共管理改革流弊。在整体性治理过程中,每一个治理行动领域的结构化都是一个具体的布局,相对自主的行动者在一种有限理性的总体制约下采取行动,并对其某些领域冲突性的合作进行规范和管理,目的在于促成一种整体性的相互依赖状态。具体参见胡佳:《迈向整体性治理:政府改革的整体性策略及在中国的适用性》,载《南京社会科学》2010年第5期。

〔3〕 [美]朱迪·弗里曼:《合作治理与新行政法》,毕洪海译,商务印书馆2010年版,第183页。

比,自组织的优势是可以着眼于较长期的战略指导,同时保持灵活性。社团规章可发挥其在程序设置、目标激励等方面的灵活性优势,通过与国家法的多方位衔接和对公共政策的回应机制,将公私合作的程序和制度安排落到实处,如建立社团规章对政府委托的承诺机制、公共政策的协调与执行机制、与第三方合作机制以及合作信息的披露机制等。这样,即便在缺乏政府管控的情形下,以多重相互重叠的限制措施为标志的公私机制也可能带来足够的总体责任性以确保其正当性。[1]

社团规章治理引入公私合作机制就是要克服责任边界模糊导致的负向激励,使公众有更多的机会与责任者直接对话,通过互动和体验,当事人的角色也会随之发生改变,社团和其他参与者可以确立新的责任性路线,从而使社团规章在实现公私合作治理的各种目的方面变得更为有效。治理领域的所有任务均涉及责任,合作治理任务的性质和类型同时决定了所负责任的种类与范围。合作治理责任的共担性意味着责任构建的机制应当具有多样性,既要体现责任形式的多样性,还要体现责任追究机制和责任渊源的多样性。在合作治理过程中,政府不只是规则的制定者、公共对话的组织者,更是治理责任机制的主要构建者。行政机关的监督功能与责任机制通常是通过立法的正式程序、责任的设定标准或者政府内部的独立审计机制来完成的。但是,缺少政府的直接监督,并不意味着"私人"机制不受约束和监督,在没有政府正式参与的情况下可能会形成非正式的责任机制,如信息共享和披露、社会监督以及第三方评估鉴定机制。

"正式的法律程序和行政机关监督会带来具有充分责任性的表象,非正式机制在该过程中也可以发挥重要的作用,不过这种作用却遭到了低估。"[2]非正式机制对于社团自我规制的有效性也至关重要,社团治理可通过其内部规章吸纳这些新的制度要素,提供某些责任性方面的保证,从而弥补政府监督责任机制的不足,增强社团的自主性和社会责任感,并为脱离和

---

〔1〕 参见[美]朱迪·弗里曼:《合作治理与新行政法》,毕洪海译,商务印书馆 2010 年版,第 477 页。

〔2〕 同上书,第 189 页。

背离社会责任的行为,承担相应的后果。如在社团规章中建立制度化的“社会责任交代机制”和“公共承诺机制”,明确责任主体,强化责任承诺兑现程度,以增强社团组织的责任回应性,提高其社会公信力。但是,对于合作行政中的责任分配,必须注意到,“由于所有国家行为均应当具有正当化理由,行政对于公共福祉所负责任乃是第一线的。对私人而言,公私责任分配意义下的责任必须通过契约或者法律规定才能转移到私人,而且是位于第二线地位”。[1] 因此,立法需高度重视和积极回应这些新问题,对于合作治理中的责任分配,要根据不同社团主体的治理内容和能力,科学设计更全面的问责机制和责任体系,特别是协调好国家立法与社团自治规章在权利和义务上的责任分摊,并对后者进行协调和监督,在对话的基础上形成共担和互赖的责任体系,从而形成既彼此合作又相互约束的治理责任网络。

第四节　社团规章参与合作治理的实施机制

社团规章的实施主要不是依赖国家强制力,而是依赖于社会关系的联结与制约,以及个人的选择、约定和遵守。社团规章作为一种规范社会内部秩序的手段,主要通过沟通和协商,凝聚共识,以及在平等的基础上进行共同体成员之间的对话与合作,而成为社会自我立法、民主协商、秩序保障等多元价值实现的重要治理动力。社团规章的实施并不以建立统一的权力中心为基础,而是更多地突出规章实施的社会性、责任的共担性以及法治的依赖性。因此,从社团规章的实效性着眼,有必要在社团治理中建立起内在遵从和外在强制相互均衡、社会依赖与法治调控相互协调的综合实施机制,才能确保社团规章的有效实施。

---

〔1〕［德］施密特·阿斯曼:《行政法总论作为秩序理念——行政法体系建构的基础与任务》,林明锵等译,元照出版公司2009年版,第190页。

一、社团规章的自我执行机制

跟国家法律的实施方式不同,在社会规范实施模式当中,由于并不存在一个成员共同认可的权力中心,因此规则实施背后的社会压力得到更多的强调。社会学研究表明,规则背后的社会压力的大小取决于多重因素,其中的一个重要因素就是“坏消息”传播的速度与范围,以及人们对违背规则的“坏行为”的反应强度。[1] 在现代社会中,随着新媒体以及网络技术的发展,这种破坏规则的行为将会在一定范围内形成更为强大的影响力,因此可通过适当的社会惩戒机制来促进社团规章自主性地实施。

(一)建立社会声誉惩戒制度

在一些违反非法律规范的情况下,对违反规范者的惩罚可以依靠于某些替代性的社会强制措施,比如,可通过社会声誉机制来促进社会规范的有效实施。社会声誉不仅是心理的,[2]还是物理意义上的,作为一种与公共强制力并行不悖的社会强制力,“这种制裁经常比违反法律规范的制裁更为有效,有时候它甚至强大到足以超过法律执行所产生的强制”。[3] 社团规章具有典型的自我立法性质,它是经过成员共同认可而成立的,因此也受让了成员的部分权利。这些权利在社团关系治理当中将被部分地转化为实施某些管理性质的权力,包括对违反自治规范的成员进行制裁。作为公共强制力的一种重要形式,社会声誉可以成为社团治理特别是社团规章实施的一种“无形的约束力”。[4] 社团可以通过训诫或者通报批评等声誉惩戒的方式来处罚

---

〔1〕 参见罗豪才、宋功德:《软法亦法——公共治理呼唤软法之治》,法律出版社2009年版,第197页。

〔2〕 美国社会学家莱斯特·沃德认为,社会力量是在人的集体状态中发生作用的心理力量,社会力量与其说是活体力量发展的产物,不如说是心理力量发展的产物,因此社会学应当到心理学中去寻求自己的基础。参见[美]罗斯科·庞德:《法理学》(第1卷),邓正来译,中国政法大学出版社2004年版,第326页。

〔3〕 [奥]尤根·埃利希:《法律社会学基本原理》,叶名怡、袁震译,九州出版社2009年版,第15页。

〔4〕《中国注册会计师协会会员执业违规行为惩戒办法》第5条规定,“中注协对会员违规行为实施惩戒的种类有:(一)训诫;(二)通报批评;(三)公开谴责。”

相关违规或者违法行为，并可以运用传媒、网络等多种传播途径和方式，借助社会舆论的压力来批评、谴责并迫使其矫正违规行为。另外，社团还可以通过内部规章制度将社团成员的准入机制和排除机制规范化和制度化，明确利益的共同性和集体性，建立起成员声誉与利益共享的挂钩机制。比如，根据《中华全国律师协会章程》的第30条规定，对于成员的违规行为，律师协会可视情节分别给予训戒、通报批评、取消会员资格等处分。在此情况下，社团对其成员的声誉惩戒将会对社团成员以“成员身份”分享集体利益造成不利的影响。“即便是在法律强制执行仍是完全无效的地方，众所周知的纯粹经济强制方式即联合抵制和黑名单，也是有效的。”[1]社团规章的“声誉机制”在于强调良好的“声誉”是社团成员从事社会活动的一种无形财产，对于那些企图恶意违背社团章程以及违反自治规范的成员，虽然有时候他们可能逃脱国家法的制裁，但却可能遭到行业内或者地区内其他组织的共同潜在的排斥和抵制，甚至失去以后在行业内或者地区内继续从业的机会。因此，社会声誉机制能够及时启动严厉的社会惩戒，深刻影响社团及其成员的核心利益，这种惩戒有时比法律的制裁和惩罚更为有效，可以有效阻吓社团成员使其放弃潜在的违规和违法行为，从而可以成为社团规制的一种公共治理形式。

(二)健全惩戒实施程序

社团对社团成员的惩戒不同于国家法律，其实施惩戒的性质也与国家制定法不同，这种惩戒主要是社团自治权的体现。但是这种内部的惩戒也有可能和国家法律一样涉及成员的财产和其他利益的处分，应当把握一定的限度，既要保证社团自治权的权威，又要保障社团成员法律上的基本权益。换言之，社团应该如何制定和实施内部惩戒措施，才不至于违反国家制定法的规定？笔者认为，社团惩戒的具体形式可以由社团自由选定，但是具体内容应该限定在国家立法的范围之内，不能超越法律的规定。有的国家社团立法就对社团内部如何通过内部规章制定惩戒性措施作出了详细规定。如日本

---

[1] [奥]尤根·埃利希：《法律社会学基本原理》，叶名怡、袁震译，九州出版社2009年版，第50页。

《商工会议所法》规定，成员不缴纳会费，不履行对商会义务的成员，或者逾期未履行罚款，将会被商会中止或被开除，该法律还规定了上述情况下的执行程序和成员的抗辩权。[1] 目前我国大部分社团在这方面的规章制度还不够完善，只有较少的社团在社团惩戒方面制定了具体的措施。比如，根据《中国注册会计师协会惩戒委员会暂行规则》第 11 条的规定，惩戒会议由秘书处向惩戒委员会主任委员会议提议召开，并提交实施惩戒的拟处理方案，主任委员根据秘书处提交的调查报告确定会议时间。[2] 另外，《中国注册会计师协会会员执业违规行为惩戒办法》第 21 条还规定了具体实施惩戒的程序，特别强调了会员享有的陈述和申辩的权利，从而使整个注册会计师协会的惩戒机制更具完整性和规范性。[3] 针对我国社团规章中的惩戒机制和救济问题，在未来社团立法内容中，可以采取概括列举的方式对社团的惩戒主体、惩戒对象、惩戒方式等方面作出必要的限制性规定，以避免社团惩戒权被过度滥用。同时，社团应保障社团成员的基本程序性权利，如申诉以及救济的措施应该在社团的基本章程中得到彰显，而不能随便剥夺。对于涉及其基本权利的，如财产权的处罚，则应该有相应的法律规定，社团在制定章程以及相关的规定时，必须做到和相关法律法规衔接，当惩戒措施实施错误损害成员利益时，必须赋予相应的救济途径。另外，对于涉及重大的惩戒事宜，可以规定听证会等程序，并向社团成员及其行业专家征求意见，最后再由社团权力机构讨论，经过民主表决通过并公布。

（三）完善争端解决机制

从目前的社团成熟度来看，社团内的组织机构的完善与职能及权力的需求并不匹配。比如争议解决应由怎样的社团机构来解决，再与社团权力机构

---

〔1〕 参见日本《商工会议所法》第 19～23 条的规定。

〔2〕《中国注册会计师协会惩戒委员会暂行规则》第 10 条："惩戒会议由主任委员担任召集人。主任委员因故不能出席会议时，由副主任委员担任会议召集人；主任委员、副主任委员因故均不能出席会议时，由委员协商产生会议召集人。"

〔3〕《中国注册会计师协会会员执业违规行为惩戒办法》第 21 条："惩戒委员会应当通过召开会议作出惩戒决定。会议至少应由三分之二的委员出席，惩戒决定应由出席会议委员的三分之二以上（含本数）通过。"

发生怎样的关系。目前很多社团成员间的争端可由社团机构来裁决,但涉及成员与社团之间的纠纷如何解决尚未深入。还是以中国注册会计师协会的相关规定为例,中国注册会计师协会的争议解决机构就是其内部的惩戒委员会,其成立的目的就是维护行业秩序,维护会员的合法权益,负责协会与其成员之间的争议。比如,《中国注册会计师协会惩戒委员会暂行规则》第2条规定,“惩戒委员会是中国注册会计师协会理事会下设的专门委员会,负责对中注协直接查处的违规行为实施惩戒;惩戒委员会的日常工作机构设在中注协秘书处,负责办理惩戒委员会的日常事务”。可见,该规定明确了具体的社团惩戒的组织运行架构,从而可以提高社团惩戒事宜的执行力。另外,该文件还从惩戒委员会的人员组成、回避以及决议等方面进行了详细的规定。[1]对于合作治理中的社团内部纠纷或矛盾,往往对抗性弱,互惠性较强,在未来社团立法时可容许对相关法定内容进行比较和选择,从而增加替代性解决方案,也使法律决定相对化。因此,诉讼对抗方式不应成为社团争议处理的主导方式。为了促进合作、解决难题、化解冲突,减少拖延和诉讼成本,可在争议解决中建立协商、调解、听证、仲裁以及复议等非司法性争端解决机制,建立起公正、透明、专业、有效的行政裁决制度,为社团纠纷的及时化解提供新的渠道。目前,《社团登记管理条例》并不涉及社团可能的实质性活动内容,只是通过定义将这部分确认给“章程”去设定。未来在社团立法的内容中可以在对社团立法性权力、行政性权力进行规定的同时,增加相关争议解决机制的内容。

二、社团规章的民主共治机制

“无论着眼于客观的现象,还是规则,或者行为者的角色定义,以及在反复互动中形成的集体行为样式,社会结构在呈现出关系网络的基本特征之

---

〔1〕 该文件第16条规定,“会议应当在充分讨论的基础上,由会议召集人总结审议意见并组织表决投票。会议至少应由三分之二的委员出席,申诉审议决定应由出席会议委员的三分之二以上(含本数)通过”。

后，势必造成多层多样的语境。”[1]因此，在考虑社团规章的实效时，不可能仅仅局限于社团成员个人行为或者独立主体的内在属性，而必须把分析的焦点聚到个人或者团体等主体之间的社会关系和相互作用上来。

（一）建立社团规章的关系网络机制

合作治理成功的关键不仅取决于各参与者的权力大小和游戏规则的建构，亦取决于社会资本网络的积累。发展忠诚和信任的关系网络是合作治理实现的社会基础，合作治理迫切需要在更大范围、更强效能上构筑起信任和合作的社会资本网络。关系网络作为一种很重要的社会资本，在共同行动中蕴含着丰富的制度性关系，孕育在人际交往的信任、互惠、合作关系之中，体现了多元化、碎片化时代的共享理念，从而构成了治理实践的制度资源。由于社会组织本身由社会网络发展而来，在脱离国家公共系统参与实施和运作的情况下，其自治规范的实施也不可避免必须依赖于社会网络的运作。一方面，社会网络的运作尽管主要以社会关系作为纽带，但并不意味着它完全不需要任何社会规范的结合。在相关法律缺乏或不起作用的领域，自治规范可以作为必要的社会规范融入社会网络当中。另一方面，自生自发型的自治规范，无法脱离社会网络的运作，它只能通过社会组织内部长期的实践慢慢磨合而成。从社团的角度来看，社会资本其实是关于社团组织的特质，诸如网络、规范和社会信任，这些特质有助于协商与合作，并能达成互惠的目的。对于这种以团体为基础的关系网络，其运作主要依赖于社团内部的自治规范。因为通过社会网络，社团成员可以建立起互信关系，并通过其自身的运作促使成员之间的契约转化为自治规范，从而为社团成员从事社团活动提供预期和指引。作为一种内生性规则，社团规章在社团关系网络中的产生、传递、遵守，都是在平等的主体关系之间进行的。因此，社团成员关系网络之间的信息交换和传递都包含了自治规章实施的具体情况，这种关系网络的形成不是借助于外在的强制力，而是依靠社团成员对自治规范的自我评估、自我评价，逐渐地形成自治规章的自我调整和自我淘汰机制，从而使社团规章更能贴近

[1] 季卫东：《通往法治的道路——社会的多元化与权威体系》，法律出版社2014年版，第58页。

社团内在的治理需要。

(二)建立社团规章的信息公共制度

信息的对外公开,有助于社会公众对社团的认知。信息公开是衡量社团服务能力的重要指标。通过信息公开,让社会公众了解体育社团组织开展活动的现状。社团信息公开的及时性、准确性和完整性不但能够有效地监督和强化社团的服务管理,而且对社会公众参与其活动的行为有直接的影响。因此,作为社会团体组织,其信息公开的意义亦在于对内部成员有所交代,甚至需要对这一群体所面对的社会公众有所交代。尽管各国在政治及社会发展程度上均有所不同,但是不同程度地将具有公共管理和公共服务职能的公共组织纳入行政信息公开制度的义务主体中已是很多国家通行的做法。[1] 近年来,随着社团公共管理职能的不断增强,社团领域的公共危机事件也不断出现,这些危机事件进一步引发了社会公众对社团问题治理的关注。社团若要在公共领域真正发挥出作用,社团急迫要做的就是增强自身的独立性,尤其是要完善内部民主章程,并建立有效的监管机制,才能有效地应对社会风险。社团组织应通过采取编发协会刊物、年度报告、组建协会网站等形式主动公开信息,特别是要促使组织系统定期向社会公众提供最基本和最关键的信息。首先,在制定规章制度过程中产生的问题和纠纷,应通过媒体和互联网等公共论坛向公众传达,以便公众及时、准确地了解社会的动态。其次,规章的起草说明、背景信息和会议的立法过程也应该公开,以确保公众获得完整的信息。最后,要建立一个专门的信息公开平台,接受并反馈各种意见,在充分理解并尊重民意的基础上,合理地规范和引导公众对规章产生的预期。社团规章作为内部管理的自治文件,可以充分发挥社团的"自组织"优势,通过信息披露机制及时将多种优势信息开放,并在不同利益主体之间建构一种

〔1〕 在法国信息公开的义务主体已经超越了国家行政机关或者地方行政团体,承担公共服务的公务法人或是被委托以公共管理职能的私法人亦可以成为信息公开制度的义务主体。法国在1978年制定的《行政与公众关系法》中规定:"所有行政文件都可依申请获取。"其后又补充规定:"行政文件"指所有出自国家、地方团体、承担公共服务管理职能的公务法人或私法组织的个案卷宗、报告、笔录、会议记录、统计数据、对现行法作出解释或行政程序描述的内部通令、指示、各部回函和批复及意见、预测和决定等。

基于信息共享的互动合作格局，以促进社团成员利益、自治规范目标与公共治理价值的整合，从而既能有效化解冲突或矛盾，又能提高社团公信力。

（三）建立社团规章的社会协商制度

"由于自治民主关注的重点不是国家权力的归属与分配，而是个人或团体对涉及自己的事务的自我管理与控制，因此，自治民主有点类似日常生活中所倡导的'民主作风'或'民主精神'，能广泛适用于社会生活的方方面面。"[1]自治与民主协商有着密切的关系，自治本身就是民主协商的表现。目前我国尚没有关于行业协会自治规章协商机制的专门立法，国家对行业协会的规范主要依据国务院1998年颁布的《社会团体登记管理条例》和国家经贸委的有关政策性文件，而各行业对行业协会的自治规章关于"协商民主"的内容也只是一些原则性的规定，协商的工作机构和程序都不明确，协商的范围和深度都很有限。[2] 因此，亟须在未来的社团立法或者行业协会立法内容中，明确规定社团规章的生成及协商机制。就社团规章的协商机制而言，需要明确以下几点：首先，要明确社团规章制定的协商程序，社团在制定与行业有关的章程、规则或者规定以及相关行业政策、行业发展目标与规划时，应当通过论证、讨论等程序，听取社会的意见，必要时可以设定专门的工作机构，吸收行业协会代表及专家学者和社会人士参加，成为社团联络民意、协调问题的专门机构。其次，要通过多种形式，听取社会以及政府部门的意见，如可以采用走访、座谈、以及问卷调查等形式了解会员对社团规章的意见，还可以在社团的内部刊物上发表调研报告，听取政府部门或者权威机关的建议。最后，要引入听证程序加强理性协商，对于涉及公共性的议题要确保社会的有效参与，促进社团与社会的沟通合作，促进社团权力的理性行使，从而保障社团规章实施的民主性。特别是要确保社团成员、相关利害关系人平等地参与到听证过程中，鼓励他们充分表达自己的意见，社团应在最终的章程或者

〔1〕　占红沣：《自治民主的理论基础与实践方式》，载《武汉大学学报》（人文科学版）2007年第4期。

〔2〕　有的行业规章仅仅规定了协商的工作原则，比如《中国计算机行业协会章程》第8条规定，"本协会贯彻民主协商的工作原则"；有的行业规章只是规定了民主集中制的组织原则，比如《中国保安协会章程》第10条规定，"本协会的组织原则是民主集中制"。

规定理性地回应这些评论，从而提高社团规章实施的说服力。

三、社团规章的责任分担机制

随着公共治理主体多元化趋势的不断增强，政府原有的责任以及职责正在不断向其他非政府主体转移，原有的以政府为中心的单一治理模式正在向多元化以及多中心的治理模式转变，但是这种多中心治理模式往往陷入一个多元化的责任网络，容易导致政府与社会之间的责任界限不够清晰和明确，从而导致各种转嫁责任的行为发生。因此，有必要在政府部门和非政府部门共享权力和责任分担的基础上，建立在一个多元化的责任网络，从而形成一种互赖、共赢的责任共享机制。

（一）社团规章的责任保障制度

任何组织体的运转都离不开组织规则，这些规则为组织成员分派相应的职位和职责，并通过组织责任制度来确定其相互之间的权利义务和责任。对于社团组织而言，社团社会责任体现了社团组织关系中的角色分工、利益与责任相一致的思想，社团社会责任侧重于社团内外关系的法律调整，要建立社团内外不同主体的责任衔接和分工机制。随着治理任务的日益繁重，单靠政府一己之力是不能胜任的，其他社会组织甚至是私人部门承担了许多原来只能由政府承担的职责。因此，如何在社会治理中合理分摊责任就显得尤为重要。这种分摊的模式就是要建立协商与合作为基础的责任共享机制，该机制的关键就是要克服多元主体参与合作治理带来的责任模糊不清问题，防止责任推诿形成的负向激励，使公众有更多的机会与责任者直接对话。[1] 对于合作治理中的责任分配，必须注意到，“由于所有国家行为均应当具有正当化理由，行政对于公共福祉所负责任乃是第一线的。对私人而言，公私责任分配意义下的责任必须通过契约或者法律规定才能转移到私人，而且是位于第二线地位”。[2] 在合作治理中，国家的保障责任并没有卸去，合作治理只

---

〔1〕 参见王瑞雪：《治理语境下的多元行政法》，载《行政法学研究》2014年第4期。

〔2〕 [德]施密特·阿斯曼：《行政法总论作为秩序理念——行政法体系建构的基础与任务》，林明锵等译，台北，元照出版公司2009年版，第190页。

是意味着国家在部分领域放弃了自行直接完成公共任务的责任，而将之转交给私人部门或者社会组织。但在原则上，国家仍保留在该领域内维护公共基本利益的责任，此为国家的最终责任。国家责任关注的重点不再是有关社团治理任务的实际履行，而是要设计让社团等社会组织实现治理目标的责任框架，如设定目标、程序规则、组织模式等；社团等社会部门并不全然是单纯的市场竞争，而是要在国家预先规定的责任框架中，充分发挥社团组织在自主性、专业性等方面的优势作用。国家要在此框架内对社团组织展开持续审查、咨询、资助、监督等活动，用以克服社团自我规制失灵的危险。同时，一方面国家要尊重社团组织的最大自治权；另一方面也要确保社团以外的其他人作为权利主体的不受侵害。相对应地，社团自我规制责任在于不得侵害社团成员的基本权利，为了遏制过分逐利现象，有必要从组织结构和程序的内容等方面建立起社团内部的管理制度，从而形成有效的社团自我规制机制。

（二）社团内部责任与法律责任的协调机制

从广义上理解行政法，行政法律责任与社团内部责任体现了行政法秩序上的统一性与多样性，行政法律责任保证的是最基本的法秩序，社团规章则在多样性、个别性上形成对行政法治秩序遗漏或不足的填补或者补充。社团责任不但包括社团内部的责任，还包括相关的法律责任，两种责任虽然性质不同，实施的机制也不尽相同，但是在实践中却会发生一定的交叉，主要表现为三种情况：一是既违反法律也违反社团内部规范的责任；二是仅违反内部规范，尚未构成违法的责任；三是违反法律，但不违反内部规范的责任。笔者认为，内部惩戒机制可以成为法律责任机制的"互补品"，即内部惩戒机制可以与法律并存，成为调整社团内部法律关系以及行业内部法律关系的规范依据，内部规范的执行往往是成员之间的共识所致，因而执行效力比较高，而且执行成本也相对比较低，这种优势正是法律责任所欠缺的，因而可以成为法律责任的一种补充或者拓展。但是，内部惩戒机制不能作为法律责任机制的"替代品"，即内部惩戒措施的规定不得与国家的法律法规相抵触，如果出现了违反法律法规的情形，责任主体必须依法受到法律责任的追究，不能以任何内部惩戒机制来取代法律责任。法律责任所针对的违法行为往往是一般违法行为,且通过财产上或行为上的限制或者剥夺足以达到惩戒目的,侧重于财产罚和能力罚。社团内部责任更多的侧重点往往是使其名誉受损的申诫罚与将其开除出社团、剥夺成员资格的行为罚。法律责任中虽然也有相应的警告等申诫罚方式,但效果往往一般,由社团运用起来却是能起到极好的效果。因此,立法需高度重视和积极回应这些新问题,对于合作治理中的责任分配,要根据不同社团主体的治理内容和能力,科学设计更全面的问责机制和责任体系,特别是要根据国家立法与社团规章的各自运作机理,合理均衡责任、权利和义务等方面的内容设置,形成既彼此合作,又能相互监督的责任模式,并通过对话协商促进互赖型责任体系的形成,从而构建起既彼此合作又相互约束的治理责任网络。

(三)社会问责制度

随着人民群众的法制意识和知情权、参与意识的不断增强及网络等新兴媒体的加速普及,人民群众对问责的实施有了越来越多的关注和介入渠道。特别是近几年来,网络问责以其独特的技术特性和明显的问责效果,引起了广泛的关注和期待。随着社团公共管理职能的不断增强,社团领域的公共危机事件也不断呈现,这些危机事件进一步引发了社会公众对社团问题治理的关注。如中国红十字会的"郭美美"事件,就凸显了社团内部责任的缺失,对社团的社会公信力也造成了较大的伤害。[1] 这些问题仅仅依靠市场力量或者单方的协调机制是无法解决的,只有通过信息资源的分享以及利害关系主体彼此间充分的沟通才能加以应对。这些公共事件虽然牵涉不同领域的社

---

〔1〕 如中国红十字会的"郭美美"事件,折射出了某些公益社团组织的独立性与监管性问题,相关新闻报道详见《郭美美事件引发红会危机,专家称有助于公益体制改革》,载 http://news.qq.com/a/20110704/000053.htm,2015 年 9 月 4 日访问;还有珠海市动物保护协会的"罢免事件",反映出了社团内部的民主程序的脆弱性,相关新闻报道详见《社团危机映射公共领域脆弱环节》,载 http://news.sina.com.cn/o/2006-10-25/115910322920s.shtml,2015 年 9 月 4 日访问。这些公共事件虽然牵涉不同领域的社会团体,但其根本原因还在于社团内部规章制度的缺失或者不完善。社团若要在公共领域真正发挥出作用,急迫要做的就是增强自身的独立性,尤其是要完善内部民主章程,并建立有效的监管机制,才能有效地应对社会风险。基于此,建议应当尽快规范社团组织会费公开制度,建立会费收缴公示与会费使用的公示报告制度,对每季度会费的收支状况在理事会会议期间向全体理事作出报告,抄报全体会员,并在当地的工作刊物上公布。

会团体，但其根本原因还在于社团内部规章制度的缺失或者不完善。社团若要在公共领域真正发挥出作用，急迫要做的就是增强自身的独立性，尤其是要完善内部民主章程，并建立有效的监管机制，才能有效地应对社会风险。在未来的程序设计中，要构建公民参与社团监督的制度平台，可以通过听证制度、说明理由制度、信息披露制度等正当程序，促进社会参与社团权力的运作，从而完善社会监督和问责制度，拓宽公共问责渠道。社团规章可发挥其在程序设置、责任激励等方面的灵活性优势，通过与国家法的多层次衔接和对公共责任的回应机制，将责任共担制度落到实处，保证监督的有效性和责任追究的可操作性。如在社团规章中建立制度化的“社会责任交代机制”和“公共承诺机制”，明确责任主体，强化责任承诺兑现程度，以增强社团组织的责任感，提高规章实施的社会公信力。

四、社团规章的法治监督机制

社团规章承载着社团权力的运行，决定着社会权力之间的关系，在社团规章中注入相应的法治原则尤为必要。因此，必须借助法治原理以及相应的制度框架，将法律上的程序控制扩展至社团规章的实施过程中，并对社团关系网络中的互动以及由此产生的非正式性交涉进行限制和诱导，从而促成社团及其成员在多元格局和利益磨合之中进行合理的公共选择，并使社团规章能达到有效实施。

（一）社团规章的正当程序监督

随着社会复杂性的不断增加，社会规范的抽象化程度从总体上看也呈现出不断提高的趋势。因此，要通过法言法语对社团成员间的妥协、合意、共识进行解释技术上的加工，使之具有可比性和可沟通性，从而把社团内部具体的契约性关系转化成抽象的社会共识。[1] 因此，必须借助法治原理以及相应的制度框架，将法律上的程序控制扩展至社团规章的实施过程中。行政立

---

〔1〕 参见季卫东：《通往法治的道路——社会的多元化与权威体系》，法律出版社2014年版，第67页。

法应为社团规章的制定设定底线,社团规章不得违背法律法规的规定和法律的基本精神,当然更不得违反宪法。如果社团规章来源于相关法律法规的授权,则必须严格遵守授权法的程序规定。因此,要通过社团专门立法规定社团的规范运作,特别是对社团自治规范的基本框架及制定程序作原则规范,从立法上约束和限制行业自治规范的任意性。如《南京市行业协会管理办法》和《杭州市行业协会管理办法》等行业社团规章都规定了章程制定的多数票决原则,章程一般都要经过社团会员大会三分之二以上的表决通过,才能产生正式的效力。[1] 可见,正当程序是社团规章制度有效的必要条件,这些社团的内部规定都体现了正当程序的重要性,正当程序可以说是社团自治的基本要求,如果社团失去了正当程序的限制,就会容易剥夺社团成员的话语权,甚至牺牲社团成员的根本利益。立法监督最主要的就是程序性监督,通过正当程序的专门立法可以有效规范社团自治规章的制定程序,从而为社团自治规范提供更稳定的合法性基础。国家有关部门应加强对社团规章的立法调研,适时颁布"社团规章制度制定程序规范",加强对其生成和实施的正当程序控制。当然,社团自治是社团的生命,立法的约束也是有限度的,超过一定的限度就会构成对社团自治的不当干预,从而损害社团自治,立法主要是对社团自治规章的基本框架及正当程序作原则规范,而不能干涉社团的内部具体事务,否则也会构成对自治的不当干预。因此,通过相关立法,一方面要将正当程序的规定拓展至社团规章,从而保证社团规章与法治范畴的融贯性,提升社团规章的理性品质;另一方面是规定必要的程序框架,合理界定社团规章与国家法律的治理边界,从而为拓展社团自治空间提供制度保障。

(二)社团规章的行政审查监督

社团规章作为很重要的自治规章,有关行业法律、法规的规定需要通过

---

〔1〕《南京市行业协会管理办法》第11条规定,"行业协会必须制定章程。章程应当规定行业协会的宗旨、业务范围、组织机构、活动规则以及会员的权利义务等基本内容,确保行业协会有序运作。行业协会制定或者修改章程,应当经会员大会或会员代表大会审议通过"。另外,《杭州市行业协会管理办法》第22条规定,"创立大会行使下列职权:(一)制定章程和选举办法;(二)选举产生行业协会的组织机构。创立大会应当有全体入会申请人的三分之二以上出席方可举行;章程应当经全体入会申请人的三分之二以上表决通过"。

自治规范的配合和支持,才能实现对行业成员行为的规范以及对行业发展的有效调控。然而,由于社团规章尤其是某些商业社团的自治规范可能存在的不公平问题,很容易造成对行业外主体合法权益的不当限制甚至剥夺,进而侵害社会公共利益。[1] 国家虽然不能过多干预社团自治,但是对社团规章的程序性监控还是有必要的。社团的行政管理部门应该成立专门的行政机构,对社团规章实施一定的程序审查或者监控,定期地或不定期地审查各种社团规章,看其是否跟法律法规相违背。如若社团规章草案有违反宪法和法律内容的,登记管理机关将不予登记,并可以要求社团进行修改或者重新制定。我国目前对社会团体采用的是由登记主管机关和业务主管单位双重负责的管理体制。[2] 随着社团专业性和公共职能的不断增强,社会公众对社团规章的科学性和民主性的要求越来越高,社团的行政审查机制也应该进行一定程度的改革。笔者认为,首先应对我国现行的行业协会双重管理体制进行改革,取消行业协会的业务主管机关,而对行业协会的业务活动,涉及哪个职能领域、哪个环节,就由各相应的职能部门予以指导和监督,涉及行业标准的,还应该向质量监督部门备案。比如,证券业协会制定的自治章程应该报国务院证券监督管理机构备案审查,[3]中国安全防范产品行业协会制定的自治章程应该报公安部和质量监督技术监督部门备案审查。[4] 社团相关主管行政部门要根据转变的国家法治理念、公共政策和修改的法律法规,及时清理已过时的或与新法相冲突的规章制度,及时发现漏洞,以防止违反法律法规的现象出现,并及时填补制度真空。其次社团自身也要针对已运行的规

---

〔1〕 如中国饭店协会就曾因为谋取更大行业利益而擅自修改章程,将擅自修改后的章程在网上公布,并超出章程规定的业务范围进行活动而受到民政部的处罚。具体参见《中国饭店协会被民政部处罚》,载 http://info.hotel.hc360.com/2010/03/151018169297.shtml,2015 年 9 月 11 日访问。

〔2〕 根据《社会团体登记管理条例》第 9 条的规定,申请成立社会团体,应当经其业务主管单位审查同意,由发起人向登记管理机关申请登记。同时,该条例第 12 条规定,"登记管理机关应当自收到本条例第十一条所列全部有效文件之日起60 日内,作出准予或者不予登记的决定。准予登记的,发给《社会团体法人登记证书》;不予登记的,应当向发起人说明理由"。

〔3〕 《中华人民共和国证券法》第 175 条:"证券业协会章程由会员大会制定,并报国务院证券监督管理机构备案。"

〔4〕 《中国安全防范产品行业协会章程》第 4 条:"协会的业务主管单位是公安部,社团登记管理部门是民政部。协会接受公安部和民政部的业务指导和监督管理。"

章制度，通过问卷调查、召开利益相关者座谈会等方式，进行绩效测评，为进一步修改、完善提供实证资料，避免出现“恶法亦法”的不良后果。最后还要审查各类社团规章与相关法律法规的衔接性，从而使社团规章制度从制定到实施的全过程都体现出良法之治的基本精神。多年来，改革弊病重重的社团组织双重管理体制已经是各界共识。2013 年年初，社会组织管理制度改革首次被纳入国务院机构改革和职能转变方案，该方案明确，行业协会商会类、科技类、公益慈善类、城乡社区服务类四类社会组织可直接登记，这被视为具有社会组织发展里程碑式的意义。中共十八届三中全会再次明确，上述四类社会组织，可以依法直接向民政部门申请登记，不再经由业务主管单位审查和管理。包括民政部本级、北京、广东等地区，随后开始试点几类社团组织无须业务主管单位审查而直接登记。按此前部署，以“直接登记”为核心的《社会团体登记管理条例》等法规的修订工作应该体现上述改革的思路，但是很遗憾，2016 年 2 月 6 日修订的《社团登记管理条例》并没有将相关组织体制改革的内容落到实处。

（三）社团规章的司法审查监督

社团自治并不意味着摆脱国家的监督，可以成为法外之域。根据我国行政诉讼法的规定，人民法院审理行政案件，以法律和行政法规、地方性法规为依据。人民法院审理行政案件时只能“参照规章”。这里的“参照规章”并未提及法律法规和规章以外的制度形态的法律适用问题。因此，作为基础的法律体系是被视为社会治理的主导性甚至单一元素，社团规章的司法适用性在法学理论中还没有得到深入研究。实践中，也出现了不少相关的案例，但是，从实践上看，法院对社团规章的司法适用性基本持一种审慎的态度。如 2001 年 10 月 16 日，中国足协对长春亚泰等几个足球俱乐部作出《足纪字（2001）14 号处理决定》不服提起诉讼的案件。[1] 本案之所以会出现法院以“不符合

---

〔1〕 长春亚泰足球俱乐部对此处理决定不服，于 2002 年 1 月 20 日向北京市第二中级人民法院正式提起行政诉讼，请求法院依法撤销中国足协对他们作出的处罚决定。北京市第二中级人民法院于 2002 年 1 月 23 日作出裁定，以“不符合法律规定的受理条件”为由，裁定不予受理。关于该案的具体情况，参见戚建刚：《长春亚泰足球俱乐部诉中国足协案再评析——以公共职能为视角》，载《行政法学研究》2004 年第 3 期。

法定受理条件”为由裁定不予受理的情况，笔者认为这与我国法院机械地理解依据《行政诉讼法》的相关条款有关。[1] 其实，从权力角度来论证某一主体的行为是否应受司法审查的方法，在法治发达国家早已成为过时的理论。但是，从功能角度进行分析，基于上述足协的案件可以看出，中国足协无疑是一个承担公共管理职能的公共主体，在本质上与国家行政机关是相类似的。比如注册会计师协会、律师协会等活动就受到政府部门的控制和监督，就具有公共管理职能的表现形式，人民法院在判断某机构的行为是否具有公共职能性质时，不能从单一的表现形式出发，而应综合考虑社团组织的宗旨、任务、职责和活动方式和规则等各方面的因素。传统行政法建立起来的行政主体理论已经无法涵盖公共治理兴起后的行政主体范畴。当今，随着社会经济和文化生活的发展，国家的职能日益增多，权力行政已经不可能适应现代社会的需求，因而行政民主化、多样化成为一种必然的发展趋势。与之相适应，复杂的行政事务应当以行业或地域为标准分配于其他组织，在其自治自律的前提下，建立科学合理的国家监督制度。随着公共治理的不断深入，社团在公共领域的治理范围也将不断扩大，由于社团职能和专业的多样性，各种社团行使的公共服务职能也呈现多元化，作为社团职能的依托，社团规章的规范内容也将涉及不同的公共职能领域。社团规章作为社团行使公共职能的主要依据，承载着社团权力的运行和实施，可以说，在以后相关社团的诉讼案件中，社团规章将成为法院审理案件的重要参考因素。

按照党的十八大以及十八届二中、三中、四中全会精神，转变政府职能是深化行政体制改革的核心，其中最重要的标志就是行政主体的多元化，即基层自治组织、行业协会、公共企事业单位、社会团体等正在承担或者即将承担更为广泛的公共行政职能。毫无疑问，这些组织对其内部成员和事务行使部分公共管理职责，这会与人民群众的切身利益密切相关。社会组织越来越多

---

〔1〕 该案中，法院主要采用单一的视角，以“法律法规授权”为主要审查标准，认为只有行使国家行政权力的主体才能作为行政诉讼被告，中国足协作为公共行业组织，不能等同于国家法律授权组织，因此，其对原告对会员的管理权不同于国家的行政权力，况且依据《足协章程》相关规定，一旦会员之间或者足协与会员之间发生争议，当事人自愿将相关争议交由足协作出终局决定。由此，法院作出不予受理的裁定。

地承担公众管理职能,所实施的公共管理行为实质上是有个人的行为的特点,有必要对这类行为进行规范。如果行政诉讼的理论仍以“行政机关及其工作人员”和“法律法规授权组织”为藩篱,则因其内涵过窄,将不利于保护公民权利以及对这些社会组织是否依法行使职权进行监督。因此,新的《行政诉讼法》第2条规定,“公民、法人或者其他组织认为行政机关和行政机关工作人员的行政行为侵犯其合法权益,有权依照本法向人民法院提起诉讼。前款所称行政行为,包括法律、法规、规章授权的组织作出的行政行为”。相对于旧法,新法不再将行政诉讼的可诉行为限定为“具体行政行为”,而是将“具体行政行为”修改为“行政行为”,并将相关社会组织纳入了行政诉讼被告主体的范围。[1] 未来,当社团获得法律法规的授权之后,那些执行社团规章的行为显然具有明显的行政管理性。特别是当社团规章内容具有处罚、资格许可等具有人身和财产性质的条款时,因涉及成员或第三人的切身利益而引发争端、需要审查该规章效力时,或者是执行规章的结果明显侵害公共利益时,或者是在其他部门职权范围相交叉的领域内,社团规章的效力产生冲突时,司法的介入就显得尤为关键。因此,在现有的行政诉讼体制下,司法权仍然可以有所作为,无论是规章的“参照效力”,还是对其他规范性文件的附带审查,都预留了对社团规章等一些规范性文件进行合法性审查的正当化路径。当然,就我国的适用方案而言,鉴于审查裁量中需考虑的因素,我国对社团规章的司法审查仍适宜以形式审为主、实质审为辅,以合法性审查为主、合理性审查为辅。所以原则上,应当尊重社团自治而具备的裁量权,只有在社团作出对其成员权益会产生重大影响行为时,当事人才可提起司法审查,司法审查应“尽量避免干涉社群成员的内部纠纷,除非是真正利害重大的问

---

〔1〕 我国在社会转型期出现了大量具有行政执法权的非政府组织和非授权组织。这些组织虽不具有行政主体资格,却行使着国家的公权力,其行为直接影响了行政相对方的权利和义务。我国行政主体理论未将其纳入行政主体的范围,在法律、法规等尚未明确规定其法律性质的情况下,如果以其为被告提起行政诉讼,法院一般不会受理,从而不能对其公务行为进行司法审查,行政相对方也丧失了公力救济的机会。根据国外的行政主体理论,行政主体的范围非常广泛,既包括各级国家行政机关,还包括一些非政府组织如公务法人或公法人,其共同特点是行使公共权力,代表公共利益。

题”。[1] 因此,我国应当在完善立法监督的同时,加强对司法监督机制的建设。一方面,应该以新的行政诉讼法的实施为契机,进一步赋予当事人对社团规章提起诉讼的权利;另一方面,也应当建立司法审查必须遵循的原则,如穷尽内部救济原则、重要性原则、程序性而非实体性审查原则、合法性而非合理性审查原则等。

---

〔1〕 [美]埃里克·A.波斯纳:《法律与社会规范》,沈明译,中国政法大学出版社2004年版,第324页。

结　　语

在公共治理的语境之下,传统的命令和控制方式已经逐步演变为协商与参与的合作治理模式。合作治理展现出多中心的网状治理结构,强调公私之间的平等伙伴关系及相互协调配合,最终实现公共利益。以合作治理为背景,国家权力不断向社会回归,社会已越来越被寄希望于自治,许多社会组织作用日益凸显,它们不仅在自治领域进行互动和合作,而且还将行为拓展到传统的国家公权力领域,公共治理已由单纯的国家垄断转变为国家与社会的合作治理。合作治理超越了传统的公私法划分界限,不但注重多元主体间的协作与配合,更强调多渊源规则之间的互动与融合。社会治理规则不再是单一的国家法律,利用社会规范实施社会治理将成为合作治理领域的新常态。

公共治理意味着治理主体的多元化和多中心化,国家不能再垄断所有的立法事宜,公共社团成为社会治理的主要力量。社团规章作为社团活动的主要规则,其主要借助沟通协同、共识凝聚等方式,而成为公共治理时代社会自我立法、民主协商、秩序保障等多元价值实现的重要治理动力。社会团体越来越通过这种自治规章来拓展自身的治理空间,从而使社团在公共规则制定方面越来越拥有更多的话语权和实施权。合作治理的核心主张之一就在于,行业组织能够回应科学、技术、知识的进展而且改变人类判断,灵活且具有适应性的制度会得出更好的规则,更有可能实现立法目标。社团规章的制定主要以合意为基础,并能够及时调整与修正,因此,这种规则具有潜在的优势,在某些条件下更能满足正当性的民主标准,即使这些品质就质量更优或者更合理的规则而言并不能提供工具性的价值,但其自身蕴含的行政法价值仍然引人注目。

传统治理模式及其法治观,就其目的性价值而言,乃假定国家立法部门和行政部门的妥善决策,可以制定出许多符合公共利益的法律规则。但是,现代社会的治理是一项复杂而艰巨的综合工程,治理目标的达成,单靠国家立法的力量是无法奏效的。社会治理是一种依规则的治理,作为治理依据的规范应该是多元的。实际上,国家法与其他社会规范并不是对立的,它们是广义制度的组成部分,都是维护社会合作和秩序的手段。建构合作治理的规范体系,需要在国家法与社会法之间寻求内在的平衡。法律与其他社会规范的合作,能使多元化的社会治理规范互为辅助、互为补强,进而实现多元社会规范之间的契合与交融。作为社团内部的自治规范,社团规章蕴含并彰显了合作治理的理念与价值,发挥着社会法对国家法在社团治理领域的立法补缺价值和功能增强作用。作为社团公权力的执行方式以及社团秩序的自我调控方式,社团规章一方面借助整个合作治理体系,通过新的制度安排和新的治理活动,保证多元治理目标的实现;另一方面合作治理不断拓展着社团规章的实践范围和研究框架,并通过建立共同的治理远景与规划,推动社团规章基本制度的进一步深化与重构。社团规章作为研究社会自治立法的规范群,它们不但具备独立的体系架构和运行逻辑,而且能为公共治理提供一定的载体平台,又能围绕"善治性"和"正当性"对传统行政法模式下的各种实务问题进行商谈论证,从而重塑行政法的治理逻辑和理性品质。

随着合作治理形式的多样化,行政法在各个领域的发展也体现了形态的多元化,社会组织和各种私人部门在合作治理的框架下正成为行政法发展的重要推动力量,他们或基于共同的社会利益而进行合作,或基于社会政策以及行政诱导的激励而参与合作,他们都是基于共赢合作的关系而走到了一起,目的就是要共同增进社会整体利益。在这种合作治理模式中,国家因社会化而回归社会,不再是一种凌驾于社会之上的统治机构。所有社会的权力主体都平等地参与社会治理,从而改变单一和单方性的管理模式,权责统一、谈判协商、风险分散成为新公共治理过程的主要特征。各种治理主体依法参与公共治理过程,并兼顾自由与秩序、公平与效率,促进社会公益的最大化,努力实现权力监督和权利救济的统一。在合作治理模式下,国家法只是社会规范的特殊形式,而不是社会规范的全部。法未必总是由国家制定或者直接认可的,法律既有可能是“国家意志”的体现,还有可能反映国家之外的特定共同体的意志,例如社会自治立法。因此,合作治理语境下的社会规则,不仅存在于公法领域,也存在于社会自治领域,调整社会关系的规则体系不应是单一的国家立法,也可以是包括社团自治规章在内的社会自治组织创制的自治章程和规范。只有遵循合作治理的进路,把多层多样的国家规范和社会规范、多层多样的行为主体及其相互作用的关系都纳入治理视野之中,确立多元化的、动态式的治理模型,才有可能把国家法与社会法勾连起来,把法律规范和社会规范融合起来,进而推动形成一种迈向多元规则合作治理的新行政法。

参考文献

一、著作类

1. 杨建顺:《日本行政法通论》,中国法制出版社 1998 年版。

2. 叶必丰:《行政法的人文精神》,湖北人民出版社 1999 年版。

3. 马建川、翟校义:《公共行政原理》,河南人民出版社 2002 年版。

4. 张静:《法团主义》,中国社会科学出版社 1998 年版。

5. 王静主编:《国家与社会》,浙江人民出版社 1998 年版。

6. 李亚平、于海编选:《第三域的兴起》,复旦大学出版社 1998 年版。

7. 王名、刘国翰、何建宇:《中国社团改革》,社会科学文献出版社 2002 年版。

8. 苏力:《道路通向城市——转型中国的法治》,法律出版社 2004 年版。

9. 应松年主编:《当代中国行政法》,中国方正出版社 2005 年版。

10. 杨海坤、章志远:《中国行政法基本理论研究》,北京大学出版社 2004 年版。

11. 鲁篱:《行业协会经济自治权研究》,法律出版社 2003 年版。

12. 沈岿:《谁还在行使权力——准政府组织个案研究》,清华大学出版社 2003 年版。

13. 俞可平主编:《治理与善治》,社会科学文献出版社 2000 年版。

14. 石佑启:《论公共行政与行政法学范式转换》,北京大学出版社 2003 年版。

15. 志忍主编:《当代国外行政改革比较研究》,国家行政学院出版社 1999 年版。

16. 姜明安主编:《行政法与行政诉讼法》,北京大学出版社 1999 年版。

17. 张树义:《中国社会结构变迁的法学透视——行政法学背景分析》,中国政法大学出版社 2002 年版。

18. 于安编:《德国行政法》,清华大学出版社 1999 年版。

19. 黎军:《行业组织的行政法问题研究》,北京大学出版社 2002 年版。

20. 城仲模:《行政法之基础理论》,台北,台湾三民书局股份有限公司 1994 年版。

21. 陈新民:《中国行政法学原理》,中国政法大学出版社 2002 年版。

22. 张家洋:《行政法》,台北,三民书局 1993 年版。

23. 黄异:《行政法总论》,台北,三民书局 1992 年版。

24. 吴庚:《行政法之理论与实用》(增订本第 3 版),台北,三民书局 1996 年版。

25. 赖恒盈:《行政法律关系论之研究》,台北,元照出版公司 2003 年版。

26. [英]丹宁勋爵:《法律的训诫》,杨百揆等译,法律出版社 1999 年版。

27. [美]昂格尔:《现代社会中的法律》,吴玉章、周汉华译,中国政法大学出版社 1994 年版。

28. [美]博登海默:《法理学:法律哲学与法律方法》,邓正来译,中国政法大学出版社 1999 年版。

29. [法]狄冀:《公法的变迁》,郑戈译,中国法制出版社 2010 年版。

30. [德]哈贝马斯:《在事实与规范之间:关于法律和民主法治国的商谈理论》,童世骏译,生活·读书·新知三联书店 2003 年版。

31. [美]德沃金:《认真对待权利》,信春鹰、吴玉章译,中国大百科全书出版社 1998 年版。

32. [法]涂尔干:《社会分工论》,渠东译,三联书店 2000 年版。

33. [德]奥托·迈耶:《德国行政法》,刘飞译,商务印书馆 2002 年版。

34. [日]美浓布达吉:《法之本质》,林纪东译,台北,台湾商务印书馆 1992 年版。

35. [日]美浓布达吉:《公法与私法》,黄冯明译,周旋勘校,中国政法大学出版社 2003 年版。

36. [美]弗朗西斯·福山:《国家构建:21 世纪的国家治理与世界秩序》,黄胜强、许铭原译,中国社会科学出版社 2007 年版。

37. [德]马克斯·韦伯:《支配社会学》,康乐、简惠美译,广西师范大学出版社 2004 年版。

38. [美]乔恩·威特:《社会学的邀请》,林聚任等译,北京大学出版社 2008 年版。

39. [法]埃哈尔·费埃德伯格:《权力与规制——组织行动的动力》,张月等译,上海人民出版社 2005 年版。

40. [德]马克斯·韦伯:《法律社会学》,康乐、简惠美译,广西师范大学出版社 2011 年版。

41. [德]马克思·韦伯:《社会学的基本概念》,康乐、简惠美译,广西师范大学出版社 2011 年版。

42. [美]玛丽·安·格伦顿:《权利话语——穷途末路的政治言辞》,周威译,北京大学出版社 2006 年版。

43. [德]哈特穆特·毛雷尔:《行政法学总论》,高家伟译,法律出版社 2000 年版。

44. [意]波齐:《国家:本质、发展与前景》,陈尧译,上海人民出版社 2007 年版。

45. 苏西刚:《社团自治权的性质及问题研究》,载罗豪才主编:《行政法论丛》(第 7 卷),法律出版社 2004 年版。

46. 高全喜:《法律秩序与自由主义——哈耶克的法律与宪政思想》,北京大学出版社 2003 年版。

47. 郭国庆:《现代非营利组织研究》,首都师范大学出版社 2001 年版。

48. [英]安东尼·吉登斯:《第三条道路》,郑戈译,三联书店 2000 年版。

49. 马长山:《国家、市民社会与法治》,商务印书馆 2002 年版。

50. [美]曼瑟尔·奥尔森:《集体行动的逻辑》,陈郁等译,上海三联书店 1996 年版。

51. 于语和:《民间法》,复旦大学出版社 2008 年版。

52. 张千帆:《宪法学导论》,法律出版社 2008 年版。

53. 方洁:《社团处罚研究》,法律出版社 2009 年版。

54. 何增科:《公民社会与第三部门》,社会科学文献出版社 2000 年版。

55. 谢晖主编:《民间法》(第 1 卷),山东人民出版社 2002 版。

56. 石佑启:《论公共行政与行政法学范式转换》,北京大学出版社 2003 年版。

57. 蔡磊:《非营利组织基本法律制度研究》,厦门大学出版社 2005 年版。

58. 张文显:《二十世纪西方法哲学思潮研究》,法律出版社 2006 年版。

59. 朱力宇、张曙光:《立法学》(第 2 版),中国人民大学出版社 2006 年版。

60. [美]哈罗德·伯尔曼:《法律与革命》(第 1 卷),贺卫方等译,中国大百科全书出版社 1996 年版。

61. [德]格奥格·耶利内克:《主观公法权利体系》,曾韬、赵天书译,中国政法大学出版社 2012 年版。

62. 姚大志:《当代西方政治哲学》,北京大学出版社 2011 年版。

63. 高其才:《中国习惯法论》,中国法制出版社 2008 年版。

64. 季卫东:《通往法治的道路——社会的多元化与权威体系》,法律出版社 2014 年版。

65. [德]施密特·阿斯曼:《行政法总论作为秩序理念——行政法体系建构的基础与任务》,林明锵等译,台北,元照出版公司 2009 年版。

66. 罗豪才、宋功德:《软法亦法——公共治理呼唤软法之治》,法律出版社 2009 年版。

67. [美]朱迪·弗里曼:《合作治理与新行政法》,毕洪海译,商务印书馆

2010 年版。

68. 田文利:《非强制性行政行为及其法制化路径研究》,知识产权出版社 2008 年版。

69. 余凌云:《行政契约论》,中国人民大学出版社 2000 年版。

70. 沈岿:《平衡论:一种行政法的认知模式》,北京大学出版社 1999 年版。

71. 于安:《降低政府规制——经济全球化时的行政法》,法律出版社 2003 年版。

72. 潘伟杰:《制度变迁与政府规制研究》,上海三联书店 2005 年版。

73. [意]莫诺·卡佩莱蒂:《福利国家与接近正义》,刘俊祥译,法律出版社 2000 年版。

74. [德]史漫飞、柯武刚:《制度经济学》,商务印书馆 2003 年版。

75. [英]罗杰·科特威尔:《法律社会学导论》,潘大松等译,华夏出版社 1999 年版。

76. 郑贤君:《试论公民基本权利的发展趋势》,载《宪法论坛》(第 1 卷),中国民航出版社 2003 年版。

77. [美]斯蒂芬·L. 埃尔金等编:《新宪政论》,周叶谦译,生活·读书·新知三联书店 1997 年版。

78. [法]埃米尔·涂尔干:《社会分工论》,渠东译,三联书店 2000 年版。

79. 涂尔干:《社会学方法的规则》,华夏出版社 1999 年版。

80. 季卫东:《宪政新论》,北京大学出版社 2005 年版。

81. [意]波齐:《国家:本质、发展与前景》,陈尧译,上海人民出版社 2007 年版。

82. 姜明安主编:《行政法与行政诉讼法》,北京大学出版社 2007 年版。

83. 罗豪才主编:《行政法学》,北京大学出版社 2001 年版。

84. [德]哈特穆特·毛雷尔:《行政法学总论》,高家伟译,法律出版社 2000 年版。

85. 张正钊、韩大元主编:《比较行政法》,中国人民大学出版社 1998 年版。

86. 张千帆、赵娟、黄建军:《比较行政法——体系、制度与过程》,法律出版社 2008 年版。

87. 方洁:《社团处罚研究》,中国政法大学 2006 年博士学位论文。

88. [法]让·皮埃尔·戈丹:《何谓治理》,钟震宇译,社会科学文献出版社 2010 年版。

89. 贺卫方:《具体法治》,法律出版社 2002 年版。

90. 公丕祥:《法制现代化的理论逻辑》,中国政法大学出版社 2003 年版。

91. 田成有:《法律社会学的学理与运用》,中国检察出版社,2002 年版。

92. [美]埃尔曼:《比较法律文化》,贺卫方、高鸿钧译,清华大学出版社 2002 年版。

93. 郭星华、陆益龙:《法律与社会——社会学和法学的视角》,中国人民大学出版社 2004 年版。

94. 李永忠:《中国社会组织发展研究》,中国书籍出版社 2012 年版。

95. 郭道晖:《社会权力与公民社会》,译林出版社 2009 年版。

96. [英]伯特兰·罗素:《权力论》,吴友三译,商务印书馆 2012 年版。

97. [英]弗里德利希·冯·哈耶克:《法律、立法与自由》(第 2、3 卷),邓正来、张守东、李静冰译,中国大百科全书出版社 2002 年版。

98. [英]弗里德利希·冯·哈耶克:《自由秩序原理》(上册),邓正来译,生活·读书·新知三联书店 1997 年版。

99. [德]格奥格·耶利内克:《主观公法权利体系》,曾韬、赵天书译,中国政法大学出版社 2012 年版。

100. [奥]尤根·埃利希:《法律社会学基本原理》,叶名怡、袁震译,九州出版社 2009 年版。

101. [德]哈贝马斯:《在事实与规范之间——关于法律和民主法治国的商谈理论》,董世骏译,生活·读书·新知三联书店 2003 年版。

102. [美]马修·戴弗雷姆:《法社会学讲义——学术脉络与理论体系》,郭星华、刑朝国、梁坤等译,北京大学出版社 2010 年版。

103. [英]哈特:《法律的概念》,张文显等译,中国大百科全书出版社 1996 年版。

二、论文类

1. 吴玉章等:《社团的法律问题》,载《环球法律评论》2004 年秋季号。

2. 应松年、周卫平:《法律法规授权的行业协会与行政诉讼》,载《法制日报》2002 年 2 月 24 日。

3. 姜明安:《法治的自治基础与自治的法治保障》,载《法制日报》2002 年 2 月 17 日。

4. 张桐锐:《行政法与合作国家》,载《月旦法学杂志》2005 年第 6 期。

5. 谢海定:《中国民间组织的合法性困境》,载《法学研究》2004 年第 2 期。

6. 高丙中:《社会团体的合法性问题》,载《中国社会科学》2000 年第 2 期。

7. 肖明:《论行政权及行政法治的发展与定位》,载《求索》2005 年第 5 期。

8. 侯继虎:《客观法秩序维护模式:行政诉讼受案范围扩大的理论基础及其制度建构》,载《政治与法律》2011 年第 12 期。

9. 孟鸿志:《论社团章程的法律调控》,载《行政法学研究》2001 年第 3 期。

10. 袁曙宏、苏西刚:《论社团罚》,载《法学研究》2003 年第 5 期。

11. 薛刚凌、王文英:《社会自治规则探讨——兼论社会自治规则与国家法律的关系》,载《行政法学研究》2006 年第 1 期。

12. 龙宁丽:《非政府组织治理中的问责研究》,载《国外理论动态》2013 年第 4 期。

13. 齐恩平、徐腾飞:《论成员权的限制与剥夺》,载《河北大学学报》(哲学社会科学版)2009 年第 6 期。

14. 方洁:《社团罚则与合作治理》,载《浙江社会科学》2007 年第 7 期。

15. 方洁、周兴:《社团规章的行政法法源性论说》,载《行政法学研究》2006 年第 1 期。

16. 方洁:《第三部门组织公务与司法监督途径的探明》,载《浙江社会科学》2005 年第 2 期。

17. 管瑜珍:《社团自治离不开法律?——以社团规章的司法介入为例》,载《行政法学研究》2007 年第 2 期。

18. 沈岿:《公共行政组织建构的合法化进路》,载《法学研究》2005 年第 4 期。

19. 杨寅:《公私法的汇合与行政法演进》,载《中国法学》2004 年第 2 期。

20. 高鸿钧:《现代法治的困境及其出路》,载《法学研究》2003 年第 2 期。

21. 余凌云:《第三部门的勃兴对行政法意味着什么?》,载《浙江学刊》2007 年第 2 期。

22. 葛洪义:《社会团结中的法律——略论涂尔干社会理论中的法律思想》,载《现代法学》2000 年第 8 期。

23. 李海平:《社团自治与宪法变迁》,载《当代法学》2010 年第 6 期。

24. 马玲:《社团成员的权利与社团的权利和权力》,载《北方法学》2009 年第 2 期。

25. 黎军:《基于法治的自治——行业自治规范的实证研究》,载《法商研究》2006 年第 4 期。

26. 罗豪才、宋功德:《行政法的治理逻辑》,载《中国法学》2011 年第 2 期。

27. 朱新力、唐明良:《行政法总论与各论的“分”与“合”》,载《当代法学》2011 年第 1 期。

28. 李蕊:《论行政法社会功能的演进》,载《法学论坛》2011 年第 9 期。

29. 张镭:《迈向共生型的社会规则交往——善治理念与当代中国社会规则交往模式的更新》,载《法制与社会发展》2007 年第 3 期。

30. 沈岿:《软法概念之正当性新辩——以法律沟通论为诠释依据》,载《法商研究》2014 年第 1 期。

31. 邢鸿飞、韩轶:《中国语境下的软法治理的内涵解读》,载《行政法学研究》2012 年第 3 期。

32. 姜明安:《软法的兴起与软法之治》,载《中国法学》2006 年第 2 期。

33. 罗豪才、宋功德:《认真对待软法——公域软法的一般理论及其中国实践》,载《中国法学》2006 年第 2 期。

34. 罗豪才、毕洪海:《通过软法治理》,载《中国法学》2006 年第 2 期。

35. 翟小波:《“软法”及其概念之证成——以公共治理为背景》,载《法律科学》2007 年第 2 期。

36. 陈军:《公私合作背景下行政法发展动向分析》,载《河北法学》2013 年第 3 期。

37. 江必新、王红霞:《社会治理的法治依赖及法治的回应》,载《法制与社会发展》2014 年第 4 期。

38. 喻中:《作为国家治理体系的法治体系》,载《法学论坛》2014 年第 2 期。

39. 魏治勋:《“善治”视野中的国家治理能力及其现代化》,载《法学论坛》2014 年第 2 期。

40. 徐继敏:《国家治理体系现代化与行政法的回应》,载《法学论坛》2014 年第 2 期。

41. 徐靖:《论法律视域下社会公权力的内涵、构成及价值》,载《中国法学》2014 年第 1 期。

42. 李洪雷:《中国行政法(学)的发展趋势——兼评“新行政法”的兴起》,载《行政法学研究》2014 年第 1 期。

43. 江必新、王红霞:《法治社会建设论纲》,载《中国社会科学》2014 年第 1 期。

44. 丁煜:《多重治理:机制、模式与关联》,载《中国人民大学学报》2008 年第 3 期。

45. 江必新、邵长茂:《社会治理新模式与行政法的第三形态》,载《法学研究》2010 年第 6 期。

46. 陈承堂:《论中国足协社团罚的生成逻辑》,载《北京体育大学学报》2009 年第 6 期。

47. 陈承堂:《社团罚的合法性审思——武汉光谷足球俱乐部退赛事件的法理解读》,载《武汉体育学院学报》2009 年第 6 期。

48. 罗豪才、宋功德:《公域之治的转型对公共治理与公法互动关系的一种透视》,载《中国法学》2005 年第 5 期。

49. 郭道晖:《公民权与公民社会》,载《法学研究》2006 年第 1 期。

50. 郭道晖:《法治国家与法治社会、公民社会》,载《政法论丛》2007 年第 5 期。

51. 顾昕、王旭:《从国家主义到法团主义——中国市场转型过程中国家与专业团体关系的演变》,载《社会学研究》2005 年第 2 期。

52. 高升:《我国体育协会内部纠纷的法律救济——以体育仲裁与司法介入的关系为中心》,载《体育科学》2009 年第 8 期。

53. 姜明安:《法治的自治基础与自治的法治保障》,载《法制日报》2002 年 2 月 17 日第 3 版。

54. 黎军:《论司法对行业自治的介入》,载《中国法学》2006 年第 4 期。

55. 黎军:《试论行业组织管理权力的来源》,载《当代法学》2002 年第 7 期。

56. 黎军:《行业自治及其限制:行业协会研究论纲》,载《深圳大学学报》(人文社会科学版)2002 年第 7 期。

57. 鲁篱:《论行业协会自治与国家干预的互动》,载《西南民族大学学报》(人文社会科学版)2006 年第 9 期。

58. 鲁篱:《行业协会处罚权的争端解决机制初探》,载《法学》2005 年第 1 期。

59. 鲁篱:《行业协会社会责任与行业自治的冲突与衡平》,载《政法论坛》2008 年第 2 期。

60. 马长山:《全球社团革命与当代法治秩序变革》,载《法学研究》2003 年第 4 期。

61. 马长山:《公共领域兴起中的法治诉求》,载《政法论坛》2005 年第 5 期。

62. 马长山:《社会资本、民间社会组织与法治秩序》,载《环球法律评论》2004 年秋季号。

63. 马长山:《“法治中国”建设的问题与出路》,载《法制与社会发展》2014 年第 3 期。

64. 戚建刚:《论公益机构的司法审查范围》,载《法学》2003 年第 7 期。

65. 戚建刚:《长春亚泰足球俱乐部诉中国足协案再评析——以公共职能为视角》,载《行政法学研究》2004 年第 3 期。

66. 江必新、邵长茂:《社会自组织管理的司法应对》,载《行政法学研究》2010 年第 4 期。

67. 石佑启:《论公共行政之发展与行政主体多元化》,载《法学评论》2003 年第 4 期。

68. 薛刚凌、王文英:《社会自治规则探讨——兼论社会自治规则与国家法律的关系》,载《行政法学研究》2007 年第 1 期。

69. 叶林:《私法权利的转型——一个团体法视角》,载《法学家》2010 年第 4 期。

70. 应松年:《非政府组织的若干法律问题》,载《北京联合大学学报》(人文社会科学版)2003 年第 1 期。

71. 余凌云:《行业协会的自律机制——以中国安全防范产品行业协会为个案研究对象》,载《清华法律评论》第 2 卷第 1 辑。

72. 余凌云:《公共行政变迁之下的行政法》,载《华东政法大学学报》2010 年第 5 期。

73. 关保英:《行政法治社会化的进路》,载《法学》2015 年第 7 期。

74. 魏治勋:《法的“规范性稀薄化”及其历史谱系》,载《法学评论》2012 年第 2 期。

75. 郁建兴:《治理与国家建构的张力》,载《马克思主义与现实》2008 年第 1 期。

76. 丁煜:《多重治理:机制、模式与关联》,载《中国人民大学学报》2008 年第 3 期。

77. 何显明:《治理民主:一种可能的复合民主范式》,载《社会科学战线》2012 年第 10 期。

78. 顾培东:《当代中国法治话语体系的构建》,载《法学研究》2012 年第 3 期。

79. 周尚君:《地方法治实验的动力机制与制度前景》,《中国法学》2014 年第 2 期。

80. 张翔:《形式法治与法教义学》,载《法学研究》2012 年第 6 期。

81. 蔡琳:《法律论证中的融贯论》,载《法制与社会发展》2006 年第 2 期。

82. 雷磊:《融贯性与法律体系的建构——兼论当代中国法律体系的融贯化》,载《法学家》2012 年第 2 期。

83. 尤春媛:《权利相互性之理论探析及问题的解决》,载《政治与法律》2009 年第 9 期。

84. 魏治勋:《善治视野中的国家治理能力及其现代化》,载《法学论坛》2014 年第 3 期。

85. 徐继敏:《中国行政法发展:现状、瓶颈与思路》,载《法治研究》2012 年第 5 期。

86. 翁士洪、顾丽梅:《治理理论:一种调适的新制度主义理论》,载《南京社会科学》2013 年第 7 期。

87. 竺乾威:《从公共管理到整体性治理》,载《中国行政管理》2008 年第 10 期。

88. 俞可平:《治理和善治:一种新的政治分析框架》,载《南京社会科学》2001 年第 9 期。

89. 李长春:《论中国慈善组织的监管》,《暨南学报》(哲学社会科学版)2013 年第 6 期。

90. 吴玉敏:《创新社会管理中的社会自治能力增强问题》,载《社会主义研究》2011 年第 4 期。

91. 郭道晖:《社会权力:法治新模式与新动力》,载《学习与探索》2009 年第 5 期。

92. 张康之:《论参与治理、社会自治与合作治理》,载《行政论坛》2008 年第 6 期。

93. 姜明安:《论法治国家、法治政府、法治社会建设的相互关系》,载《法学杂志》2013 年第 6 期。

94. 黄文艺:《对"法治中国"概念的操作性解释》,载《法制与社会发展》2013 年第 5 期。

95. 王占玺、王信贤:《中国社会组织的治理结构与场域分析》,载《台湾政治学刊》2011 年第 2 期。

96. 赫然、亓晓鹏:《论行政责任的理论基础》,载《当代法学》2010 年第 2 期。

97. 沈岿:《行政自我规制与行政法治:一个初步考察》,载《行政法学研究》2011 年第 3 期。

98. 高秦伟:《社会自我规制与行政法的任务》,载《中国法学》2015 年第 5 期。

99. 杜月秋:《论立法的社会变革功能》,载《学习与探索》2007 年第 2 期。

100. 江国华:《论立法价值——从"禁鞭尴尬"说起》,载《法学评论》2005 年第 6 期。

101. 邓刚宏:《论我国行政诉讼功能模式及其理论价值》,载《中国法学》2009 年第 5 期。

102. 崔俊杰:《我国当代行政法治变迁的特色、反思与前瞻》,载《行政法学研究》2016 年第 1 期。

三、外文类

1. Gunther Teubner, Substantive and Reflexive Elements in Modern Law, 17 *Law & Soc'Y Rev*(1983).

2. Cf. Colin Scott, "The New Public Law", Collected in Chris Willett(ed), *Public Sector Reform and the Citizen's Charter*, Blackstone Press Limited (1996).

3. Ian Ayres & John Braithwaite, Responsive Regulation: Transcending The Deregulation Debate(1992).

4. Neil Gunningham & Darren Sinclair, Regulatory Pluralism: Designing Policy Mixes for Environmental Protection, 21 *Law & PoL' Y*(1999).

5. Mark Haugaard, *Structures, Restructuration, and Social Power*, Athenaeum Press Ltd., Newcastle upon Tyne, Great Britain(1992).

6. Stephen G. Breyer, Richard B. Stewart. Administrative law and Regulatory Policy(1985).

7. Mauro Cappelletti and Bry aut G. Garth, International Ency clopedia of Comparative Law Givil Procedure(1986).

后　记

这本书是由我的博士学位论文修订而成的。感谢泰州学院给予的项目资助,感谢学校科研处领导和专家对本书提出的中肯意见,感谢法律出版社领导的关心和支持,特别要感谢王扬老师的热心和帮助,她在书稿的编辑上花了大量心血,是她促成我第一本学术著作的面世。

这本书的出版得益于我博士三年来对学术的执着与坚守,回想博士三年的情形,至今仍然历历在目。美丽的南师,寄托着我的理想和青春。三年的求学生涯,充满了太多的回忆和感慨。仙林校区,充满学术灵气。学子们刻苦学习、追求学术的良好氛围,让我从最初的茫然、不自信变得逐渐对科研和学术产生了兴趣。在与大家探讨学术的过程中,我理解了学术的宽容,感受到了学术的魅力,让我对学术道路充满信心。

社团规章与合作治理是行政法学中勃兴的新课题,在征求导师刘旺洪教授的首肯之后,我选择以此作为博士学位论文题目。在此,要特别感谢恩师刘旺洪教授的悉心指导与督促鞭策,刘老师的学术情怀和对学术的执着,更是让学生敬仰。从选题、撰写提纲到论文写作中的具体观点和表述,刘老师都不厌其烦地教导。在后期的修改之中,刘旺洪老师又多次提出了宝贵的意见和建议,本书中的许多学术思想和思路,都是对刘老师学术观点的进一步阐述和发挥。还要对南京师范大学法学院的杨登峰教授、季金华教授、秦国荣教授、贺日开教授等表示深深的感谢。他们为人真诚宽厚,为学求真务实,在我最初的学术探索中给予了无私的关心和指点,他们的许多学术思想对我的学术态度更是产生了较大的影响。

泰州学院年轻而充满朝气,她既是我的母校,又是我人生新的起点,特别感谢泰州学院为我提供了良好的工作和生活条件,我愿以感恩的心情努力工作,以回报所有人对我的关爱!

季卫华

2017 年 4 月于江苏·泰州

图书在版编目(CIP)数据

社团规章与合作治理 / 季卫华著. --北京:法律出版社,2017
ISBN 978-7-5197-1242-6

Ⅰ.①社… Ⅱ.①季… Ⅲ.①社会团体-政府监督-行政法-研究-中国 Ⅳ.①D922.114.4

中国版本图书馆 CIP 数据核字(2017)第 204172 号

社团规章与合作治理
SHETUAN GUIZHANG YU HEZUO ZHILI

季卫华 著

策划编辑 王 扬
装帧设计 乔智炜

出版 法律出版社
总发行 中国法律图书有限公司
经销 新华书店
印刷 北京玺诚印务有限公司
责任校对 王沁陶
责任印制 张建伟

编辑统筹 独立项目策划部
开本 720 毫米×960 毫米 1/16
印张 14.75
字数 191 千
版本 2017 年 9 月第 1 版
印次 2017 年 9 月第 1 次印刷

法律出版社/北京市丰台区莲花池西里 7 号(100073)
网址/www.lawpress.com.cn
投稿邮箱/info@lawpress.com.cn
举报维权邮箱/jbwq@lawpress.com.cn
销售热线/010-63939792
咨询电话/010-63939796

中国法律图书有限公司/北京市丰台区莲花池西里 7 号(100073)
全国各地中法图分、子公司销售电话:
统一销售客服/400-660-6393
第一法律书店/010-63939781/9782
西安分公司/029-85330678
重庆分公司/023-67453036
上海分公司/021-62071639/1636
深圳分公司/0755-83072995

书号:ISBN 978-7-5197-1242-6
定价:43.00 元
(如有缺页或倒装,中国法律图书有限公司负责退换)